학습장애 및 학습부진 아동의
과학적 평가방법

교육과정중심측정(CBM)의 이해

The ABCs of CBM: A Practical Guide to Curriculum-Based Measurement

학습장애 및 학습부진 아동의 과학적 평가방법

교육과정중심측정(CBM)의 이해

Michelle K. Hosp · John L. Hosp · Kenneth W. Howell 공저
여승수 · 정평강 · 신재현 공역

The ABCs of CBM
A Practical Guide to Curriculum-Based Measurement

학지사

역자 서문 | The ABCs of CBM

"교수님, 질문 하나 해도 될까요?"

연구실 문을 빼꼼히 열면서 수줍게 질문하던 특수교육과 학생들을 다수 상담한 경험이 있다. 학생들은 교육과정중심측정(Curriculum-Based Measurement: CBM)을 명확히 설명하는 전공 서적이나 관련된 정보를 찾기가 어려워 개념을 이해하기 힘들다는 말과 함께 CBM에 관한 여러 질문을 하고 싶다고 하였다. 실제로 학생들과 대화를 통해서 알게 된 점은 CBM에 대한 개념을 다른 검사(CBA)와 혼동하고 있으며 활용 목적 또한 잘못 이해하는 경우가 많다는 것이다. 학생들과의 대화를 통해서 특수교육을 전공하는 대학생들에게 CBM을 쉽게 이해할 수 있는 전공서적이 꼭 필요하다는 생각을 하게 되었다. 이러한 동기가 이 책을 번역하게 된 첫 번째 이유다.

대학원에서 현직 일반교사 및 특수교사들을 대상으로 학습장애를 강의하면서 알게 된 사실은 대부분의 교사들이 CBM을 모르고 있는 경우가 많았다는 것이다. CBM을 전공한 연구자의 입장에서 현장에 있는 일반교사 및 특수교사들이 학습장애 학생을 지도할 때 CBM을 활발히 활용하지 않는 점에 대해서 아쉬운 마음이 있었다. "학습장애 학생들에게 적합한 교수방법을 선택하고 효과를 검증하기 위해서는 CBM과 같은 평가전략이 수반되어야 하는데 이러한 과정 없이 어떻게 최선의 교수전략을 제공한다고 교사들은 확신할 수 있을까?" 교사들을 만나면 항상 하고 싶었던 질문이었다. 하지만 교사들이 CBM에 대해서 모르고 있는 사실은 어쩌면 너무도 당연할 수 있다는 생각을 하게 된다. 현장의 교사들에게 CBM을 소개하거나 설명하는 연수 및 관련된 자료가 절대적으로 부족한 상황에서 교사들이 자발적인 노력으로 CBM을 이해하고 활용하기를 기대한다는 것은 무리한 요구일 것이다. 현장 교사들에게 CBM을 소개하고 쉽게 이해시킬 수 있는 안내서를 제공하고자 하는 목표가 이 책을 번역하게 된 두 번째 이유였다.

실제로 우리가 번역한 이 책 『The ABC of CBM: A Practical Guide to Curriculum-Based Measurement』는 CBM이라는 전문적인 내용을 다루고 있음에도 불구하고 CBM을 처음 접하는 사람이라면 누구라도 쉽게 이해할 수 있도록 자세한 설명을 제공하고 있다. 쉬운 설명과 함께 구체적인 실시방법을 명세히 설명하고 있어서 CBM에 관심 있는 누구나 실제 교육현장에서 CBM을 활용할 수 있도록 안내하는 장점을 지닌 책이다.

이 책을 번역하는 긴 여정은 공역으로 참여했던 세 명의 연구자에게도 뜻깊은 시간이었다. 세 명의 역자는 모두 CBM을 처음으로 개발하고 발전시킨 미네소타 대학교에서 수학을 했다는 공통점이 있다. CBM을 연구한 지도 강산이 네 번 변한 40년이라는 시간이 지나고 있지만 미네소타 대학교에서는 여넘 없이 CBM에 대한 연구들이 꾸준히 진행되고 있다. CBM 발전에 큰 기여를 했던 Stanly Deno, Espin Christine, McMaster Kristen 교수와 함께 연구하며 공부할 수 있었던 점은 미네소타 대학교에서만 얻을 수 있었던 크나큰 특권이 아니었나 생각이 든다. 한 가지 주제에 쉼 없이 매진하는 선배 연구자들의 모습은 후배 연구자들에게 학자로서의 올바른 롤 모델을 제공해 주었다고 생각한다.

완벽한 번역보다는 최선의 번역을 위해서 세 명의 연구자가 노력을 했지만 여전히 부족한 부분이 있을 것이다. 타언어로 저술된 서적을 한국어로 번역한다는 것은 언제나 도전적인 과제임을 이 책을 번역하면서 다시 한 번 깨달을 수 있었다. 독자들에게 부족한 부분에 대한 너그러운 양해를 부탁드리며, 추후에 독자들의 관심과 의견을 반영할 수 있는 기회가 있으리라 기대해 본다.

끝으로 이 책의 번역을 함께한 두 분의 역자에게 심심한 위로와 감사의 마음을 전하며, 이 책의 시작과 마침을 도와주신 학지사 김진환 사장님과 편집부원 여러분께 진심으로 감사의 말씀을 드린다.

2015년 3월

한새벌 연구실에서

대표역자 여승수

차 례 | The ABCs of CBM

■ 역자 서문 / 5

1

CBM이란 무엇이며, 우리는 CBM을 왜 사용해야만 하는가 … 11

이 책을 통해서 무엇을 배울 수 있는가 / 12

CBM이란 무엇인가 / 13

CBM이 제한된 시간에 실시되는 특성, 도표화되는 특성, 발달적 특성과 같은 독특한 특성을 지닌
   이유는 무엇인가 / 14

CBM과 다른 유형의 검사 간의 차이는 무엇인가 / 18

CBM의 주된 장점은 무엇인가 / 22

CBM 데이터를 이용하여 어떠한 종류의 결정을 할 수 있는가 / 24

CBM은 RTI와 어떤 관련이 있는가 / 25

그래서 CBM은 모든 것을 할 수 있다는 말인가 / 25

다른 유형의 CBM도 있는가 / 26

단 한 번도 CBM을 사용해 본 적이 없는데, 만약 CBM이 그렇게 우수하다면 왜 대중에게 그동안
   널리 알려지지 않았을까 / 33

특수교육 또는 일반교육에서 CBM이 사용되고 있는가 / 34

누가 CBM을 실시해야 하나 / 34

CBM 사용을 원한다는 것은 교사가 사용하고 있는 교재를 바탕으로 검사문항을 만들어야 한다는
   의미인가 / 35

어디에서 CBM 데이터를 얻을 수 있을까 / 37

2 평가와 문제해결을 위한 CBM 활용 … 39

교육적 의사결정을 수행하기 위해서 교사가 알아야 할 것은 무엇인가 / 40

준거참조검사란 무엇인가 / 44

CBM은 표준화된 검사인가 / 46

CBM의 신뢰도와 타당도는 어떠한가 / 47

CBM의 성취 기준은 어디서 얻을 수 있을까 / 47

선별/벤치마킹을 위해 CBM을 사용할 수 있는 방법은 무엇인가 / 49

진전도 모니터링을 위해 CBM을 사용할 수 있는 방법은 무엇인가 / 51

우리가 알아야 할 그다음 내용은 무엇인가 / 55

3 읽기 CBM … 57

읽기 CBM을 사용하는 이유 / 57

구두 읽기 유창성 CBM / 59

단어선택 CBM / 69

구두 읽기 유창성 CBM과 단어선택 CBM은 얼마나 자주 측정되어야 하는가 / 76

CBM을 실시하고 채점하는 데 얼마나 많은 시간이 소요되는가 / 78

구두 읽기 유창성 CBM과 단어선택 CBM에서 기대되는 성장률과 규준 / 80

구두 읽기 유창성 CBM을 활용한 현행 수준 조사 평가 / 85

읽기 영역의 개별화교육계획 목표를 작성하기 위해 정보를 활용하는 방법 / 87

읽기 CBM에 대해 자주 묻는 질문 / 89

4 초기 읽기 CBM … 93

초기 읽기 CBM을 사용하는 이유 / 93

DIBELS 검사 개관 / 94

철자와 소리 협응 유창성 CBM / 96

단어 구별 유창성 CBM / 105

LSF CBM과 WIF CBM은 얼마나 자주 측정되어야 하는가 / 110

초기 읽기 CBM을 실시하고 채점하는 데 얼마나 많은 시간이 소요되는가 / 111

LSF CBM과 WIF CBM에서 기대되는 성장률과 규준 / 111

초기 읽기 영역의 개별화교육계획 목표 작성을 위한 검사결과 활용 방법 / 113
초기 읽기 CBM에 대해 자주 묻는 질문 / 114

5 철자 쓰기 CBM … 119

철자 쓰기 CBM을 사용하는 이유 / 119
철자 쓰기 CBM을 사용하기 위해 필요한 준비물 / 120
철자 쓰기 CBM의 실시 및 채점방법 / 124
철자 쓰기 CBM은 얼마나 자주 측정되어야 하는가 / 127
철자 쓰기 CBM을 실시하고 채점하는 데 얼마나 많은 시간이 소요되는가 / 128
철자 쓰기 CBM에서 기대되는 성장률과 규준 / 129
철자 쓰기 영역의 개별화교육계획 목표 작성을 위한 검사결과 활용 방법 / 130
철자 쓰기 CBM에 대해 자주 묻는 질문 / 133

6 쓰기 CBM … 137

쓰기 CBM을 사용하는 이유 / 137
쓰기 CBM을 사용하기 위해 필요한 준비물 / 138
쓰기 CBM의 실시 및 채점방법 / 142
쓰기 CBM은 얼마나 자주 측정되어야 하는가 / 150
쓰기 CBM을 실시하고 채점하는 데 얼마나 많은 시간이 소요되는가 / 150
쓰기 CBM에서 기대되는 성장률과 규준 / 152
쓰기 영역의 개별화교육계획 목표를 작성하기 위해 정보를 활용하는 방법 / 152
쓰기 CBM에 대해 자주 묻는 질문 / 153

7 수학 CBM … 157

수학 CBM을 사용하는 이유 / 157
수학 CBM을 사용하기 위해 필요한 준비물 / 158
수학 CBM의 실시 및 채점방법 / 166
수학 CBM은 얼마나 자주 측정되어야 하는가 / 171
수학 CBM을 실시하고 채점하는 데 얼마나 많은 시간이 소요되는가 / 172

수학 CBM에서 기대되는 성장률과 규준 / 172

수학 CBM을 활용한 현행 수준 조사 평가 / 174

수학 영역의 개별화교육계획 목표 작성을 위한 검사결과 활용 방법 / 176

수학 CBM에서 특별히 고려할 사항 / 177

수학 CBM에 대해 자주 묻는 질문 / 182

의사결정을 돕기 위한 목적으로 데이터를 도표 및 그래프로 나타내기 … 185

CBM 데이터를 도표화하기 위해 필요한 도구 및 절차 / 185

목표를 설정하고 그래프로 나타내기 / 188

데이터는 얼마나 자주 수집되어야 하는가 / 192

교수에 도움을 줄 수 있는 데이터 활용을 위한 의사결정 규칙 / 193

각 기술 영역의 데이터를 그래프로 만들 때 고려할 사항 / 196

중재반응모형에서 CBM 사용하기 / 196

컴퓨터를 활용한 그래프 및 데이터 관리 시스템 / 198

CBM 데이터를 도표 및 그래프로 나타내기에 대해 자주 묻는 질문 / 202

CBM 사용을 계획하고 지속적으로 활용하기 … 205

CBM을 사용하기 위한 계획 수립 / 205

성공적인 CBM 시작을 위한 팁 / 213

성공적인 CBM 지속을 위한 팁 / 214

CBM의 계획 및 사용에 관해 자주 묻는 질문 / 216

부 록

● 부록 A: CBM 타당도 및 신뢰도 연구 요약 / 219

● 부록 B: CBM 시행을 위한 검사지 및 가이드 / 223

■ 참고문헌 / 245

■ 찾아보기 / 249

1 CBM이란 무엇이며, 우리는 CBM을 왜 사용해야만 하는가

이 책은 교육과정중심측정(Curriculum-Based Measurement: CBM)이라고 불리는 평가도구에 관한 내용을 소개하고 있다. 이 책은 먼저 CBM이란 무엇이며, 어디에서 유래되었는지에 대한 약간의 설명으로 시작하고 있지만, 이 책의 대부분은 교실, 학교 혹은 교육청 내에서의 교육적 의사결정의 수준을 향상시키기 위해 CBM을 어떻게 효과적으로 사용할 것인지에 대한 실질적이고 구체적인 사항에 초점을 맞출 것이다.

오늘날의 교육 분야에서 수많은 평가와 평가방법이 있음에도 불구하고, 독자들은 왜 또 다른 검사를 알아야 할 필요가 있는지에 대해 의문을 가질 수도 있다. 어쩌면 이러한 질문은 당연히 제기될 법한 질문일 수 있다. 그러나 우리가 이 책에서 독자들이 알기를 바라는 첫 번째 사실은 **추가적인** 평가 업무의 일환으로 CBM 검사를 소개하고 있지는 않다는 것이다. CBM은 교사가 이미 사용하고 있는 여러 가지 평가방법에 대한 대안으로 또는 검사를 실시하는 데 지나치게 많은 시간이 소요되거나 사용방법이 복잡하여서 교사들이 회피하고 있는 평가방법의 대안이 될 수 있다. 우리는 가르치는 데 사용되어야 할 시간을 평가로 낭비하고 있다. 이러한 이유로 평가는 효율적이어야 하며, 수업과 학생의 성과를 향상시킬 수 있는 정보를 제공할 수 있어야만 한다. 평가에 대한 이러한 우리의 관점은 이 책의 주요한 기본 가정으로 전제되고 있다.

당신이 출장을 계획하고 있으며 항공기를 이용하여 어디론가 가야 한다고 상상해 보라. 당신은 많은 다양한 항공편과 요금, 일정, 좌석 등급, 노선을 선택할 수 있다. 당신이 마지막에 이용했던 항공편은 가격이 비쌌다. 게다가 그 항공편은 당신의 일정과 맞지 않았고, 좌석 크기가 당신 몸에 맞지도 않았을 뿐만 아니라 직항 노선이 아니어서 여정이 매우 길었다. 그러나 여기에 CBM 항공이라는 대안이 있다. CBM 항공사는 직항 노선으로 당신이 가고자 하는 곳을 반값으로 가장 빠르게 데려다 줄 것이다. 또한 항공기는 당신이 원하는 시간에 출발할 수 있고, 좌석 크기도 당신에게 잘 맞는다. 당신은 어떤 선택을 할 것인가? 우리는 당신이 CBM 항공사를 선택하게 될 것이라고 예상한다. 당신은 분명히 이전과 같은 여정과 항공편을 두 번 다시 선택하지 않을 것이다.

당신이 CBM을 이해하기 위해서 알아야만 하는 처음 두 가지 사항은 다음과 같다.

1. CBM은 '추가'적인 것이 아니라는 사실이다. CBM은 기존에 사용된 평가방법의 대안이 될 수 있다. 일부 사례에서 CBM은 비용과 시간이 많이 소요되거나 교육을 방해할 수 있는 평가방법을 대체할 수 있는 방안으로 사용된다. 즉, 교사는 CBM을 사용하여 무엇인가를 잃는 것이 아니라 더 많은 것을 실제로 얻을 수 있음을 의미한다.
2. CBM은 바겐세일과도 같다. CBM은 적은 시간과 비용으로 학생들의 학업증진을 도울 수 있게 해 준다.

이 책을 통해서 무엇을 배울 수 있는가

이 책은 교수전략의 질적인 향상을 이끌 수 있는 일련의 방법들을 당신에게 가르쳐 줄 것이다. 기본적으로 이 책은 정보를 수집하고 정보를 활용하는 방법에 관한 책이다. 매번 어떤 중요한 일을 수행할 경우, 최선의 방법은 수행을 시작하기 전에 계획을 세우는 것과 계획된 일을 수행하면서 진전도를 점검하는 것이다. 이 책은 우리가 사려 깊으면서 의도적인 방법으로 일을 수행할 수 있도록 도와준다. 또한 이 책은 우리가 정해진 목표를 성취하기가 어려운 경우 언제 변화가 필요한지를 알려 주며, 또한 목표를 성취하기 위해 어떠한 노력이 필요한지에 관한 아이디어를 우리에게 제공해 줄 수 있다. 어린이, 청소년 및 젊은이들을 교육한다는 것은 중요한 교육적 활동이어야 하며, 그렇기 때문에 교육의 과정에는 목표를 설정하고 계획을 수립하며 모니터링하는 일련의 과정들이 반드시 포함되어야 한다. 이러한 과정들을 잘 수행하기 위해서 교사는 정보를 갖고 있어야 하며, 교사가 갖고 있는 양질의 정보에 따라 현재 수행하고 있는 교육의 질이 대부분 결정될 것이다.

우리가 수없이 보고 듣는 보고서에서는 일부 특정한 위험군의 학생들을 위해 특정한 교과 영역의 향상된 교육적 서비스를 제공할 필요가 있음을 보고하고 있다. 예를 들어, 미국에서는 사실상 백만의 학령기 학생들(6~12세)이 읽기에 심각한 문제를 가지고 있다. 이와 유사하게 저소득층이나 특정 언어집단 혹은 인종/민족 집단에 속해 있는 학생들이 학교에서 성공하기가 매우 어렵다는 것이 널리 인식되고 있다. 그 결과, 교사들은 학습에 어려움을 갖고 있는 학생들의 요구를 파악할 때나 읽기와 같이 중요한 교과 영역을 가르칠 때 의사결정을 해야 하는 책임감이 증대되고 있다. 교사에게 고려할 수 있는 구체적인 정보가 제공되지 않는다면 교사들이 이와 같은 노력을 통하여 가르칠 수 있을 것이라고 생각하기는 어려울 것이다.

우리는 CBM을 통해서 이와 같은 교육적 의사결정에서 필요한 최적의 기능적 정보를 제공할 수 있다고 믿는다. 이 책의 목표는 더 많은 학생들이 학교 안에서 성공을 경험할 수 있도록 교사에게 정보를 이용하는 방법과 획득하는 방법을 제공하는 것이다.

CBM이란 무엇인가

CBM은 특정한 속성으로 특징지을 수 있는 평가도구라고 할 수 있다. 우리는 이러한 속성들을 설명할 것이지만 먼저 CBM이 어떤 검사와 유사한지에 대해서 설명할 것이다.

CBM은 일반적으로 표준화된 검사방법, 시간측정 도구, 일련의 검사지들(즉, 지문, 시험지, 목록), 채점방법, 수행 수준을 평가하는 기준, 기록 양식 또는 차트로 구성된다. 제시된 사용방법은 매우 간단하다. 교사는 그동안 교실에서 가르쳐 온 과제(예를 들어, 책 읽기, 단락 쓰기, 또는 계산문제 풀기)와 큰 차이가 없는 검사문항을 학생들에게 제공하여 검사를 실시한다. 학생들이 수행하게 될 검사지는 교실에서 사용된 검사지와 매우 유사하다. 학생들이 이러한 검사에 참여할 때 교사는 단지 학생들이 정해진 시간 안에 검사를 수행하는지 점검하면 된다. 즉, 검사를 시행하는 교사는 초시계를 사용하여 검사시간을 확인하게 되며 학생들의 수행 수준은 정해진 검사시간 동안 정확하게 응답한 정답과 오답의 수로 기록될 수 있다. 교사는 또한 검사를 실시하여 나타난 학생들의 학업성취 수준을 그래프로 도표화하거나 컴퓨터에 데이터를 입력하여 시간의 변화에 따른 학생들의 학업성취 경향성을 분석할 수 있게 된다.

만약 당신이 무엇에 초점을 맞추어야 하는지 모를 경우, 수행 수준이나 채점방법 또한 모를 것이며, 결국 평가의 한 부분으로 CBM 검사를 수행하고 있다는 것을 인식하지 못할 것이다. 이러한 사실은 학생들을 가르치는 활동과 매우 유사하다. CBM 검사를 지지하는 원칙 중 한 가지는 일치(alignment)라고 불리는 아이디어다. 일치라는 개념의 기본적인 원칙은 '교사가 가르치는 내용을 검사해야 하며 검사할 내용을 가르치는 경우' 가장 효과적인 교육방법이 된다는 것이다. 당신이 가르쳐야 할 내용은 **교육과정**(curriculum)이라고 불린다. 교육과정이란 사회적 능력과 학문적 능력을 성취하기 위해 충족되어야만 하는 장단기 목표가 된다(이것은 상당히 표준화된 정의다. curriculum이라는 단어는 경주로에 해당하는 라틴어 currer에서 유래되었다. 따라서 교육과정은 결승선에 도달하기 위해 준수해야 할 '과정'이다).

CBM이 제한된 시간에 실시되는 특성, 도표화되는 특성, 발달적 특성과 같은 독특한 특성을 지닌 이유는 무엇인가

CBM은 1970년대 말과 1980년대 초에 미네소타 학습장애 연구소(Minnesota Institute for Research on Learning Disabilities)에서 Stan Deno와 Phyllis Mirkin에 의해 처음으로 개발되었다. 그들은 데이터에 근거한 프로그램 수정전략(Data-Based Program Modification: DBPM)이라고 불리는 중재과정에 대해서 연구를 하고 있었다. DBPM은 목표설정, 중재계획(협력과 상담에 비중을 두고 있음), 그리고 모니터링하는 과정을 완벽히 포함하는 통합된 절차를 갖고 있다. DBPM을 실행하기 위해서는 지속적인 데이터를 수집할 수 있는 체계가 필요하다. 이러한 자료수집 절차를 통해 프로그램 수정과 관련된 의사결정을 진행할 때 필요한 정보를 획득할 수 있다. 또한 수많은 교수전략들은 전문가 협의회를 통해서 계획되고 제공되기 때문에 교수전략을 제공하는 교사가 학생의 학업에 대해서 모든 책임을 지지는 않는다. 이러한 점을 고려할 때 자료수집절차는 반드시 필요하다.

Deno와 Mirkin은 표준화된 절차와 규정을 갖고 있으면서 공통된 원칙을 공유할 수 있는 평가시스템이 필요함을 곧바로 인식하게 되었다. 이러한 종류의 평가시스템은 교실 행동이나 사회적 행동과 같은 영역에서 사용되어 온 응용행동분석의 유형으로 이미 존재하고 있었지만, 학업 영역에서는 존재하지 않았다. Deno와 Mirkin은 이러한 요구를 충족시키기 위해서 CBM을 개발하였다.

CBM은 몇 가지 속성에 의해 다음과 같이 특징지을 수 있다(Deno, 2003).

1. 첫 번째이면서 가장 명백한 특성은 **일치**로 설명할 수 있다. CBM을 사용할 경우 학생들은 그들이 배운 교육과정에 근거하여 개발된 검사에 참여하게 된다. 이것이 의미하는 바는 다음과 같다.
   - 내용이 동일하다.
   - 학생들에게 제공될 검사지의 반응유형은 동일하다. 학생에게서 기대될 수 있는 반응들과 동일하다.

2. 검사들은 **측정학적으로 적합**(technically adequate)하며, 이것이 의미하는 바는 신뢰도와 타당도가 확립되었음을 의미한다. 비록 CBM이 교실에서 교사들에 의해 사용될지라도, 비공식적 평가를 의미하는 것은 아니다. 일반적으로 비공식적 평가는 측정학적으로 적합하지 않다.

   CBM은 충분한 측정학적 적합성과 함께 경험적인 연구결과에서 지지를 받고 있는 절차다. 지난 25년 동안, 유수의 학술지에서 CBM의 적용을 지지하는 우수한 경험적 연구들이 많이 출판되었다. 실제로 CBM은 학생들의 학업성취 수준과 진전도를 나타내는 데 사용되고 있기 때문에, 전통적인 검사에서는 결코 볼 수 없었던 방식으로 연구되었다.

3. CBM은 일반적으로 **규준참조검사**(norm-referenced measures)의 반대의 개념인 **준거참조검사**(criterion-referenced measures)를 사용하고 있다(추후에 이 부분을 설명할 것이다).

4. **표준화된 절차**를 사용한다. CBM을 사용하고 있는 사람들은 본인이 수집한 데이터를 다른 전문가와 공유(예를 들어, 프로그램 평가 또는 공식적인 학생 보고서의 한 부분으로서)하기 위

해서 동일한 검사절차와 채점방법을 따른다.

- 표준화된 검사는 각각의 주요 교과 영역에서 사용된다(예를 들어, 1분 동안 측정된 3개의 구두 읽기검사는 학생이 지닌 읽기의 현재 수준을 가늠하기 위해서 사용된다).
- 검사지를 선택하거나 구성할 때 표준화된 절차를 따른다.
- 각각의 과정마다 표준화된 검사 실시방법과 채점방법이 제공된다.

5. 수행 수준의 표집(Performance sampling)을 사용한다(행동이나 성취 데이터로 여겨질 수 있는 것을 제공). CBM 검사에서는 제한된 시간(일반적으로 몇 분) 동안 명확히 정의된 과제에서 학생이 응답한 정답과 오답을 기록하기 때문에 직접적이며 **낮은 추론과정**(low-inference)에 기반한 측정방법을 사용하고 있다. 따라서 점수 결과의 의미에 관한 유추 및 추론은 최소화될 수 있다. 예를 들어, CBM 읽기는 학생들이 학년 수준의 지문을 '매 분당 실수 없이 47개 단어'를 정확하게 읽고 있는지를 알려 줄 수 있다.

6. 의사결정의 규칙은 데이터를 활용하는 교사들에게 정보를 제공하기 위한 목적으로 사용되며, 여기서 말하는 정보란 학생들이 다른 수준의 성취를 나타내거나 다른 정도의 진전도를 나타낼 경우 이러한 결과가 의미하는 바가 무엇인지를 이해할 수 있도록 도울 수 있는 정보들이다. 이러한 의사결정의 규칙은 수행 수준의 준거에 기반을 두고 있으며 표집이나 실험적인 절차를 통해 표준화된다.

7. CBM은 시간에 따른 **반복된 측정**을 매우 강조하며 학생의 현재 수행 수준과 동시에 진전도의 정도를 산출하기 위해서 사용될 수 있다. 즉, CBM의 데이터는 학습의 성장속도를 설명하기 위한 **진전도 모니터링**(progress monitoring)을 목적으로 사용될 수 있다. 이러한 특성으로 인해 필요한 경우 학생들의 교육 프로그램의 수정을 **빠른** 시간 안에 즉시 실시할 수 있는 장점을 갖고 있다.

CBM에서는 교사들이 가르친 내용만을 측정한다는 사실과 함께 학습된 정도는 시간의 흐름에 따라 변화될 수 있다는 점을 고려한다면, CBM처럼 반복 측정하는 검사들은 교수전략을 사용하여 학업능력이 어느 정도 향상되었는지를 평가할 수 있다. 결과적으로 CBM과 진전도 모니터링 전략을 함께 사용함으로써 교사들은 교수전략의 질(quality)을 평가할 수 있으며 교수전략의 수정이 필요한 시기를 결정할 수 있다. 이러한 이유로 인하여 CBM을 사용할 경우 교사들은 무엇을 가르쳐야 할지에 대한 정보를 CBM 검사를 통해

서 얻을 수는 없지만 어떠한 방법으로 가르쳐야 할지에 관한 의사결정에는 도움을 받을
수 있다.

8. CBM은 또한 **효율성**을 지닌 검사다. CBM 검사의 경우 짧은 시간의 워크숍만으로 교사들
이 검사를 바로 실시할 수 있으며, 검사시간도 매우 짧기 때문에 효율성을 갖고 있다.
CBM 검사를 사용할 경우 수행 수준 및 **행동**과 관련된 직접적인 데이터를 얻을 수 있기
때문에 효율적인 방법으로 의사소통이 가능하다[교육 및 심리학과 관련된 모든 검사들은 학
생들이 행동을 나타내도록 요구하고 있지만 많은 경우에는 **원점수**(raw score)로 불리는 원래의
행동(original behavior)은 그 결과를 해석하기에 앞서서 다른 값으로 변환되어야 한다]. 교사가
수행 수준과 관련된 데이터를 사용할 경우 교사는 학생이 검사에서 실제로 응답한 결과
를 바탕으로 직접적인 결정을 도출할 수 있다. CBM을 사용할 경우 대부분의 목적을 위
해서 원점수를 변환할 필요는 없다. 예를 들어, 만약 한 학생이 1분 동안 47개 단어를 읽
었는데 이 지문의 준거가 분당 60개 단어일 경우, 이 학생은 결론적으로 1분 동안 13개의
단어를 적게 읽은 것이다. 교실 안에서 활용된다는 점을 고려한다면, 검사의 결과는 단
순한 행동이나 수행 수준의 진술로 해석되고 요약될 필요가 있다. 또한 그러한 검사결과
는 해석을 위해 퍼센타일로 변환하거나 정상분포로 변환될 필요는 없을 것이다. 교사가
알아야 할 것은 단지 이 학생의 경우 현재의 읽기 속도보다는 13개의 단어를 추가적으로
더 빨리 읽어야만 한다는 사실이다.

9. 마지막으로 필요에 따라 CBM 데이터는 다양한 기술을 이용하여 효과적으로 요약될 수
있으며, 여기서 언급된 다양한 기술에는 연필과 종이도표를 사용하는 것과 함께 웹
(Web) 기반의 자료관리 시스템을 사용하는 것이 포함된다. 이러한 검사의 효율성으로 인
하여 모든 교육 시스템 단계에서 필요한 데이터를 즉각적으로 제공할 수 있다. 더욱 중요
한 것은 담임교사와 학생들이 손쉽게 데이터를 얻을 수 있어야 한다는 점이다.

CBM과 다른 유형의 검사 간의 차이는 무엇인가

　　CBM과 다른 검사들 간의 가장 중요한 차이점은 앞에서 언급된 9개의 특성으로 설명할 수 있지만, 그러한 특성을 지지할 수 있는 중요한 아이디어들이 더 많이 있다.

　　교육에 참여하는 모든 사람들은 학교에서 사용 가능한 모든 종류의 평가를 이미 잘 알고 있다. 사용이 가능한 검사는 주(state)에서 실시하는 책무성 평가(accountability tests)부터 아주 간단하게 손으로 응답하는 지필검사를 모두 포함하고 있다. 교육분야에 있어서, 우리는 의사결정에 필요한 정보를 수집하기 위해 이러한 검사들을 사용하며, 이러한 검사들의 유형은 검사를 개발한 목적과 높은 관련성이 있다. 왜냐하면 이러한 결정을 함에 있어 다양한 종류의 방법이 있고 다른 종류의 의사결정이 있기 때문에 서로 다른 유형의 검사들이 존재할 수밖에 없다. 앞에서 이미 설명한 것처럼, CBM은 교사들이 교수계획을 수립하는 것과 그러한 교수계획이 효과적인지를 모니터링하기 위한 목적으로 개발되었다. CBM의 구조를 교수적 관점에서 나타낼 수 있는 방법은 다음 네 가지다. ① 교육과정에 초점을 맞춘다. ② 가변적 변수들을 사용한다. ③ 낮은 추론능력에 기반한 검사를 사용한다. ④ 준거참조검사를 사용한다.

교육과정

　　검사가 교육과정에 기반하고 있다고 말할 때, 이러한 검사는 교육과정과 관련이 있다고 할 수 있으며, 결론적으로 우리는 이러한 검사를 사용하여 학생이 배운 내용을 잘 측정할 수 있을 것이라고 기대할 수 있다. 이러한 검사는 일반적인 성취능력, 장애유형, 학습유형, 고착된 인간의 능력(예, 지능 또는 인지능력), 발달 단계, 또는 지각처리에 대한 개념에 기반하여 개발된 검사와는 다른 특성을 갖고 있다. 이러한 검사들은 학생들이 배우고 있는 교과내용에 초점을 맞추어 개발되지 않을 수도 있다. 사실, 이러한 검사들은 학생이 배운 내용 이외의 영역을 측정하기 위해서 개발될 수도 있다.

　　당신은 아마도 마지막 구절의 내용에 대해서 놀라지는 않을 것이다. 당신은 교육과정중심측정이라는 검사가 교육과정을 반영하고 있을 것이라고 예측한다. 그러나 CBM은 체계적인 교수적 중재와 학생의 성취 목표 달성 정도에 초점[예, 중재반응모형(RTI)]을 맞추고 있는 문제해결모형 또는 시스템에서 사용될 목적으로 개발되었다. 이러한 시스템은 학생의 학습능력을 직접 측정할 수 있는 검사도구를 필요로 한다. 다른 유형의 문제해결모형(예, 학생의 약점에 기반한 전통적인 모형)이나 학생들의 능력은 정규분포를 따를 것이라고 가정하고 있는 모형에서 사용되기 위해 개발된 검사들은 다른 특성을 갖고 있다. 그렇다면 어떻게 다른가?

가변적 변수

　CBM이 다른 유형의 검사와 비교했을 때 가장 중요한 차이점 중의 하나는 변화가 가능한 가변적 변수를 CBM 검사에서 측정하고 있다는 사실이다. 교육분야에서 변화가 가능한 **가변적 변수**란 교육을 통해 바뀔 수 있는 능력을 말한다. 교육과정 안에서 교육을 받고 있는 학생들의 성취 정도는 변화가 가능하다고 가정한다. 왜냐하면 학생들의 성취는 교사의 노력으로 달성될 수 있기 때문이다(예, 교육을 통해서 학생들의 성취를 변화시킬 수 있다). CBM은 단순히 문제의 원인이 무엇인지를 결정하거나 문제의 존재 유무를 제공하기 위해서 개발되지는 않았다. CBM은 교수전략을 준비하는 데 필요한 정보를 제공할 수 있는 자료수집 체제(data collection system)의 일환으로 개발되었다. CBM을 적합하게 사용하는 한 가지 방안을 예로 들면, CBM을 통해서 교사들은 학생들이 갖고 있는 특정한 영역의 지식 수준을 확인하게 된다. 이와 같은 정보는 교수전략에 대한 직접적인 함의를 제공할 수 있다. 왜냐하면 특정한 영역의 지식은 교수전략을 통해서 향상될 수 있기 때문이다(교수전략의 정의는 새로운 지식을 제공하는 것이다).

　지각처리 과정, 발달 단계 및 학습유형처럼 좀처럼 변화되기 어려운 학생에 관한 변수를 측정하는 검사를 사용하여 교수전략에 도움을 줄 수 있는 정보를 제공할 수 있는지에 대한 뜨거운 논쟁이 진행되고 있다. 좀 더 구체적으로 살펴보면, 교과내용의 성취 정도는 교사가 제공하는 교육을 통해서 변화될 수 있지만 학습유형, 인지능력, 그리고 심지어 전반적인 학업성취 등은 상대적으로 변화되기 어려운 특성을 지니고 있다고 개념화되어 있다. 따라서 변화되기 어려운 능력을 측정하면서 소비하는 시간은 바로 교사가 변화시킬 수 없는 영역에 소비하는 시간으로 해석된다(변화할 수 없는 능력을 측정하는 검사를 사용할 수 있더라도 그러한 검사를 통해 산출된 정보를 이용하여 학생들이 학습해야 할 영역이 무엇인지를 알려 주지 않는다면 그러한 검사에서 산출된 정보는 유용하지 않다. 그러한 이유 때문에 CBM 검사는 항상 필요하다).

낮은 추론에 기반한 검사

　무엇인가에 대한 결론을 도출하기 위한 목적으로 한 가지 영역을 측정하는 검사를 사용할 때 우리는 **추론**의 과정을 거쳐야만 한다. 이처럼 한 가지 영역을 측정한 검사의 점수를 여러 이론적인 배경에 근거하여 최종 결론으로 도출하는 검사의 유형을 **높은 추론에 기반한 검사** (high inference measure)라 한다. 예를 들어, 인지능력을 측정하는 검사의 경우 인지능력을 직접적으로 측정하는 문항을 갖고 있지 않다. 대신 이러한 인지능력의 검사는 검사자가 학생들의 인지능력을 추론할 수 있는 문항을 갖고 있다. 그러한 이유로 인하여 학생이 인지검사의 영역 중 한 가지인 도형의 조작 검사를 수행할 경우 이러한 영역에서 획득된 점수는 도형의 조작 점수로 바로 해석되지 않으며, 대신 그러한 점수는 인지능력으로 간주된다. 우리가 추론에 기반한 인지능력의 이론을 충분히 수용할 수 있다면, 우리는 이러한 검사의 해석 또한 수용할 수 있다.

　교실 안에서 나타날 수 있는 관찰 가능한 학생 행동의 표본에 근거하여 CBM 검사가 개발되었다는 사실은 교육분야 및 학교심리학에서 사용되고 있는 높은 추론에 기반한 검사들과 구별되는 특징 중 한 가지다. CBM은 어떻게 학습이 이루어지거나 발생하는지를 설명하기 위한 목적으로 개발되지는 않았다. 또한 CBM은 학생들이 어떻게 사고하고, 주의를 기울이며, 기억 또는 정보처리를 하는지를 설명할 수 있는 특별한 이론에 근거하여 개발되지는 않았다. 따라서 검사의 결과로 산출된 점수가 의미하는 것이 무엇인지에 대한 추론과 추측을 최소화할 수 있다. CBM은 정해진 시간(일반적으로 몇 분 단위) 안에 실시된 실제 검사에 대한 학생들의 오답과 정답을 계산하기 때문에 직접적인 관찰결과(낮은 추론)를 기반으로 한다. 만약 학생이 1분 동안 7개의 덧셈문항을 풀었다면, 그 학생의 점수는 "1분 동안 7개의 덧셈문항을 맞힘"으로 보고한다. 만약 덧셈문제의 평가 준거가 분당 40문제를 맞추는 것이라면, 분당 7개의 문항을 맞춘 결과의 의미는 매우 간단히 해석된다. 즉, 덧셈에 관한 추가적인 교육적 지원을 학생에게 제공해야 한다라는 의미다.

준거참조검사

CBM이 전통적인 교육 및 심리 분야에서 사용된 검사와 다른 차이점 한 가지는 규준에 근거한 전통적인 검사 유형을 탈피하는 대신 준거참조검사 유형을 따른다는 것이다(사실 대부분의 CBM 검사는 규준 또한 제공하고 있다). 준거참조검사는 학생들이 주어진 과제에서 특정한 수준의 수행능력에 도달했는지를 검증하기 위해서 사용된다. 이러한 검사의 기본적인 가정은 특정한 능력을 획득하지 못하여 교육이 필요한 학생들은 그러한 능력을 측정하는 검사에서 낮은 점수를 받는다는 것이다. 대신 그러한 능력을 습득한 학생들은 그 검사를 통과할 것이다.

교육평가를 활용함에 있어서 가장 큰 문제점 중 한 가지는 교육평가의 역사가 규준에 근거한 검사를 사용하며 규준집단과의 비교에 근간을 두고 있다는 것이다. 학생들의 수행 수준을 다른 학생들의 수행 수준과 비교할 목적이라면 규준에 근거한 검사와 규준집단의 비교가 가능하겠지만 규준에 대한 비교는 교사가 반드시 알아야만 하는 중요한 정보는 아니다. 교사가 수업을 계획하고 준비하는 데 있어서 더욱 중요한 정보는 학생들이 특정한 능력을 습득하고 있는지의 여부와 학생들이 이해하지 못하고 있는 내용을 어떻게 하면 더욱 잘 가르칠 수 있는지에 대한 정보일 것이다. 특정한 학생을 다른 학생들과 비교하는 방법을 안다는 것은 위에서 언급된 중요한 정보를 제공해 주지 못한다.

CBM은 중재 프로그램과 직접적인 관련성을 갖고 있으며 무엇을 어떻게 가르칠 것인가에 대한 교사들의 결정에 도움을 줄 수 있는 정보를 제공하기 위해서 개발되었다. 이미 설명되었듯이, 교수적 중재 시 활용 가능한 검사도구다. 따라서 이러한 검사는 다음과 같은 특성을 지니고 있다.

- 교육과정과의 일치성
- 교수전략의 민감성
- 진전도 모니터링이 가능하도록 반복적으로 측정이 가능함
- 학생이 특정한 기술을 숙달했는지 여부를 결정하기 위한 목적으로 사용되기 때문에 준거에 기반을 두고 있음

교사는 CBM을 사용하여 교육목표를 설정하고, 학생들의 선수지식의 수준을 파악할 수 있으며, 교육의 결과와 중재를 일치시킬 수 있고, 교육목표를 향한 진전도를 추적할 수 있다.

CBM의 주된 장점은 무엇인가

우리가 CBM 검사의 중요한 장점만을 뽑아야 한다면, 그러한 장점으로는 진전도 모니터링으로서의 효율성, 일치성, 그리고 유용성을 언급할 것이다. 첫째로, 검사가 이해하기 어렵고, 혼란스러우며, 검사의 실시에 대한 업무 부담을 준다면 그러한 검사를 사용할 사람은 아무도 없기 때문에 검사의 효율성은 매우 중요하다. CBM은 실제로 실시하고 이해하기에 매우 단순하다. 이것은 평가로 소비되는 시간이 줄어든다는 의미이며 이러한 특성으로 인하여 더 많은 시간을 가르치는 활동으로 사용할 수 있다는 의미다.

두 번째로 꼽을 수 있는 장점은 교수중재에서 산출되는 결과와 CBM의 **일치성** 혹은 연관성이다. 사용할 검사와 가르치고 있는 교육과정의 내용이 일치할 경우 교사는 검사결과를 통해더 나은 의사결정을 할 수 있다. 예를 들어, 이러한 일치성은 학생이 할 수 있는 것과 할 수 없는 것이 무엇인지를 결정할 때 도움을 줄 수 있다. 이미 언급된 것처럼, CBM을 사용하여 우리는 교육목표를 선택하고 현재의 수준을 결정하고자 하는 의사결정 시 도움을 받을 수 있다. 이러한 일치성은 다양한 난이도 수준을 고려하여 문항을 선별한 전통적인 규준에 근거한 검사에서는 확인하기 어려운 특성이다(아마도 대부분의 사람들은 이러한 특성의 검사에 익숙해 있다. 이러한 검사는 처음에는 쉬운 문항으로 구성되어 있으며 점차 문항의 난이도가 증가하는 특성을 갖고있다). 다양한 능력을 모두 포함하면서 동시에 검사의 문항 수 또한 적정 수준으로 유지한다면검사의 문항과 교육과정과의 관련성은 크게 줄어들며, 각각의 능력을 측정하는 데 매우 적은문항이 제공된다. 이럴 경우 검사의 일치성을 유지하기는 어렵다. 왜냐하면 검사문항의 수(각각의 능력을 측정하는 문항의 수)가 충분하지 않으며 일부 능력의 경우 검사에서 제외될 수 있기때문이다.

또한 학생들이 실질적으로 필요로 하는 능력과는 상이한 과제를 제공하는 문항 유형을 사용할 경우 이러한 검사의 일치성은 확보되기 어렵다. 예를 들어, 집단으로 실시되는 검사에서는 종종 학생들이 정답에 동그라미를 표시하거나 짝짓기를 통해 답을 확인하도록 요구한다. 그러나 실제 교육활동에서 학생들은 일반적으로 정답을 선택하지 않는다. 대신 학생들은 정답을 작성하게 된다. 이것은 두 가지 서로 다른 기술이다.

세 번째로 꼽을 수 있는 장점은 진전도 모니터링을 위한 CBM 검사의 유용성이다. 규준에 기반한 전통적인 학업성취도 검사들은 상당히 짧은 기간에 실시된 교수전략이 효과적이었는지를 평가하기 위한 목적으로 사용될 수 없다. 왜냐하면 그러한 검사들은 시간이 지나더라도 변화가 적은 검사점수를 제공하기 위한 목적으로 개발되었기 때문이다(한 검사에서 학생의 점수는 짧은 기간에는 변화하지 않는다는 것을 가정한다). 또한 그러한 전통적인 검사들은 반복적으로 검사가 가능한 충분한 동형검사의 문항을 갖고 있지 않다. CBM을 통해 진전도 모니터링을 할 수 있는 이유는 반복적인(그것이 매일이라고 할지라도) 측정형식으로 인하여 난이도가 동등한 검사지를 사용할 수 있기 때문이다. 검사의 일치성과 함께 CBM을 반복적으로 사용할 수 있는 장점으로 인하여 기존의 전통적인 검사보다는 교수전략의 반응에 민감하다. 이것은 CBM을 비교적 짧은 기간에 실시된 교수전략이 효과적이었는지를 결정할 때 사용될 수 있으며 학생들을 지도하는 방법을 결정할 때도 사용이 가능하다는 것을 의미한다. 즉, CBM은 교수전략이 효과적인지의 여부와 교수전략이 수정되어야 하는 시기를 적합한 방법으로 우리에게 알려 준다.

진전도 데이터를 얻을 수 있게 되면, 교사는 CBM을 사용하여 새로운 의사결정에 필요한 새로운 정보들을 얻을 수 있다. 중재기간에 획득된 정보를 활용한다는 것은 형성 평가(formative evaluation)를 의미한다. 형성 평가는 Deno와 Mirkin에 의해서 처음 개발된 자료중심문제해결모형(DBPM)의 핵심적인 구성요인 중 한 가지였다. 형성 평가는 학습에 대한 변화를 살펴보기 위해서 반복해서 직접 측정한 검사에서 산출된 정보를 활용한다. 이러한 특성으로 인하여 교수전략과 관련된 의사결정은 학생들의 진전도 수준에 근거하여 결정된다. 말할 것도 없이 이러한 특성을 지닌 검사는 교사 및 학교심리학자들이 사용 가능한 가장 강력한 검사도구일 것이다.

CBM 데이터를 이용하여 어떠한 종류의 결정을 할 수 있는가

2장에서 설명하듯이, 우리가 교육을 실시하는 동안 내릴 수 있는 네 가지 주된 의사결정은 다음과 같다.

1. 도움을 필요로 하는 학생과 그렇지 않은 학생을 결정하기 위한 **선별 의사결정**(screening decisions)
2. 교수전략을 수정하거나 새로운 목표를 설정하는 시기를 결정하기 위한 **진전도 모니터링 의사결정**(progress-monitoring decisions)
3. 학생들이 필요로 하는 도움의 종류를 결정하기 위한 **진단적 의사결정**(diagnostic decisions)
4. 특수교육서비스를 중단할 시기를 결정하거나 모든 학생에게 제공된 교수전략의 효과성을 보고하기 위한 **결과적 의사결정**(outcome decisions)

CBM 데이터는 각각의 의사결정 유형에서 적용될 수 있지만, 사용할 검사의 종류와 검사 사용 방법은 우리가 하고자 하는 의사결정의 종류에 따라 달라질 수 있다. 예를 들어, 선별과 진단을 목적으로 검사를 사용할 경우, 우리는 **현행 수준 조사 평가**(survey-level assessment)라고 불리는 검사를 사용할 것이다. 현행 수준 조사 평가는 다음과 같은 목적을 위해 교과 영역과 관련된 학생의 행동에 대한 폭넓은 데이터를 수집하게 된다.

1. 학생들에게 적합한 교수전략의 수준을 확인
2. 추가적인 검사에서 나타난 격차를 감소하기 위해서 학생의 현재 수준을 점검

현행 수준 조사 평가에서 문제점이 확인되면, 진단평가를 실시하는 전문가는 학생에게 가르쳐야 할 것이 무엇이며 어떻게 가르쳐야 할지에 대한 결정을 위해 **특정 수준 평가**(specific-level assessment)를 실시하게 된다. 미리 간단히 설명을 하면, 전반적인 **성취**(general outcome)와 **기술 중심**(skills-based) CBM은 현행 수준을 측정하기 위해 사용되며, **숙달도**(mastery measure)

CBM은 특정한 영역을 측정하기 위해 사용된다.

CBM은 RTI와 어떤 관련이 있는가

　RTI는 종종 사람들마다 다른 방식으로 이해되고 설명되지만, 일반적으로 RTI는 다양한 문제해결과제를 위해 데이터에 근거한 의사결정을 사용한다. 적합한 방법으로 RTI를 사용하고자 할 때 포함되는 핵심요소들은 선별/벤치마킹과 진전도 모니터링 평가 방법이다. 앞에서 이미 언급한 바와 같이(그리고 2장에서 더 자세히 설명), CBM은 이러한 형태의 모든 의사결정을 위한 탁월한 접근방식이다. 8장에서 우리는 CBM이 RTI에 얼마나 적합한 검사방법인지를 구체적으로 설명할 것이다.

그래서 CBM은 모든 것을 할 수 있다는 말인가

　물론 CBM이 아이들을 가르칠 수는 없다. CBM은 교육방법이나 교수전략이 아니다. CBM은 다양한 교수방법에서 활용이 가능하며 교수전략을 향상시킬 수 있는 검사도구다. 마찬가지로 CBM은 교육과정이 아니다. 따라서 CBM 읽기 프로그램은 존재하지 않는다.

　CBM은 측정의 틀이며, 이는 CBM을 실행하고 채점을 하는 기준은 단지 여러 교과 영역의 목적과 목표에서 사용이 가능한 예시적인 성격을 갖고 있음을 의미한다. 이 때문에 서로 다른 교사가 다른 교수전략을 사용할 경우 또는 동일한 교사가 다양한 방법으로 다양한 특성을 지닌 아이들을 지도할 경우에도 CBM을 사용할 수 있는 독특한 장점을 갖고 있다.

　출판된 CBM 검사들 중에는 일련의 특정 목적에 초점을 맞추어 개발된 경우도 있지만 그러한 검사에서 사용된 과제나 일련의 목적들은 CBM을 정의할 수 있는 요인들이 아니다(그러한 것은 서로 다른 과제나 교육과정을 정의하고 있을 뿐이다). CBM을 정의하는 요인들은 교육과정 중심의 절차들(curriculum-based procedures)과 관련되어 있는데, 여기서 언급된 절차들은 검사를 개발하고, 실시하며, 검사의 점수를 채점하는 활동과 관련되어 있으며, 또한 검사를 통해서 산출된 데이터를 기록하고 요약하며 해석하는 과정과도 관련되어 있다. 그런 까닭에, 교사들은 모든 교실 또는 모든 교과 영역에서 유용하게 사용하기 위한 목적으로 1개의 CBM을 구매할 수는 없을 것이다(적어도 모든 교사가 같은 순서로 동일한 내용을 가르치기로 결정을 하지 않는다면).

다른 유형의 CBM도 있는가

이미 출판된 CBM 절차에 따라 어떤 검사가 개발되고, 수행되며, 채점된다면, 그 검사는 CBM 검사도구로 간주할 수 있다. CBM의 세 가지 유형은 전반적인 성취 검사, 기술 중심 검사, 그리고 숙달도 검사다. 여기서 언급되는 세 가지 종류의 검사들은 앞에서 언급된 여덟 가지의 질적 특성을 공유하고 있지만 측정하고자 하는 능력의 본질과 목적에 따라 설계 방법이 다르다.

전반적인 성취 검사

전반적인 성취 검사(General Outcome Measures: GOMs, 이하 GOM이라 칭함)는 수많은 중요한 하위 영역의 기술이 성공적으로 수행되었을 때만 성취할 수 있는 대표과제를 사용하고 동시에 여러 교육목적으로부터 표집된 수행과제를 사용한다. 이러한 유형의 검사에서 하위 영역의 능력은 기술 중심 검사와 숙달도 검사처럼 직접적인 관심의 대상은 아니다. 대신 GOM에서 성공이나 향상은 하위 영역의 모든 능력을 아우르는 종합적인 향상으로 가정된다. 이러한 이유로 인하여 GOM은 총체적인 반면, 숙달도 검사는 특별히 세부적이라고 할 수 있다.

아마도 GOM의 가장 일반적인 예는 구두 읽기 유창성일 것이다. 학생들은 유창하게(즉, 정확하고 빠르게) 읽기 위해서 반드시 철자, 철자 조합, 혼합, 어휘, 구문, 그리고 내용 지식을 포함한 다양한 기술을 동시에 사용할 수 있어야 한다. 학생이 이러한 하위 영역에서 향상된 능력을 보인다면, 교사는 학생들의 구두 읽기 유창성에서 어느 정도 향상이 있을 것으로 기대할 수 있다. 그 결과, GOM을 목적으로 구두 읽기를 사용하는 것은 이러한 하위 영역의 기술들을 분리해서 검사해야 하는 부담감을 감소시켜 준다(그러한 하위 영역의 기술들은 함께 가르치거나 독립적으로 가르칠 수 있다).

GOM은 명확한 장점들을 갖고 있다. 첫째는 GOM을 사용함에 따라 실시해야 할 다른 검사들의 수가 크게 감소되는 것이다. 즉, 다양한 검사를 개발하고, 소개하고, 관리하고, 실시하고, 채점하며, 검사결과를 추적해야 하는 부담을 감소시킬 수 있다. 1년 동안 배워야 할 학습 영역을 포함할 수 있는 4개 혹은 5개의 GOM을 개발함에 따라, 교사는 이미 학기 초에 1년 동안 사용할 수 있는 모니터링 체계를 갖게 된다. 또한 GOM을 사용함에 따라 하위 영역의 기술이 사용되는 일반적인 상황에서 그러한 하위 영역의 기술들을 분리하는 것의 어려움을 인지할 수 있다. 과제가 활용되는 일반적인 방법과는 다른 방법으로 검사를 사용하게 된다면(예를 들어, 학생에게 무의미한 단어나 독립된 철자의 소리를 읽도록 요구함), 타당도를 저해시킬 수 있다. 마지막 장점은 GOM을 사용하여 진전도의 결과를 시각적으로 표현하게 되면 장기간에 걸쳐 산출된 기울기를 확인할 수 있으며, 이러한 특성으로 인하여 데이터에 근거한 교수전략의 수정이 가능하게 된다는 점이다.

위에서 언급된 특성들 때문에 GOM은 전반적인 학업성취능력을 가늠하기 위한 목적으로 사용되는 현행 수준 조사 평가를 실시할 때 검사의 문항을 표집하고, 선별하고, 진전도 모니터링을 하는 데 특별히 유용하게 사용된다. GOM의 주요 단점은 **전반적인** 능력을 측정한다는 점이다. 만약 학생의 구두 읽기능력이 적합한 수준이 아니어서 학생의 상대적인 읽기의 강약점을 알 수 있는 구체적인 정보를 얻고자 할 때, GOM을 사용하여 필요한 정보를 얻을 수 없다. GOM의 또 다른 단점은 일부 교과 영역의 경우 해당 교과의 대표적인 과제(타당한 방법으로 편리하게 사용할 수 있는 특별한 과제)를 찾기가 어렵다는 점이다. 예를 들어, 저학년 이상의 수학 교과에서는 GOM을 개발하기가 매우 어렵다.

기술 중심 검사

기술 중심 검사(skills-based measures: SBMs, 이하 SBM이라 칭함)는 GOM이 갖고 있는 수많은 기능을 수행하기 위해서 만들어졌다. 또한 기술 중심 검사는 특정한 장점들과 함께 단점도 갖고 있다. 이 검사의 주요한 장점은 해당 교과의 대표적인 과제를 사용할 수 없는 교과 영역에서도 선별 및 진전도 모니터링을 위해 사용될 수 있으며, 현행 수준 조사 평가로 사용될 수 있다는 점이다.

SBM을 가장 잘 나타낼 수 있는 예로는 수학 계산(math computation)이 해당된다. 어떠한 특정 학년 수준에도, 수학 계산과 관련된 교육과정은 특정한 기술들의 목록으로 구성되어 있다. 예를 들어, 2학년 교육과정은 덧셈, 자릿수 올림이 없는 두 자리 수 덧셈, 자릿수 올림이 있는 두 자리 수 덧셈, 뺄셈을 포함한다. 이처럼 다양한 교육과정이 포함된 경우 모든 영역의 습득 정도를 평가할 수 있는 단일 검사는 존재하지 않을 것이다. 즉, 각각의 능력들은 SBM을 사용하여 직접적으로 측정될 필요가 있다.

SBM은 교과 영역 내에서 배우게 되는 세부 목표들을 먼저 확인하여 개발하게 된다. 교사가 지도할 학습목표는 1년이나 혹은 짧은 기간의 목표일 수 있다. 일단 목표가 확인되면, 검사문항은 각각의 목표를 측정하기 위해서 제공되어야 한다. 동일한 목표를 측정하는 검사문항들은 동일한 난이도를 갖고 있어야 한다. 다음 단계로 검사문항들은 한 시험지 안에 무선으로 배치되어야 한다. 이러한 절차를 통해서 동일한 내용을 균형 있게 포함하는 여러 개의 동등한 검사를 제공할 수 있다.

이러한 검사문항들은 학생들이 배우는 순서나 난이도에 따라 배치되지 않는다. 동일한 목표의 검사문항들을 함께 배치하지 말아야 한다. 검사의 모든 부분(예, 시작, 중간, 마지막 부분)에 각각의 목표가 동등하게 포함되기 위해서 검사문항들은 잘 배열되어야 한다. 그러나 각각의 문항들이 어떠한 능력을 측정하는지는 기록해 둘 필요가 있다. 왜냐하면 검사에서 나타난 수행능력의 결과는 이후에 실시되는 교수전략의 목적과 연관 지을 수 있기 때문이다.

SBM은 일반적으로 "가능한 한 당신이 풀 수 있는 최대한의 문제를 푸세요. 모르는 문제가 있을 경우 풀지 않고 넘어가도 됩니다."와 같은 검사 실시 요강을 포함하여 실시하게 된다. 이와 같은 검사 요강이 사용되며 우리가 설명한 것처럼 검사를 구성했다면, 이러한 검사를 처음 실시하는 학생들은 많은 문제들을 그냥 넘어갈 것이며, 결국에는 낮은 점수를 획득하게 된다. 학생들이 새로운 지식을 습득하고 교육과정에서 제공되는 내용을 교육받는 동안 지속적인 진전도를 나타내게 되면 학생들의 점수는 향상될 것이다. 왜냐하면 그들이 풀 수 있는 검사문항이 점점 더 증가하기 때문이다. 이러한 이유로 인하여 SBM은 GOM과 마찬가지로 장기간의 기울기를 제공할 수 있기 때문에 SBM은 진전도를 모니터링하는 목적으로 사용된다. 게다가 각각의 개별 문항들은 적합한 표본에서 산출되었다는 점과 다양한 교육목표에서 골고루 추출되었다고 확신할 수 있다면 SBM은 분석적 정보를 제공할 수 있다.

SBM의 중대한 단점 중 한 가지는 교수전략을 처음 시작할 경우 대부분의 검사문항이 학생들에게 적합하지 않다는 것이다. 왜냐하면 대부분의 문항들은 학생들이 배우지 않은 학습내용과 관련되어 있기 때문이다. 교수전략이 끝날 무렵에도 대부분의 문항은 적합하지 않을 수 있다. 대부분의 검사문항들은 이미 학생들이 다 배운 내용이기 때문이다. 이러한 단점이 의미하는 바는 검사의 일부 문항만이 학생들이 현재 배우고 있는 내용과 직접적인 관련이 있다는 사실이다.

숙달도 검사

CBM의 마지막 유형은 숙달도 검사(Mastery Measure: MM, 이하 MM이라 칭함)다. MM은 여러 가지 측면에서 GOM이나 SBM과는 다른 특성을 가지고 있으며, 특히 과제들이 추출된 교육과정의 상대적 수준과 문항들이 나열된 측정망(measurement net: 측정망이란 검사에서 수집된 표본의 성질이나 크기를 말한다)의 상대적인 크기에서 차이가 난다. 예를 들어, 25개 문항의 계산 능력을 포함하는 검사는 다섯 가지 능력을 포함하고 있는 있는 검사보다 더 큰 측정망을 갖고 있을 것이다. GOM은 MM보다 상대적으로 더 복잡하고 어려운 과제를 포함한다. 또한 SBM은 MM보다 더 많은 능력을 포함하고 있다(즉, 그러한 검사들은 더욱 넓은 망을 사용하여 더 많은 것을 측정하고 있다). 그러한 이유 때문에, MM은 일반적으로 교육과정의 일부분만을 사용하는데, 여기서 언급된 교육과정은 공통된 기술, 주제, 개념 혹은 해결 전략과 상대적으로 밀접하게 관련되어 있으면서 확인하기가 쉬운 문항들을 포함하고 있다. 이와 같은 문항의 예로는 쓰기 영역에서의 구두점 표시하기, 수학에서의 분수, 초기 읽기 영역의 철자 읽기가 해당될 수 있다. MM은 다음의 세 가지 상황에서 사용된다.

1. 교사가 실제로 특정한 학습 기술에 초점을 맞추고자 할 때 사용된다. 이러한 특정한 학습 기술은 **도구 기술**(tool skills)이라 불리는 것들이 포함될 수 있으며, 이러한 도구 기술은 높은 수행 수준에서 필요한 기술들이다(예, 모음으로 변환하기 위해 묵음인 e를 사용하여 철자를 만드는 방법, 사칙연산). 분수의 곱셈을 빠르게 계산할 수 있는 능력과 같은 핵심적인 연

산 기술에 초점을 두는 것은 더욱 중요할 수 있다.

2. 특정한 문제를 해결하는 노력과 함께 특정한 수준의 검사가 필요한 경우에 사용된다(예를 들어, 읽기 영역에서 학생이 관련된 정보와 관련성이 없는 정보를 구분하는 방법을 습득하지 못하여 독해력에 어려움이 있는지를 확인하고자 할 때)

3. 독립된 기술을 개별적으로 가르친 후 학습 정도를 모니터링하기 위해서 사용된다(비록 MM은 독립된 학습 기술에 초점을 맞추고 있지만 그러한 기술들을 반드시 독립적으로 가르쳐야 한다는 것을 의미하지 않는다는 점에 유념할 필요가 있다. 이러한 기술은 단지 초점이 된 목표였기 때문에 독립적으로 측정될 뿐이다).

MM의 단점은 초점의 영역이 협소하다는 것이다. MM은 장기 목표를 설정한 후 기울기를 지속적으로 모니터링하거나 일반적인 학업성취 수준을 측정하기에는 적합하지 않다. 진전도를 모니터링하기 위해서 다수의 MM을 사용하게 되면 톱의 톱날과 같은 굴곡과 뾰족한 모양에 가까운 프로파일을 제공할 수 있다(그림 1-1을 보세요). 특정한 검사에서 높은 점수를 얻게 되면 그다음 단계에서는 새로운 내용을 배움으로써 점수는 다시 낮아질 수밖에 없기 때문에 이러한 유형의 프로파일이 나타난다. 이러한 유형을 측정 이동(measurement shift)(혹은 우리는 종종 '절벽에서 점프를 하는 모양'이라고 부른다)이라 부른다. MM의 여러 단계에서 포함하고 있는 교육과정의 내용을 동일한 양으로 고르게 분배하여 포함시키고 있는 GOM이나 SBM은 이러한 측정 이동이 나타나지 않으며, 대신 의사결정 시 필요한 고전적인 학습 곡선을 제공할 것이다(그림 1-2를 보세요).

개별 검사 유형에 대한 간단한 특성의 요약은 〈표 1-1〉에서 제공하고 있다.

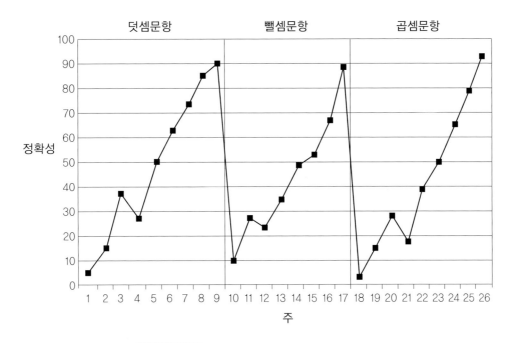

[그림 1-1] MM 진전도 모니터링 프로파일의 예

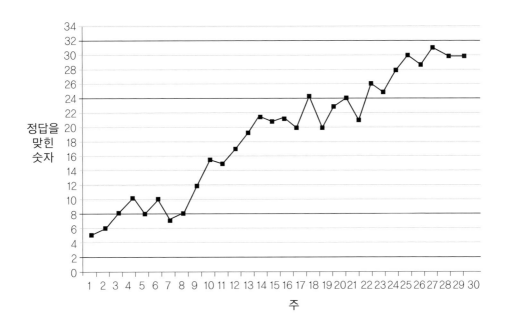

[그림 1-2] GOM 또는 SBM 진전도 모니터링 프로파일의 예시

(표 1-1) 세 가지 유형의 CBM 검사 비교

전반적인 성취 검사(GOM)	기술 중심 검사(SBM)	숙달도 검사(MM)
사용 목적		
• 선별 • 현행 수준 조사 • 진전도 모니터링	• 선별 • 현행 수준 조사 • 진전도 모니터링	• 진단적 평가 • 특정 수준 검사 • 주된 관심의 교과 영역을 찾기 위함 • 다양한 반응의 유형과 다른 수행 수준에 초점을 맞춤
구조		
• 전반적인/역동적인 과제를 사용 • 개별 기술들은 분리되지 않음 • 장기 목표에 초점을 둠 • 공통적인 학급과제를 종종 포함	• 일련의 목표에서 산출된 다양한 유형의 문항으로 구성 • 1년 동안 사용될 교육과정에서 학습 기술을 선택함 • 개별 기술들은 분리될 수 있음 • 문항들은 종종 여러 목적들을 고려하여 개발됨	• 짧은 기간의 교수적 목표나 한 가지의 특별한 기술만이 검사될 수 있음 • 대규모 표집(large sample)은 각각의 기술에서 수집됨 • 문항은 기술 또는/그리고 수행 수준을 참조함 • 일부 기술들은 독립적으로 조사될 수 있음
장점		
• 기대치를 제공함 • 기술 수준에 대한 전반적인 경향치를 제공함 • 모니터링을 위한 유용성 • 측정 이동이 발생하지 않음 • 유지와 일반화 정도를 보여 줌	• 기술 수준에 대한 전반적인 경향치를 제공함 • 모니터링을 위한 유용성 • 유지의 정도를 보여 줌 • 측정 이동이 발생하지 않음	• GOM이나 SBM에서 확인된 문제를 다시 점검하기 위한 목적으로 사용될 때 유용함 • 하위 기술이나 손실된 기술에 대한 가설을 점검할 때 유용함 • 주된 관심 영역을 제공함
단점		
• 진단적인 정보를 거의 제공하지 못함 • 세부 기술 영역에 관한 정보를 제공하지 못함 • 학생의 기술 수준보다 높거나 낮은 문항이 포함될 확률이 높음 • 일부 교과 영역은 그 교과 영역의 간편한 대표적인 과제를 갖고 있지 않음	• 각각의 목표에 관한 적은 수의 문항은 진단적 유용성에 한계점을 갖고 있음 • 학생의 수행 수준보다 높거나 낮은 문항이 포함될 확률이 높음 • 기술의 활용 여부나 일반화를 요구하지 않을 수 있음	• 큰 그림을 제공하지 못함(일반화나 활용에 관한 정보가 아님) • 기술과 하위 수준 기술 간의 관계는 실제로 존재하지 않을 수 있음 • 진전도를 모니터링하기 위해서 사용될 수 없음

단 한 번도 CBM을 사용해 본 적이 없는데, 만약 CBM이
그렇게 우수하다면 왜 대중에게 그동안 널리 알려지지 않았을까

그동안 인지도가 없었던 몇 가지 이유가 있다. 최근까지 일반교육에서 CBM을 이용하여 답할 수 있는 질문을 하지 않았던 것이 주된 이유라 생각된다. 그러나 최근에는 변화의 조짐을 느낄 수 있다. 이러한 변화의 조짐은 학교교육의 책무성에 관한 교육의 전문성과 입법부의 강조 증대와 부분적으로 관련되어 있다. 또한 일부분은 DIBELS(Dynamic Indicators of Basic Early Literacy Skills)의 인기와도 관련되어 있다. DIBELS는 초기 문해능력을 측정할 때 CBM을 활용하고자 하는 목적으로 개발되었다. 여기서 언급된 초기 문해능력은 차후에 National Reading Panel(2000)과 National Research Council(1998)의 보고서에서 그 중요성이 확인되었다. 이러한 보고서가 출판될 쯤에는 이미 DIBELS의 검사들은 주(state)에서 실시하고 있는 읽기 향상 프로그램(예, Reading First 프로그램)의 일환으로 일반학급의 수백만 학생들에게 사용되고 있었다.

DIBELS가 CBM인지 아닌지 여부에 대한 몇 가지 논의가 있다. 대부분의 경우에 DIBELS는 초기 읽기 과제에서 CBM 절차를 적용했다고 말할 수 있지만 일부 채점 규칙 및 항목 형식에서는 CBM과의 차이가 존재한다. 또한 AIMSweb 및 Edcheckup 같은 웹 기반 CBM 관리 시스템의 개발에서도 진화의 과정이 있었다. 이러한 변화의 대부분은 미세한 조정이었으며, CBM을 새로운 집단이나 교과 영역에서 활용할 때 이러한 변화들이 나타날 것이다.

아직까지도 많은 교육자들이 CBM에 대해서 들어 본 적이 없는 것이 사실인데, 이에 대한 흥미로운 이유가 존재한다. 즉, 어느 누구도 CBM을 광고한 적이 없었기 때문이다. 어떤 면에서는, CBM은 대중들의 측정방법이다. CBM은 학교에서 사용되고 있는 기존의 교수자료에서 추출된 과제에서 적용이 가능한 측정방법과 채점방식을 갖고 있기 때문에 CBM을 사용할 경우 추가적으로 검사 요강이나 검사지를 따로 구매할 필요가 없다(이 책은 검사 요강으로 사용될 수 있다). 또한 CBM을 판매하는 출판사가 매우 적기 때문에 CBM을 광고하지 않으며, 적극적인 판매활동이 이뤄지지 않아 왔다. 즉, 아직까지는 우리의 우편함에서 CBM을 광고하는 우편물을 받아 보지 못하고 있는 실정이다.

특수교육 또는 일반교육에서 CBM이 사용되고 있는가

CBM은 본래 특수 및 재활교육분야에서 사용되었다. 왜냐하면 CBM은 특정한 기술에 초점을 맞출 수 있는 특성과 교수전략에 대한 민감성을 갖고 있기 때문에 특별히 개별 학생들의 요구에 맞게 교수전략을 수정할 때 유용하지만, 특수교사들만이 그러한 검사를 사용할 수 있는 유일한 사람은 아니다. 앞서 언급한 바와 같이, 일반교사의 CBM 활용이 증가하고 있다. 또한 언급한 바와 같이, 뒤처지고 있는 학생들에게 가능한 빠른 시기에 도움을 주기 위한 목적으로 선별 및 진전도를 사용할 필요성이 있다는 인식은 지속적으로 증가하고 있다. 특별히 읽기, 구어, 쓰기 표현, 수학, 그리고 사회과(이 책에서는 모든 교과 영역을 포함하고 있지 않다)와 같은 핵심 교과 영역에서 진전도를 모니터링하는 것이 중요하다. 그 결과로, 지역 교육청[그리고 주(states)]에서는 모든 학생들을 위해 사용할 수 있는 시스템의 한 가지로 CBM을 선택하는 경우가 증가하고 있다.

누가 CBM을 실시해야 하나

이 질문에 대한 답은 CBM을 어떤 목적으로 사용하는지에 따라 달라질 것이다. 일반적으로 CBM은 1년 동안 3회 혹은 4회 정도 실시되는데 이는 읽기, 수학, 쓰기 표현과 같은 중요한 핵심 기술에서 진전도와 수행 수준을 조사하여 모든 학생들을 선별하거나 벤치마킹하는 것을 목적으로 한다. 읽기 이해, 수학, 쓰기 표현의 검사들은 집단을 대상으로 실시될 수 있다. 만약 교사가 준비가 잘 되었다면, 수학과 쓰기 표현의 검사(학년에 따라 달라질 수 있음)는 각각 5~10분 정도 소요된다. 구두 읽기 검사의 경우 개별적으로 실시되며, 검사가 순조롭게 진행된다면, 5분 동안 한 학생에게 3개의 읽기 검사를 실시할 수 있다. 학생을 실제로 검사하는 데 걸리는 시간은 기껏해야 20분 정도다. 시간의 대부분은 집단으로 실시되는 활동에 소요된다. 읽기교과의 경우 한 학교의 모든 학생들이 선별 및 벤치마킹하기 위한 목적으로 검사에 참여하게 되며, 실질적인 검사는 일반교사, 특수교사, 학교심리학자, 읽기 전문가, 교육 보조사 등으로 구

성된 팀에서 일반적으로 실시한다. 우리는 부모, 자원봉사자 및 동료와 같은 대상은 추천하지
않는다.

검사지를 준비하고, 검사장소를 준비하며, 검사를 실시하고 채점하며 기록하는 일련의 모든
과정을 준비하는 사람을 훈련시키는 데 소비되는 시간은 헛된 시간이 아닐 것이다. 일단 검사
가 모두 끝나면 학교 직원 중 누군가가 데이터를 컴퓨터나 웹 기반 경영 시스템에 입력해야 한
다. 9장에서는 이와 관련된 활동이나 이러한 데이터를 정리할 수 있는 지침을 제공하고 있다.

학습의 어려움을 분석하기 위한 목적으로 CBM을 사용하는 것은 또 다른 문제다. 이 책은
실제 진단 검사를 위한 내용을 포함하고 있지 않다. 진단을 위한 목적으로 실시되는 검사는 일
반적으로 교육과정중심평가(curriculum-based evaluation: CBE)나 특정한 관심이 있는 교과 영역
의 전문가에 의해서 실시된다. 이 경우에 검사를 실시하는 담당자는 일반교사, 특수교사, 교과
영역의 전문가, 또는 학교심리학자가 될 수 있다. CBM이 학습의 문제를 분석하기 위해 사용될
경우, 표준화된 검사 유형이 부재한 상황이다. 대신에 특정 검사들은 학습문제를 유발할 것으
로 의심되는 기술의 획득 여부를 확인하기 위해 선택된다. 이러한 방법으로 활용되기 위해서
는 먼저 사용 가능한 검사도구를 갖추고 있어야만 하지만 불행하게도 완벽한 검사들을 갖추고
있지 못한 실정이다. 그러한 검사를 개발하고 확인할 수 있는 데이터들은 2장의 〈Box 2-1〉에
서 제공된다.

마지막으로 CBM은 교수전략의 효과성을 점검하기 위한 목적으로 사용된다. 이러한 목적으
로 사용하기 위해서 학생들은 일정 기간 동일한 능력을 반복적으로 측정하는 검사에 참여하
게 되며, 이러한 반복 측정의 결과를 통해서 학생들의 학습추이를 점검하게 된다.

CBM 사용을 원한다는 것은 교사가 사용하고 있는
교재를 바탕으로 검사문항을 만들어야 한다는 의미인가

이것은 중요한 질문이며 약간의 논쟁거리이기도 하다. 이 질문에 대한 대답은 CBM에 관심
이 있는 사람들에게는 상당히 기본적인 것으로 보여질 수도 있는 또 다른 질문, '교육과정의
정의란 무엇인가?'에 대한 답변에 따라 달라진다. 우리는 교육과정이란 '당신이 가르치는 내

용'이라고 말해 왔는데, 이러한 정의의 의미는 학생들이 사회적·학업적인 능력의 성취를 위해 반드시 갖춰야 하는 교육내용의 표준으로 해석된다. 그러나 일부 사람들은 교육과정을 '어떻게 가르칠 것'(사용된 교재의 내용을 의미함)을 포함하여 정의를 내린다.

만약 당신이 '어떻게'라는 관점을 취한다면, 교육과정은 단순히 가르쳐 온 기술뿐만이 아니라 그러한 기술들을 가르쳐 온 접근방식을 포함한다. 이럴 경우, 당신은 프로그램에 특화된 검사(program-specific measures)를 사용하길 원할 것이다(예를 들어, 당신의 읽기 데이터가 다양한 삽화를 사용할 경우, 당신이 사용하는 읽기 CBM에서는 그러한 삽화가 포함될 수 있다).

만약 당신이 '무엇'이라는 교육과정의 관점을 취한다면, 학습 교재와 동일한 형식과 예시를 사용하여 검사를 실시할 필요는 없다. 당신은 이미 사용이 가능한 전반적인 검사(generic measures)를 선택할 수 있다. 우리는 '무엇'이라는 관점을 지지한다. 우리가 이 견해를 지지하는 몇 가지 이유는 다음과 같다.

1. **교육 프로그램은 동일한 순서 및 일정을 따르지 않는다.** 교육에서 가장 큰 과제 중 하나는 무엇을 가르쳐야 하는지와 언제 가르쳐야 하는지에 대한 표준화된 기준이 학교 간에 존재하지 않는다는 사실이다. 이것은 유동적인 사회에서 중대한 문제를 만들고 있다. 따라서 개별 프로그램에 적합한 검사들이 반드시 다른 프로그램에도 적합하지는 않을 수도 있다.

2. **프로그램에 특화된 특정 검사는 학습된 내용이 일반화되었는지를 당신에게 말해 줄 수 없다.** 특히 우리의 특별한 견해는 당신이 주의 깊게 검토하고 교육과정을 선택한 후 어떤 특별한 일련의 교수적 자료에만 국한되지 않은 검사도구를 선택해야 한다는 것이다. 실제로 일부 교육자들은 가르친 내용의 일반화 여부를 점검하기 위해서 다소 차이가 나거나 혹은 최소한 혼합된 문항을 포함한 CBM을 선호할 수 있다(당신은 단지 특정한 유형의 문제만 해결할 수 있는 학생을 원하지 않을 것이다).

3. **프로그램에 특화된 특정 검사를 사용할 경우 교사들은 프로그램에 의존하게 된다.** 교수적 자료들은 언제나 일정하지 않고 달라질 수 있다. 교사들은 종종 교재를 수정하거나 새로운 것을 선택한다. 만약 교사들이 프로그램에 특화된 검사들을 사용한다면, 새로운 프로그램을 사용할 때마다 교사들은 새로운 검사를 개발해야 한다.

어디에서 CBM 데이터를 얻을 수 있을까

CBM의 검사지를 얻을 수 있는 곳은 매우 많다. 일부 검사지는 반드시 구입해야 하는 것들이고, 어떤 것들은 무료로 얻을 수 있다. 일부 검사지는 웹사이트를 통해서 얻을 수도 있다. 이 책에서 다룰 교과 영역의 검사지는 해당되는 장에서 설명될 것이다. 당신이 CBM에 대한 검사지를 만들거나 선택할 때, 다음 두 가지 사항을 고려할 필요가 있다.

1. **일치성**: 검사지는 교육의 내용과 결과를 반드시 일치시켜야 한다. 당신이 선택한 검사지는 당신이 가르치고자 하는 교과 영역(예, 읽기)에서 추출해야 하며, 당신이 가르치고 있는 동일한 기술(예, 구두 읽기)을 학생에게 요구해야 함을 의미한다.
2. **적합한 문항 추출**: 문항의 수가 충분해야 하며 학생들이 배운 지식을 발휘할 수 있는 기회를 부여하기 위한 시간적 간격을 충분히 제공할 필요가 있다. 행동의 좋은 표본은 학생들이 알고 있는 것이 무엇인지에 대한 의사결정에 필요한 정보다.

1회기 이상의 평가 기회를 제공할 필요가 있음을 다시 한 번 명심해야 한다. 당신은 정확히 채점하고, 기록하며, 데이터를 올바르게 해석해야 한다. 이 책은 당신에게 CBM 채점 규칙과 점수의 해석에 대한 정보를 제공한다. 평가는 의사결정을 하기 위한 정보를 제공하며, 우리가 검사 점수를 사용하기 위해서는 점수들이 무엇을 의미하는지를 알 필요가 있다.

2 평가와 문제해결을 위한 CBM 활용

　교사는 역동적인 문제해결자다. 교사는 지속적인 의사결정을 수행하는데, 먼저 교수전략을 계획할 때 의사결정을 하게 되며, 그 이후에 교수전략을 조정 및 수정하거나 또는 완전히 새로운 교수전략으로 교체할 때 역동적인 의사결정을 수행하게 된다. 매일 일반적인 학교에서 수행되는 의사결정의 수는 교실 안에서 다양한 연령, 다양한 교과내용 및 성격들이 공존할 경우 증가하게 된다(그리고 우리는 그러한 의사결정이 경우에 따라서 더 중요할 수 있다고 주장한다). 교육적인 의사결정은 교실, 학교, 교육청 혹은 주(state) 교육부에서 수행되는 업무의 일부분으로 인식될 수 있지만 그러한 의사결정의 종류는 의사결정을 수행하는 주체에 따라 달라질 수 있다. 의사결정의 주체 간에 나타날 수 있는 특별한 차이점 중 한 가지는 아이들을 가르치는 일과 행정적인 업무 중 어디에 더 무게를 두고 있는지와 관련되어 있다.

　행정적인 업무를 가장 많이 수행하는 것은 주(state)의 교육부와 교육청이다. 일반적으로 교육 행정가들은 수업을 진행하지 않는다. 대신 그들은 리더십을 바탕으로 교육 서비스를 홍보하고, 계획하며 평가하면서 교수전략을 지원하게 된다. 가르치는 일은 교수와 학습이 직접적으로 연관된 업무다. 행정적인 업무나 가르치는 일을 모두 잘 수행하기 위해서는 직면한 문제를 해결해야 하며 최적의 의사결정을 수행해야 한다. 그러한 업무를 수행하기 위해서 적어도 네 가지의 요소가 반드시 필요하다.

　1. 문제해결의 과정
　2. 당신의 일에서 의사결정이 진행되는 방법을 이해하는 것
　3. 좋은 데이터
　4. 적합한 참고자료들

교육적 의사결정을 수행하기 위해서 교사가 알아야 할 것은 무엇인가

　제한된 지면으로 인하여 우리가 원하는 만큼 교육적 의사결정을 위해서 알아야 할 모든 내용을 이번 장에서 설명하기는 어려울 것이다. 대신 이와 관련된 좋은 참고서적들이 있다(이번 장에 우리는 2개의 참고문헌을 소개하고 있으며, 나머지 참고문헌은 이번 장의 마지막 부분에 포함된 '추가 정보와 읽기자료'에서 제시될 것이다). 우리는 여기서 기본적인 내용만을 설명하려고 한다.

　먼저 첫 번째로 좋은 의사결정을 내리기 위해서는 그에 합당한 좋은 데이터가 있어야 하지만 반드시 좋은 데이터를 수집하는 것만으로 모든 것을 장담하기는 어렵다. 다시 설명을 하면 다음과 같다.

• 좋은 의사결정을 하기 위해서 당신은 생산적으로 사고할 필요가 있다.
• 생산적으로 사고하기 위해서 좋은 정보가 필요할 것이다.
• 그렇기 때문에 당신이 좋은 의사결정을 내리기 위해서는 좋은 정보를 반드시 갖고 있어야 한다.

　좋은 정보(즉, 데이터)가 없으면 최적의 의사결정을 수행할 수 없지만(쓰레기가 들어가면 쓰레기만 나올 수 있다는 생각), 단지 좋은 정보를 수집하는 것만으로는 어떤 누구에게도 도움을 주기는 어렵다. 당신은 정보를 활용할 수 있는 일을 수행해야만 한다. 즉, CBM을 완전히 이해하기 위해서는 먼저 당신이 교육적 의사결정과 문제를 해결하기 위해서 CBM을 어떻게 사용할

수 있는지를 이해할 필요가 있다.

두 번째로 고려할 내용은 다양한 종류의 의사결정이 수행될 수 있다는 사실을 인지하는 것이다. 교육적 의사결정을 분류하기 위해 다양한 모형들이 제안되고 있다. 그중에서 최근에 가장 높은 관심과 인기를 얻고 있는 모형은 초기 읽기 법령(Reading First Legislation)의 조항에서 시작된 모형이다. 이 모형의 틀(읽기 영역에만 국한되지 않음) 안에서 우리는 네 가지의 구체적인 프로그램 기능에 관한 평가를 수행하고 설계하고 있다. 이러한 평가는 각각의 기능에 대해서 질문을 하며, 개별 질문에 대해서 답변을 하기 위한 의사결정 과정과 측정절차를 개발하는 내용을 포함하고 있다. 전반적인 절차는 다음과 같다.

유형 1: 선별/벤치마킹 결정

- 기능: 학생들이 정상적인 학업성취를 나타내는지 혹은 향후 학업성취에서 실패를 나타낼 수 있는 위험군인지를(그래서 추가적인 교육 서비스를 필요로 할 수 있다) 빠르게 결정하기 위한 목적
- 질문: 현재 학업실패 위험군에 속한 학생은 누구인가?
- 평가절차: 핵심 기술에 대해서 모든 학생들을 가장 효율적으로 평가하는 단계
- 알림: 위험군에 속할 수 있는 학생들을 빠르게 선별하기 위해서 데이터를 수집하는 것이 필요하기 때문에, 그러한 데이터에서 산출된 결과는 단지 문제만을 확인시켜 줄 뿐이다. 그러한 결과들은 일반적으로 어떻게 그러한 문제를 해결할 수 있는지에 대한 구체적인 정보를 제공하지 않는다. 또한 위험군(at risk)이라는 용어는 추가적인 도움 없이는 성공하기가 어려울 수도 있는 학생을 선별/벤치마킹해서 예측한다는 의미로 사용된다. 즉, 학생이 특정 유형의 장애를 갖고 있다거나 극복하기 어려운 제한점을 갖고 있다는 의미로 해석되지 않는다.

유형 2: 진전도 모니터링 결정

- 기능: 교수전략이 효과적인지를 결정하기 위한 목적

- 질문: 중요한 목표를 달성할 수 있는 적합한 진전도를 학생은 나타내고 있는가?
- 평가절차: 평가절차는 다음과 같다.
  - 가르친 내용과 직접적으로 일치
  - 학습의 변화에 대한 민감한 반응 측정
  - 반복적인 평가가 실시되어야 함

  가능한 한 이러한 검사결과는 도표나 그래프로 쉽게 요약되고 제시될 수 있는 정보를 또한 제공해야 한다.
- 알림: 진전도 모니터링은 집단(1년에 3~4번의 측정으로 학급들이 선별됨)이나 개별 학생에게 사용할 수 있다. 학생에게서 학업의 어려움이 발견될 경우 모니터링의 빈도는 증가되어야 한다.

유형 3: 진단적 결정

- 기능: 학업의 어려움을 향상시킬 수 있는 교수전략을 개발하기 위한 목적
- 질문: 우리는 이 학생을 어떠한 방법과 내용으로 가르쳐야 하는가?
- 평가절차: 개별화된 평가절차가 필요하며, 이러한 평가절차를 통해서 학생들의 학업능력을 면밀히 체계적으로 조사할 수 있다. 또한 이러한 평가절차를 통해서 개인의 목표와 교수방법을 선택할 수 있다.
- 알림: 다양한 교육적 지원들이 효과적이지 않다는 사실을 진전도 모니터링으로 확인될 경우에만 이러한 진단적 평가가 사용되며 이러한 예는 상대적으로 흔하지 않다.

유형 4: 성취결과의 결정

- 기능: 교수전략의 효과성을 보고하고 결정하기 위한 목적
- 질문: 이 교수전략은 궁극적으로 성공적이었는가?
- 평가절차: 교수전략의 목적을 달성했는지의 여부를 결정하는 데 있어서 필요한 정보를 제공하기 위해서 평가절차를 사용한다.

• 알림: 성취결과에 대한 결정은 특정한 읽기 CBM 지문 검사부터 주에서 실시하는 책무성 검사를 포함하는 다양한 검사를 통해서 이루어질 수 있다. 당신이 어떤 검사를 선택할지의 여부는 그러한 결과를 누구에게 제공할 필요가 있는지에 따라서 달라질 수 있다.

CBM은 위에서 제시한 네 가지 유형의 의사결정 시 유용하게 사용될 수 있다. 이 책에서 우리는 주로 선별/벤치마킹과 진전도 모니터링을 할 수 있는 방안에 초점을 맞추고 있다. 또한 우리는 진단적 평가가 필요한 시기와 어떠한 종류의 검사를 사용할 수 있는지에 대한 설명을 할 것이다.

명백하게 우리는 CBM을 다양한 목적으로 사용할 수 있는 뛰어난 검사라고 생각한다. 하지만(그리고 놀라운 것은 아닐 것이다) 다른 종류의 검사를 옹호하는 사람들도 이와 같은 동일한 내용을 주장할 수 있을 것이다. 그런 이유로 인하여 진정으로 필요한 질문은 '이러한 목적에 가장 적합한 검사는 무엇인가?'이며 이러한 질문 이후에는 '어떤 검사와 비교했을 때?'와 같은 질문이 일반적으로 동반된다.

교수적으로 유용한 검사/평가가 반드시 갖추고 있어야만 하는 특성(우리가 제안하는 기준을 말한다)은 다음과 같다.

1. 검사는 학생이 배워야 할 내용이 '무엇'이며 '어떻게' 지도해야 하는지를 결정하는 데 도움을 줄 수 있어야 한다.
2. 이러한 목적을 위해서 검사는 이에 적합한 신뢰도와 타당도를 갖고 있어야 한다.
3. 검사는 표준화되어야 한다. 이러한 특성으로 인하여 교사들은 목표와 비교하여 학생들의 학업성취 정도를 평가할 수 있다.
4. 지식, 교과내용, 그리고 행동으로 정의된 영역에서 문항을 선별해야 한다. 이렇게 함으로써 교사들은 학생이 무엇을 배워야 하며 어떠한 문항이 유용한지를 말할 수 있다.
5. 검사는 학생이 배우는 교육과정의 내용과 일치되어야 한다.
6. 확신을 갖고 결론을 도출하는 데 도움이 되는 적합한 행동의 표본을 수집할 수 있어야 한다.
7. 검사는 적합한 채점방법을 사용해야 한다. 왜냐하면 우리가 검사를 통해서 얻는 결과는 학생이 갖고 있는 기술과 지식을 정확하게 측정할 수 있어야 하기 때문이다.

8. 검사는 기울기에 관한 데이터를 수집할 수 있어야 한다. 이러한 특성으로 인하여 교사는 학생들의 정확성뿐만 아니라 유창성에 관한 결론을 얻을 수 있다.

9. 검사는 쉽게 사용할 수 있어야 한다. 즉, 검사 실시방법과 채점방법이 간편해야 한다(그리고 학교에서 진행되는 모든 교수전략은 2주만에 종료될 필요는 없다).

준거참조검사란 무엇인가

준거참조검사(criterion-referenced tests: CRTs)는 무엇이며 준거참조검사가 규준참조검사(norm-referenced tests: NRTs)와 어떻게 다른지를 살펴보는 것은 의미가 있다. 왜냐하면 두 검사 간의 차이는 교수전략의 활용과 관련되어 있기 때문이다. 교육과정의 내용과 일치, 정확한 수준의 난이도, 적합한 표본과 동일한 내용(이러한 모든 사항은 준거참조검사와 규준참조검사 간의 차이를 확인할 때 고려되는 사항이다)을 이해한다면, CBM이 설계된 이유와 CBM을 사용하는 방법을 이해하는 데 도움이 된다.

규준참조검사는 학생들의 행동을 표본으로 수집하여 사용하는 검사이며, 사용자는 **규준**과 비교하여 행동을 평가할 수 있으며 검사 점수는 이러한 의미로 해석된다. 준거참조검사는 학생들의 행동을 표본으로 수집하여 사용하는 검사이며, 사용자는 **수행 준거**와 비교하여 행동을 평가할 수 있으며 검사 점수는 이러한 의미로 해석된다. 즉, 참조하는 기준이 다른데 그러한 이유는 각각의 검사가 서로 다른 목적을 갖고 있기 때문이다. 규준참조검사는 학생이 다른 학생과 비교했을 경우 어느 정도의 위치에 있는지를 평가하기 위한 목적으로 사용되는 반면에 준거참조검사는 위험군에 속한 학생이 어느 정도의 학업 수준을 나타내고 있는지를 평가하기 위한 목적으로 사용된다.

규준이란 기본적으로 점수의 분포이며 이러한 점수 분포는 무작위로 표집된 학생에게 검사를 실시하여 산출된다. 그러한 이유로 규준에서의 점수란 학생의 표본에서 선택된 집단을 의미한다. 준거란 기대하는 수행 수준을 나타내는 점수다. 즉, 이러한 준거는 준거참조검사를 사용하기 위한 목적으로 확립된 표준의 한 유형이라고 할 수 있다. 일반적으로 준거란 학생이 특정한 검사를 통과할 수 있는 기준을 의미하며 기준을 넘을 경우 그 기술에 대해 더 이상 적극적인 교수전략은 필요하지 않음을 의미한다. 이러한 준거는 일반적으로 성공적인 학업을 성취한 학생이나 졸업생을 선별한 후 이들에게 검사를 실시함으로써 설정되는데, 이러한 검사의 목적은 해당 영역의 기술에서 우수한 능력을 지닌 학생들이 성취할 수 있는 수행 수준을 확인하기 위함이다. 경우에 따라서 그러한 준거는 향후 학업성취의 성공을 예측할 수 있는 수행 수준을 조사한 연구에 의해서 설정되기도 한다. 규준과 수행 준거는 모두 **표준화**된 유형을 갖고 있으며, 표준화된 절차를 통해서 확립될 필요가 있다. 이것이 의미하는 바는 CBM을 포함한 준거참조검사는 규준참조검사만큼 일정한 틀(formal)을 갖고 있다는 의미다.

준거참조검사와 규준참조검사 간에는 중요한 차이점들이 있다. 규준참조검사는 다른 학생들과 특정 학생과의 비교를 목적으로 개발되었기 때문에 집단으로 검사를 실시하며, 그러한 집단 구성원은 각각의 점수를 획득하게 된다. 만약 규준참조검사에 참여한 모든 학생들이 동일한 점수를 받을 경우, 예를 들어 모두 17점을 받을 경우에 누가 높은 점수를 받았으며 낮은 점수를 받았는지 확인할 방법이 없다. 왜냐하면 그들은 모두 17점을 획득했기 때문이다. 결론적으로 규준에 기반한 검사의 주된 사용 목적(다른 학생들과 개별 학생을 비교하고자 하는 목적)을 상실하게 된다. 그러한 이유로 인하여 규준참조검사의 개발자들은 학생들 간의 성취정도의 차이[예, 검사 점수의 변산(variability)을 극대화함]를 극대화할 수 있는 방법으로 검사를 개발하게 된다. 그렇게 함으로서, 검사 개발자들은 교수전략에 관한 의사결정을 위해서 검사를 사용하는 교사들에게 도움을 주지 못한다.

다음은 모든 학생들이 동일한 점수를 획득하지 않도록 하기 위해서 검사 개발자들이 사용하는 방법이다.

검사 개발자는 규준참조검사 점수의 변산을 어떻게 극대화할 수 있는가?	기대되는 교육적 효과
1. 검사 개발 시 다양한 범위의 문항을 검사에 포함시킨다. 즉, 매우 쉬운 문항부터 시작하여 어려운 문항으로 구성한다.	1. 이러한 절차를 통해서 제작된 검사는 특정 학생의 수행 수준보다 낮거나 높은 문항들이 다수 포함되게 된다. 결론적으로 검사문항의 대부분은 현재 교육을 받고 있는 교육의 내용과는 관련이 없을 수 있다. • CBM은 교수전략의 목적과 일치하기 때문에 현재 학생에게 중요한 영역에 집중할 수 있다.

2. 검사 개발자들은 다수의 학생이 맞힐 수 있거나 혹은 틀릴 수 있는 문항을 검사에서 배제하게 된다. 왜냐하면 이러한 문항들은 학생들의 능력을 구분하기 위한 목적으로 사용하기에는 유용하지 않기 때문이다.	2. 대부분의 교사들이 중요하다고 생각하고 강조하고 있는 문항의 경우 대부분의 학생들은 정답을 맞힐 것이다. 즉, 중요한 내용을 측정하는 문항들은 규준참조검사에서 제외될 수 있다. • CBM은 교육과정에 기반을 두고 있기 때문에 교수목표에 맞는 문항만을 포함하고 있다.
3. 검사는 다양한 수준의 난이도를 갖고 있는 문항을 포함하고 있기 때문에, 검사 개발자는 개별 능력을 측정하는 문항에 대해서는 단지 일부만을 포함시킬 수 있다(해당 능력에 관한 문항을 추가할 경우 검사시간은 늘어나게 된다).	3. 개별 능력을 측정하기 위한 문항의 표본은 충분하지 않을 수 있다. • CBM은 학생의 수행능력을 평가할 수 있는 적절한 표본을 제공하기 위하여 관련된 문항을 충분히 제공하고 있다.
4. 대부분의 규준참조검사, 특히 학업성취도 검사의 경우 집단검사로 개발되었으며, 기계를 사용하여 검사 점수를 채점하게 된다. 그렇기 때문에 그러한 검사들은 문항에 대한 반응만을 확인하게 된다(예, 선다형 시험).	4. 이러한 검사의 특성으로 인하여 검사의 유형과 교사가 학생에게 기대하는 행동 간에는 불일치가 일어날 수 있다. • CBM은 수업시간에 배운 내용과 동일한 검사유형의 문항을 사용하며 동일한 응답을 학생들에게 요구한다.

CBM은 표준화된 검사인가

표준화라는 의미는 두 가지로 해석될 수 있다. 먼저 검사는 표준화된 절차로 사용된다는 의미로, 검사 실시방법과 채점방법은 모든 사람들이 따라야 할 사항으로 설정되어 있다. 두 번째 의미를 살펴보면, **표준**(standard)(규준 혹은 수행 준거)이란 설정된 기준이기 때문에 검사 점수는 타당화된 참조에 근거하여 해석될 수 있다. 비교를 위한 목적으로 표준을 개발하는 절차를 표준화라고 한다.

CBM은 이러한 표준화 정의를 모두 충족시킬 수 있다. CBM은 모두가 반드시 지켜야 하는 채점방법과 검사 실시절차를(이번 장에서 추가적인 설명을 함) 갖추고 있으며 해석이 가능한 규준이나 수행 준거와 같은 표준을 갖고 있다. 가능할 경우 그러한 표준들을 얻을 수 있다.

대부분의 CBM은 준거참조검사다. 준거란 교육과정의 기준이나 목표와 같은 것이다. 그러한 준거들은 다른 아이들과 비교했을 때 얼마나 잘 성취하고 있는지를 나타내는 정보와는 관련성이 없다. 예를 들어, 만약 어느 학생이 초등학교 5학년 가을학기에 재학 중이라면 이 학생은 97% 이상의 정확성과 함께 5학년 수준의 글에서 1분간 104개 단어를 소리 내어 읽어야만 한다. 이러한 구두 읽기의 준거는 학급의 평균적인 학생들이 단지 1분간 65개 단어를 정확히 읽는 상황이더라도 설정되어야 하는 성취 기준으로 적합한 성취수준이다.

CBM의 신뢰도와 타당도는 어떠한가

이와 같은 질문을 해 줘서 저자들은 정말 기쁘게 생각한다.

일부 검사는 다른 검사보다 신뢰도와 타당도가 더 높을 수도 있지만, 이 책에서 설명하는 모든 검사는 신뢰도와 타당도에 대한 일반적인 기준을 모두 충족하고 있다. 부록 A는 이 책에서 설명된 교과 영역에 관한 가장 최근의 신뢰도와 타당도 정보를 제공하는 표를 포함하고 있다. CBM의 신뢰도와 타당도에 관한 연구는 100편 이상이 되기 때문에 모든 연구의 목록을 제시하는 것은 불가능하다.

이 책에서는 일부 CBM 유형에 대해서 설명을 하고 있지 않은데, 그렇다고 해서 설명이 안된 CBM이 신뢰도와 타당도가 좋지 않다는 것은 아니다. 다양한 CBM을 모두 설명하지 않은 이유는 이 책의 제한된 지면의 한계 때문이다. 일부 교과 영역에서 새로운 CBM들이 현재 개발 중이며, 소비자로서 그러한 새로운 CBM을 사용하기에 적합한지의 여부를 결정하기 위해서 신뢰도와 타당도를 점검하는 것은 매우 중요하다.

CBM의 성취 기준은 어디서 얻을 수 있을까

성취 기준을 얻을 수 있는 몇 가지 방법이 있다. 먼저 **모범표본**(exemplar sampling)을 사용한 방법으로, 당신이 가르치고 있는 학생이 도달해야 하는 교육과정 안에서 **성공적인 성취**를 보인 **학생**(모범)들을 주의 깊게 선별하는 것이다(예, 6학년의 첫 번째 표본은 6학년 학기말에 산출됨). 학생을 선별할 때, 학생의 성별, 거주지역(서쪽지역 혹은 동부지역), 소득(낮은 소득, 저소득) 등의 요인들을 특별히 고려할 필요는 없다. 그러한 이유는 성별, 인종 혹은 태어났을 때의 사고 등의 요인에 따라 다른 기대치를 가질 필요가 없기 때문이다. 단지 명심해야 할 것은 질문에 포함된 특정 기술을 해당 집단이 성공적으로 수행했는지의 여부만 확인하면 된다(아주 뛰어날 필요는 없으며 단지 성공적이면 됨). 그런 다음 성공한 학생들이 검사에 참여하게 되며 그러한 검사에서 획득된 점수는 기준을 확립하는 데 사용된다.

성취 기준을 설정하는 또 다른 공통적인 방법 중 한 가지는 **규준표본**(norm sampling)을 사용하는 것이다. 이러한 기준을 확립하기 위해서 학기말(혹은 1년에 3회기의 검사)에 모든 학생들이 검사에 참여하게 되며, 학년 수준에 해당되는 평균점수나 해당 학년에서 목표가 되는 점수의 퍼센타일 기준을 이용하게 된다. 일부 CBM(주로 읽기 영역)은 타당한 방법으로 수집된 국가 수준의 규준을 갖고 있다. 대부분의 교육청은 지역의 규준을 사용하기를 선호한다. 지역 규준을 사용할 경우 직면할 수 있는 명백한 위험성은 일부 학교의 경우 읽기점수의 평균이 적합하지 않을 수 있다는 것이다. 이럴 경우 한 학교에서 표집된 일부 집단의 점수와 이미 타당성이 확보된 규준과 비교하는 것이 아마도 적합한 방법일 수 있다. 만약 이러한 규준을 사용하여 특정한 학교의 규준이 이미 타당화된 규준과 유사하다고 확인된다면 지역의 규준을 사용할 수 있을 것이다. 만약 학교에서 확립된 규준이 낮을 경우 지역의 규준은 학생의 성취에 대한 잘못된 정보를 제공할 수 있다.

성취 기준을 설정하는 세 번째 방법은 **예측타당도**(predictive validity) 모형을 사용하는 것이다. 이러한 방법은 다른 검사에서 산출된 점수에 근거하여 수행 수준을 예측할 수 있는 성취 기준을 실증적이면서 통계적인 방법으로 결정하는 것으로, 일반적으로 현재가 아닌 향후의 성취로 결정된다. 예를 들어, 주에서 실시되는 2학년 CRT(해당 학기말에 실시됨)에서 성취 기준의 점수를 획득한 학생을 예측하기 위해서 2학년이 시작되는 시기에 정확하게 읽은 단어의 수가 얼마나 되는지를 알고 싶어할 것이다. 이러한 방법으로 성취 기준을 설정할 경우에는 반드시 무엇을 예측해야 하는지 고려해야만 하며, 만약 그러한 기준이 기술이나 수행 수준이라면 교사는 학생들이 그러한 기준에 도달하기를 원할 것이다.

기준점(benchmarks)이라는 용어가 성취 기준의 한 유형으로 사용되고 있다는 점을 이해하는 것이 도움이 된다. 여기서 이 용어는 점수를 의미하는 명사이며, 이전에 사용된 **선별/벤치마킹**이라는 용어는 데이터를 수집하는 것을 의미하며 동사로 사용된다. 기준점은 특정한 과제에 대한 향후 성취 여부를 예측하기 위한 목적으로 설정된 점수를 의미한다. 이러한 이유로 인하여 기준점은 현재의 수행 수준에 대한 적합한 기준으로 사용된다. 그러나 기준점은 가장 높은 점수를 의미하지 않는다. 심지어 중간 정도의 수준도 의미하지 않으며 대신 향후 학업실패를 나타내지 않을 것으로 예측되는 비위험군 학생을 선별하기 위한 최소한의 점수를 의미한다. 심지어 학기초에 적합한 수준의 학업성취를 나타내지 않는다 하더라도(학급단위로 선별/벤치마킹이 실시될 경우) 학기말에 학습목표를 달성할 수 있을 것이라 기대할 수 있는 진전도를 보인다면 우리는 그러한 학생들이 적합한 수준의 학업성취를 나타낼 것이며 위험군 집단에 포함되지 않을 것이라고 확신할 수 있다.

선별/벤치마킹을 위해 CBM을 사용할 수 있는 방법은 무엇인가

선별/벤치마킹은 일반적으로 GOM이나 SBM을 사용하게 된다. 선별/벤치마킹은 학업실패를 보이거나 학업에 뒤처질 수 있는 학생들을 선별하기 위한 목적으로 활용된다. 이상적인 선별/벤치마킹 검사는 사용이 쉽고 간편해야 한다. 이러한 검사는 학생에 대한 풍부한 정보를 제공할 필요는 없다. 단지 향후 학업실패를 예측할 수 있는 타당한 예측변인의 역할만으로도 충분하다. 만약 이러한 선별/벤치마킹의 결과에서 명확한 문제나 잠재적인 문제를 확인하게 되면 이러한 문제를 지닌 학생들에게는 일반적으로 교육적 지원과 함께 횟수가 증가된 진전도 모니터링을 제공하게 된다. 학생이 지닌 문제가 매우 심각할 경우에는 학생에게 진단적 평가를 즉시 제공할 필요가 있을 것이다. 일부 사례의 경우 이러한 수준의 학생들은 이미 알려져 있을 수 있다. 진전도 모니터링 검사결과에서 교수전략에 반응을 나타내지 않는 학생을 위해 진단적 평가를 사용한다.

CBM을 사용하여 적어도 1년에 세 번의 검사를 실시한다면 학교나 교육청은 모든 학생들의 학업성취 정도를 빠르게 점검할 수 있다. 이것은 의사나 간호사가 활력 징후(vital signs: 예, 체온, 심장박동, 혈압)를 통하여 빠르게 건강을 점검하는 것과 유사하다. 이와 같이 Mark Shinn(1989)은 CBM도 학생의 학업 건강 수준을 나타내는 핵심적인 학업기술을 점검하기 위해서 사용될 수 있다고 설명하였다. 일부 과제에 대한 수행 수준은 교수전략을 계획하는 데 있어서 필요한 정보를 제공하지 않지만 교육과정 안에서 학생들이 지닌 기술의 강점을 확인하기 위한 목적으로 사용될 수 있다. 만약 검사의 점수가 수용할 수 있는 범위를 넘었을 경우, 관련 전문가들은 이러한 정보를 통해서 추가적인 관심이 필요한 문제임을 인지하게 된다. 이러한 방법으로 CBM을 사용하는 것은 특별히 유용할 수 있는데, 왜냐하면 CBM은 검사 실시방법이 효율적이며, 학습의 변화에 민감한 특성을 가지고 있으며, 학업성취에 대한 직접적인 관련성을 갖고 있기 때문이다.

CBM은 학업의 문제를 나타내는 두 가지 척도로 사용될 수 있다. 첫 번째 척도는 핵심 기술 영역에서의 낮은 수행(혹은 수행 수준)을 나타내며, 두 번째 척도는 핵심 기술을 습득하는 과정에서 나타나는 낮은 진전도(혹은 진전도의 비율)를 나타낸다. 습득(acquisition)한다는 것은 학습을 의미하며, 이러한 학습은 시간이 지남에 따라 나타나는 학생의 학업성취 변화를 통해서 확인된다. 충분한 민감도를 지닌 검사가 선별/벤치마킹의 목적으로 사용된다면 그러한 변화의 존재 여부는 확인될 수 있다. 이러한 특성이 의미하는 바는 선별/벤치마킹의 검사가 모든 학생들을 1년 동안 반복 측정해야 한다는 것이며 일반적으로 최소 3회 측정을 실시한다. 선별/벤치마킹 검사를 통해서 산출된 학생의 점수는 예측되는 진전도의 비율과 수행 수준을 모두 고려함으로써 선별/벤치마킹을 위한 목적으로 사용될 수 있다. 이러한 검사결과를 통해 상대적으로 양호한 수행 수준을 나타냈지만 적합한 진전도를 나타내지 못한 학생들의 학업문제를 확인할 수 있다. 이러한 상황을 설명할 수 있는 예가 여기에 있다. Larry라는 학생은 새로운 교육청으로 전학을 갔고 가을학기에 실시한 구두 읽기 선별/벤치마킹 검사에서 상대적으로 높은 점수를 획득하였다. 겨울학기에 실시된 검사에서 Larry는 동일한 점수를 획득하였다. 즉, 이 학생은 그동안 아무런 진전이 없었다. 다른 동료에 비해서 이 학생은 여전히 우수한 학업성취를 나타냈지만 이 학생과는 달리 다른 또래들은 지속적인 진전을 보이고 있었다. 즉, Larry의 동료들은 현재 낮은 성취를 보이고 있지만 지속적인 진전을 나타내고 있는 반면에 Larry는 현재 높은 성취를 나타내고 있지만 아무런 진전도를 나타내지 못하고 있다. 이러한 정보가 주어진다면 다른 동료보다는 Larry에 대해서 더 많은 고민과 관심을 기울일 필요가 있음을 인지할 수 있다.

CBM을 사용하면 우리는 진전도 데이터의 유형으로 학습을 관찰할 수 있다. 우리는 이러한 진전도 데이터를 수집할 수 있는데 왜냐하면 CBM은 직접적으로 가르친 내용을 측정할 수 있는 검사이며 반복적인 형태의 측정방법을 사용하고 있기 때문이다. 공통적으로 사용되고 있는 다른 유형의 검사는 이러한 방법으로 사용될 수 없을 것이다. 다시 한 번 강조하면 구두 읽기 유창성 검사는 선별/벤치마킹의 검사로 사용될 수 있는 가장 좋은 예시가 된다. 왜냐하면 이 검사는 빠르게 실시되며(학생당 1분 검사를 세 번 실시함), 수많은 읽기의 하위 영역을 종합적으로 평가할 수 있기 때문이다. 그러한 이유로 인하여 3개의 1분 구두 읽기 검사를 실시할 경우 읽기의 어려움을 정확히 선별할 수 있다.

선별 요약

- 평가 질문: "학업실패를 나타낼 수 있는 위험군의 학생은 누구인가?"
- 기능: 선별/벤치마킹 절차는 교수전략을 변경하거나 추가적인 교육이 필요한 학생을 선별하기 위한 목적을 갖고 있기 때문에 모든 학생들을 점검하기 위해 사용된다.
- 절차: "활력 징후를 점검하라!" 학생의 수행 수준과 진전도를 고려하여 학생들을 조기 선별하기 위한 목적으로 CBM 데이터를 사용한다. 학생들의 필요에 따라 현재의 교수전략, 새로운 교수전략 혹은 추가적인 교수전략을 선택한다.

진전도 모니터링을 위해 CBM을 사용할 수 있는 방법은 무엇인가

교육 프로그램에 대한 우리의 지식은 아직도 매우 부족하여 모든 교수적 의사결정 절차를 사용하더라도 긍정적인 결과를 매번 장담하기는 어렵다(사실, 교육 분야뿐만 아니라 심리학, 법학, 의학, 금융 혹은 행정 분야도 마찬가지 수준이다). 그러한 이유로 인하여 우리는 그러한 교육 프로그램이 실제적으로 효과적인지의 여부를 검증하기 위해서 교수전략에 대한 의사결정과 교수전략의 효과성을 지속적으로 모니터링할 필요가 있다. 교수전략에 관한 의사결정의 객관적인 여러 규칙들을 적용하면서 학생들의 학습을 지속적으로 모니터링한다면 교육의 효과를 크게 향상시킬 수 있을 것이다. 실질적으로 이러한 방법은 교실 안이나 교육제도하에서 적용될 수 있는 가장 강력한 혁신적인 방법 중의 하나다.

우리가 진전도 모니터링을 사용하는 이유는 교수전략을 제공하는 과정에서 우리가 실시하는 의사결정에 관한 정보를 얻기 위함이다. 이러한 내용은 모든 수준의 교수전략 프로그램에서 적용된다. 한 학생에 대한 곱셈 교수전략이나 혹은 주에서 실시되는 문해력 교수전략을 수정할 때 필요한 정보는 진전도 모니터링을 통해서 얻을 수 있다. 즉, 모든 원칙은 동일하게 적용될 수 있다. 또한 진전도 모니터링 도구들은 제공된 교수전략의 효과에 민감하게 반응해야 한다. 교육적 측면에서 설명하면, 교사는 매일 제공되는 교육을 통해서 나타난 행동의 작은 변화에도 민감하게 반응할 수 있는 검사를 이용하여 진전도를 모니터링할 필요가 있다는 의미다. 즉, 그것은 교수전략에 대한 시기 적절한 수정을 위해서 필요한 피드백을 얻을 수 있는 유일한 방법일 것이다. 교수전략을 위해서 사용되는 모니터링 도구는 다음과 같은 특성을 갖고 있어야 한다.

- 가르친 내용에서 직접적으로 문항을 선별하기
- 행동에 관한 적합한 표본을 얻기
- 반복적인 측정을 허용하기

대부분의 CBM 검사들은 위에서 제시한 준거들을 충족하지만, 진전도를 모니터링하고자 할 때 선별/벤치마킹의 목적으로 사용된 GOM과 SBM으로 돌아가곤 한다. 왜냐하면 중재전략은 처음 선별/벤치마킹에서 실패하지 않을 수준(추가적인 교육이 필요한 학생만으로는 이러한 수준을 확인할 수 없을 것이다)까지 학생들을 향상시키고자 하는 목적을 갖고 있기 때문이다. 게다가 GOM과 SBM은 다양한 하위 영역의 내용을 포함한 과제의 폭넓은 범위의 특성을 반영할 수 있는 장점을 갖고 있다. 예를 들어, 글쓰기 표본(writing sample)은 쓰기 영역의 진전도 모니터링 데이터를 수집하기 위해서 사용될 수 있다. 왜냐하면 그러한 쓰기 검사는 관련된 교과 영역의 모든 내용을 반영하고 있기 때문이다. 심지어 학생의 교수전략이 단지 다양한 하위 영역 중 특정한 한두 개의 영역에만 국한되더라도 사용이 가능하다(유사한 방법으로 학기말 혹은 그다음 연도의 학기초에 배우게 될 읽기 지문을 사용하는데, 이러한 목적은 학생들의 읽기 성취 정도를 모니터링하기 위함이다. 이러한 방법을 사용하여 학생이 읽을 수 있을 것이라고 기대되는 가장 어려운 읽기 지문에서 어느 정도의 진전이 있었는지를 확인할 수 있다).

마지막으로 진전도 모니터링 시스템의 민감도는 매번 사용되는 CBM의 기능에 따라 달라지지 않음을 다시 한 번 언급하는 것은 중요하다. 대신 민감도는 검사를 반복적으로 했는지의 여부에 따라 달라질 수 있다. 일반적인 상식으로 교사가 더 많은 검사를 반복적으로 사용할 경우(전형적인 측정횟수는 1주일에 1회 혹은 2회 실시), 교수전략의 효과성에 좀 더 민감한 데이터를 얻을 수 있으며, 또한 교수전략에 대한 데이터에 기반한 의사결정 횟수가 좀 더 자주 이뤄질 수 있을 것이다. CBM은 이처럼 반복적인 측정의 유형으로 개발되었으며, 반면에 다른 유형의 검사들은 타당도의 문제로 인하여 반복 측정이 가능하지 않다. CBM을 이와 같은 방법으로 사용할 수 있는 한 가지 이유는 1장에서 언급된 것처럼 CBM은 진전도 모니터링을 위한 목적으로 개발 초기부터 설계되었기 때문이다.

진전도 모니터링 요약

• 평가 질문: "우리의 교수전략은 효과적인가?"와 "우리는 어떠한 변화를 시행해야 하는가?"
• 기능: 교수전략이 효과적인지의 여부를 확인하기 위한 목적. 즉, 교수전략의 수정이 필요한 시기를 결정하고 교수전략을 수정하는 데 있어서 도움을 주기 위한 목적
• 절차: 교수전략에 대한 학생들의 반응을 나타낼 수 있는 검사도구를 사용하며, 기술 습득에 대한 진전도와 설정된 기준을 충족하는지를 나타낼 수 있는 진전도를 고려한다.

이미 설명하였듯이, 학생들에게 특정한 일부 내용만을 학습하도록 요구하는 것보다 더 중요한 것은 교육과정 전반을 통해서 적합한 진전도를 나타내고 있는지를 점검하는 것이다. 이러한 특성은 교육 분야에서 사용되는 진전도 모니터링의 또 다른 원칙을 제공한다. 즉, 교사가 교수전략을 바꿀 의향이 없다면 모니터링을 사용할 이유가 없다는 것이다. 만약 학생(혹은 집단)이 적합한 진전도를 나타내지 않을 경우 교사(혹은 교육기관)가 가져야 할 책무성은 그러한 기술을 가르칠 수 있는 새로운 교수전략을 찾는 것이다. 선별/벤치마킹과 진전도 모니터링 검사를 통해서 교사들은 변화가 필요함을 인지할 수 있지만, 그러한 검사도구를 통해서 구체적으로 어떠한 변화가 필요한지에 대한 정보를 항상 제공받을 수 있는 것은 아니다.

진전도 모니터링을 통해 학생들의 학습 정도를 평가할 수 있다는 논리는 현재 교육적 프로그램을 함께 제공하고 있을 경우에만 가능하다. 만약 그러한 검사결과를 통해서 학생들에게 적합한 학습이 이뤄지지 않고 있다는 것을 확인한다면, 이러한 결과는 진단적 평가가 필요하다는 사실을 알려 주는 근거가 된다. 진단적 평가는 이번 장의 주된 초점이 아니지만 CBM이 진단적인 목적을 위해서 어떻게 사용될 수 있는지를 간단히 설명하는 것은 의미가 있을 것이다.

학생의 학업실패를 가장 잘 설명할 수 있는 가정 중 하나는 학업에 실패한 학생들은 반드시 습득해야 하는 사전지식이 부족할 것이라는 추측이다. 달리 설명하면, 이러한 가정에 근거할 경우, 학생이 무엇인가를 할 수 없는 이유는 사전지식을 배우는 방법을 모르고 있기 때문으로 설명된다. 그러한 이유 때문에 조사와 검사를 실시할 때 가장 중요하게 고려되어야 하는 학습자의 특성은 사전지식의 습득 여부다. 예를 들어, 한 학생이 6학년 역사책을 읽는 데 어려움이 있다면 교사는 그러한 책을 읽을 수 있는 능력에 초점을 맞추어야 한다. 그러한 기술들은 교육과정 안에 포함되어야만 한다.

진단적인 교육과정중심평가(diagnostic curriculum-based evaluation)를 수행할 때, 교사의 사고는 사전지식과 관련된 가설과 유리되어서는 안 된다. 만약 그러한 사전지식을 고려하지 않는다면, 교사는 학습유형, 지능, 인지처리과정의 특성, 지각능력, 청력변별, 시각-운동 통합능력 혹은 심지어 일반적 학업성취 능력과 같은 내용에 초점을 맞추고 검사만을 하다가 결국 끝날 수 있다. 그러한 능력들은 교육과정에 포함된 기술과 지식은 아니다. 그와 같은 기술과 지식은 구인들(constructs)로 해석되며, 이러한 구인들은 교육과정과 가설적인 혹은 상관적인 관계만을 갖고 있다. 대신 다층 학업 기술 검사(Multilevel Academic Skills Inventory: MASI)와 같은 유형의 검사들은 사전지식에 초점을 맞출 수 있도록 도움을 줄 수 있다. 그러한 검사들은 또한 논리적인 범위와 연속성을 고려하여 가르칠 필요가 있는 특정한 학업능력이 무엇인지를 알려 줄 수 있다.

교육과정에 기반한 패러다임 안에서 문제해결과 측정방법에 초점을 맞추기 위해서 교사는 교육과정의 내용을 이해할 필요가 있으며, 또한 학생의 능력을 직접적으로 평가할 수 있는 검사를 이해할 필요가 있다. 즉, 다시 말해서 교육과정에 대한 교사의 지식은 교육의 목표를 고려하는 데 도움이 되는 반면에 CBM은 학생들의 현재 수준을 평가하며 학생들이 사전지식을 습득했는지의 여부를 확인하기 위해서 필요하다. 왜냐하면 정확한 기준의 선택과 사전지식을 조사하는 것은 매우 중요하기 때문이다.

잘 개발된 교육과정의 경우, 교육과정의 계열성(sequences)을 고려하여 필수적인 사전지식을 가장 먼저 배우게 된다. 학생들이 그와 같은 사전지식을 얼마나 잘 습득했는지를 확인할 수 있는 최선의 방법은 CBM을 사용하는 것이다. 선별/벤치마킹의 목적으로 사용된 GOM과 SBM은 이러한 분석을 위해서 필요한 검사문항이나 특별한 관심을 제공하기가 어렵다. 그러한 이유로 특정한 기술에 초점을 맞춘 구체적 단계의 MM은 진단적 목적으로 자주 사용되고 있다.

우리가 알아야 할 그다음 내용은 무엇인가

이 책의 처음 1, 2장은 '무엇'과 '왜'라는 CBM과 관련된 일반적인 질문에 답하기 위한 목적을 갖고 있다. 나머지 장에서 우리는 "어떻게 CBM을 사용할 수 있을까?"와 같은 '어떻게'라는 질문에 초점을 맞추고 있다.

Box 2-1

인터넷 CBM 데이터

Intervention Centeral—CBM Warehouse

www.interventioncentral.org/htmdocs/interventions/cbmwarehouse.shtml

National Center on Student Progress Monitoring

www.studentprogress.org

Big Ideas in Beginning Reading

reading.uoregon.edu

Research Institute on Progress Monitoring

Progressmonitoring.org

〈Box 2-1〉은 CBM 온라인 데이터를 제공하고 있다. 3장부터 7장까지 제공되는 내용으로는 서로 다른 교과 영역에 따른 CBM 실행 원칙, 그러한 검사지를 얻을 수 있는 곳과 필요한 검사지의 목록, 검사 실시방법과 채점방법, 얼마나 자주 측정해야 하는지에 관한 정보, 검사를 실시하고 채점하는 데 있어서 소요되는 시간, 수행 기준을 설정하는 준거, 최종 도달 목표 및 세부 도달 목표를 작성하는 방법, 끝으로 자주 묻는 질문들이 포함된다. 8장은 RTI 모형에서 CBM을 어떻게 사용할 수 있는지를 설명하며, 그래프에 데이터를 표시하고 목표를 설정하는 방법을 설명하고 있다. 9장은 CBM 사용방법, CBM을 실제로 실시하는 방법, 그리고 CBM을 지속적으로 사용할 수 있는 방법에 관한 지침을 제공하고 있다. 부록 A는 최근에 발표된 CBM에 관한 신뢰도와 타당도에 관한 정보를 제공하고 있다. 부록 B는 이 책에서 소개된 각각의 CBM에 대한 빠른 검사 실시방법과 채점방법, CBM 사용에 대한 2개의 체크리스트, 그리고 데이터를 그림으로 나타낼 수 있는 그래프와 같이 CBM을 실시할 때 사용될 수 있는 데이터를 제공하고 있다.

● 추가정보 및 읽기자료

Howell, K. W., Hosp, J. L., Hosp, M. K., & Macconell, K. (in press). *Curriculum-based evaluation: Linking assessment and instruction.* New York: Sage.

Shapiro, E. S. (2004). *Academic skills problems: Direct assessment and intervention* (3rd ed.). New York: Guilford Press.

3 읽기 CBM

읽기 CBM을 사용하는 이유

많은 학생들이 읽기에 어려움을 나타낸다. 이러한 이유와 함께 읽기는 학교 안과 밖에서 성공의 중요한 요인이기 때문에 자주 측정되어야만 한다. 읽기 CBM은 ① 읽기 위험군에 속할 수 있는 학생들을 선별하고, ② 교수전략을 제공함에도 불구하고 적합한 진전도를 나타내지 않은 학생을 선별하고, ③ 학생의 교수적 수준을 확인하고, ④ 추가적인 진단이 필요한 학생을 선별할 수 있도록 신뢰할 수 있고 타당한 방법을 제공하고 있다. 지난 25년 동안의 연구결과를 살펴보면 아직까지도 CBM과 같은 검사와 대적할 수 있는 다른 유형의 검사는 아직 없는 것으로 보고되고 있다. 대부분의 다른 유형의 읽기 검사들은 학생들이 자동적으로 글을 얼마나 잘 읽을 수 있는지를 결정할 수 있는 유창성의 정보를 제공하지 못하고 있다. 읽기에서 자동성(Automaticity)은 매우 중요하다. 왜냐하면 자동성은 학생들의 읽기 숙달 정도를 나타낼 수 있기 때문이다.

읽기 CBM을 사용하는 이유는 다음과 같다. 첫 번째 이유는 CBM을 실시하는 방법과 채점방법이 매우 쉽고 짧은 시간이 소요된다는 장점 때문이다. 두 번째 이유는 CBM을 사용하면 교사는 교수방법에 관한 정보를 얻을 수 있기 때문이다. 읽기 영역 내에서 초기 읽기 영역은 다른 유형의 읽기 검사들이 사용되고 있다. 초기 읽기 영역(4장에서 설명됨)은 철자와 소리 협응 유창성(letter-sound fluency: LSF)(즉, 1분 동안 무작위로 선정된 소리들을 소리 내어 읽는 검사)과 단어 구별 유창성(word identification fluency: WIF)(즉, 1분 동안 나열된 단어를 소리 내어 읽는 검사)으로 구성되어 있다. 이 밖에 DIBELS에 포함된 초성과 음소발음 유창성(initial sound fluency: ISF), 음소분절 유창성(phoneme segmentation fluency: PSF), 철자 명명 유창성(letter naming fluency: LNF), 무의미 단어 유창성(nonsense word fluency: NWF) 은 초기 읽기와 관련된 검사이며, 이러한 검사들은 4장에서 다시 논의될 것이다.

읽기 CBM은 구두 읽기 유창성(oral reading fluency: ORF) 검사(즉, 1분 동안 지문에 있는 글을 구두로 읽는 검사)와 단어선택(maze passage reading)검사(즉, 눈으로 글을 읽게 되며, 일곱 번째 해당되는 단어는 삭제된 후 3개의 단어가 대체되어 있으며 이 중 문맥에 알맞은 단어를 선택하는 검사)로 구성되어 있다.

위에서 언급된 다른 유형의 검사는 다른 점수를 산출할 수 있지만 그러한 모든 검사의 점수는 한정된 시간 동안 학생이 정확한 응답을 한 문항의 총합으로 계산된다. 이러한 점수의 결과는 과제에 대한 학생들의 유창성과 정확성으로 해석된다. 이러한 정보는 학생 개개인에 관한 데이터베이스를 제공하며, 이러한 특징으로 인해 교사는 최대한 빠른 시일 내에 적합한 교수 전략에 관한 의사결정을 할 수 있다. 〈표 3-1〉은 유치원부터 초등학교 4학년까지 학생에게 적합한 CBM 검사 유형에 관한 정보를 제공하고 있다.

표 3-1 학년과 측정 시기에 적합한 읽기 CBM 검사 유형

학년	CBM 검사 유형	측정 시기
유치원	철자와 소리 협응 유창성(LSF)	LSF=가을, 겨울, 봄
1학년	구두 읽기 유창성(ORF)과/또는 단어 구별 유창성(WIF)	ORF=겨울과 봄 WIF=가을, 겨울, 봄 또는 만약 ORF가 10 미만이면 WIF를 언제든지 측정할 수 있음
2학년	구두 읽기 유창성(ORF)	ORF=가을, 겨울, 봄
3학년	구두 읽기 유창성(ORF)	ORF=가을, 겨울, 봄
4학년 이상	단어선택 검사(Mazes)	Mazes=가을, 겨울, 봄

주) Fuchs & Fuchs (2004)에 근거를 둠

일단 적합한 검사를 확인한 후 그다음으로 진행될 단계는 사용할 CBM의 문항(지문)을 구하는 것이다. 우리가 추천하는 첫 번째 검사는 구두 읽기 유창성 검사이며, 이 검사는 현재 읽기 CBM에서 가장 빈번히 사용되는 검사방법이다. 이처럼 구두 읽기 유창성 검사가 가장 빈번히 사용되는 이유는 읽기 영역에서 유창성이 가장 상위의 능력으로 평가받고 있기 때문이다. 지문의 글을 정확하고 빠르게 읽기 위해서는 단어해독, 어휘력, 읽기 이해(특별히 사전지식을 평가할 수 있는 영역)와 같은 다양한 읽기 기술들이 사용되어야 한다. 이러한 특징으로 구두 읽기 유창성 검사는 향후 학생들의 읽기능력을 예측할 수 있는 뛰어난 예측변인으로 평가받고 있다.

우리는 먼저 구두 읽기 유창성 검사의 유형, 실시방법, 채점방법을 검토한 후 동일한 순서로 단어선택 검사(Maze)를 검토할 것이다. 단어선택 CBM은 고학년 학생(4학년 이상)에게 구두 읽기 유창성 검사보다 향후 학생들의 읽기능력을 더욱 정확히 예측할 수 있는 검사로 평가받고 있다. 또한 구두 읽기 유창성과 읽기 이해 간의 관련성의 문제(즉, 많은 사람들은 읽기 이해와 유창성 간의 관계를 이해하는 데에 어려움을 겪는데, 사실 단어선택 검사와 읽기 이해 간의 관련성은 쉽게 이해할 수 있다. 왜냐하면 단어선택 검사는 구두 읽기 유창성 검사보다 더 유사한 읽기 이해 검사로 인식되고 있기 때문이다) 때문에 단어선택 CBM은 구두 읽기 유창성 CBM보다 더 뛰어난 안면타당도를 갖고 있는 것으로 인식되고 있다.

구두 읽기 유창성 CBM

구두 읽기 유창성 CBM을 사용하기 위해 필요한 준비물

1. 난이도가 동일하지만 서로 다른 읽기 지문(학생용, 교사용)
2. 구두 읽기 유창성 CBM을 채점하고 실시하기 위한 지침서
3. 연필과 클립보드
4. 시간을 측정하기 위한 시계
5. 시험을 보기 위한 매우 조용한 검사환경
6. 수집된 데이터를 나타내기 위한 일정한 간격의 그래프나 프로그램

구두 읽기 유창성 CBM 읽기 지문

구두 읽기 유창성 검사의 읽기 지문은 검사마다 다른 내용의 지문이지만 학년 수준에 따른 동등한 난이도를 갖고 있어야 한다. 또한 지문마다 적어도 200개 이상의 단어가 포함되어야 한다. 검사에 포함된 읽기기술은 전 학령기를 통해서 학생들이 반드시 습득해야 할 읽기 기술이어야 한다. 일반적으로 학년말에 사용될 교과서나 아니면 다음 학년도에 사용될 교과서에서 읽기 지문을 뽑아서 사용하게 된다. 읽기 검사의 지문은 반드시 달라야 하지만 지문의 난이도는 반드시 동일해야 한다(예, 동일한 학년 수준). 읽기 지문의 난이도가 유사해야 한다는 사실은 매우 중요하다. 읽기 지문의 동등성을 확보하는 최선의 방법은 상업용으로 개발된 지문을 구입하여 사용하는 것이다. 〈Box 3-1〉은 각각의 CBM 읽기 검사에서 사용이 가능한 지문을 얻을 수 있는 정보를 제공하고 있다.

Box 3-1

이미 개발된 읽기 CBM의 지문을 얻을 수 있는 곳(ORF와 Maze)

$ 표식은 지문의 가격을 나타냄

🖥 표식은 컴퓨터로 검사의 실시가 가능함을 나타냄

✎ 표식은 데이터를 관리하고 그래프로 나타낼 수 있는 기능이 가능함을 나타냄

AIMSweb(Pearson) $ ✎

웹 주소: www.aimsweb.com

전화번호: 866-323-6194

주소: Harcourt Assessment, Inc.

            AIMSweb Customer Service

            P.O. Box 599700

            San Antonio, TX 78259

검사 종류: • 구두 읽기 유창성 지문(진전도 모니터링을 위한 30개의 지문, 1~8학년 학생을 위한 벤치마킹 지문 3개), 영어와 스페인어판

            • 단어선택 검사 지문(진전도 모니터링을 위한 30개의 지문, 1~8학년 학생을 위한 벤치마킹 지문 3개)

Dynamic Indicators of Basic Early Literacy Skills(DIBELS) ✍

웹주소:　　dibels.uoregon.edu

검사 종류:　• 구두 읽기 유창성 지문(진전도 검사를 위한 20개의 지문, 1~6학년 학생을 위한 벤치마킹 지문 3개), 영어와 스페인어판

Edcheckup $ 🖥 ✍

웹주소:　　www.edcheckup.com

전화번호:　952-229-1441

주소:　　　Edcheckup

　　　　　　7701 York Avenue South, Suite 250

　　　　　　Edina, MN 55435

검사 종류:　• 구두 읽기 유창성 지문(1~5학년 이상의 학생을 위한 23개의 지문)

　　　　　　• 단어선택 검사 지문(1~5학년 이상의 학생을 위한 23개의 지문)

Intervention Central

웹주소:　　www.interventioncentral.org

검사 종류:　• 구두 읽기 유창성 지문(진전도 모니터링과 벤치마킹 지문을 제공하고 1~6학년 학생을 위한 지문을 개발하여 사용할 수 있음)

Project AIM(Alternative Identification Models)

웹주소:　　www.glue.umd.edu/%7Edlspeece/cbmreading/index.html

검사 종류:　• 구두 읽기 유창성 지문(1~4학년을 위해 각각 14~20개의 지문)

Vanderbilt University $(복사, 우편 배송만 가능)

웹주소:　　615-343-4782

주소:　　　Lynn Fuchs

　　　　　　Peabody #328

　　　　　　230 Appleton Place

　　　　　　Nashville, TN 37203-5721

검사 종류:　• 구두 읽기 유창성 지문(1~6학년 학생을 위해 각각 30개의 지문)

Yearly Progress Pro(CTB/McGraw-Hill) $ 🖥 ✍

웹주소: www.ctb.com/mktg/ypp/ypp_index.jsp

전화번호: 800-538-9547

검사 종류: • 단어선택 검사 지문(1학년을 위한 23개의 지문과 2~8학년을 위한 33개의 지문)

Pack Your Bags

학생용 검사지

"We're going on a trip!" said Dad when we sat down for
breakfast. "We only have two days to get ready. Everyone
will have to help out"
"Where are we going?" asked Sarah.
"We're going to the city," Dad answered.
"What city?" asked Anthony.
"Boston," said Dad. "It will take us about three hours to
drive there by car. There is a lot you can learn about our country's
past in Boston. Now, let's start planning."
Dad gave us each a bag and told us to pack enough clothes
for three days. Since it was summer, we didn't have to worry
about coats and boots. When Dad checked Sarah's bag he said
she should take a dress incase we went someplace fancy.
When he checked my bag he said, "Don't forget your
toothbrush!" He got to Anthony's bag and found it full of toys.
"Anthony, where are your clothes?" He helped him decide
which toys to leave behind so he could fit some clothes in the bag.
That night, we talked about our trip. "Where will we stay
when we get to Boston?" I asked.
"We'll stay in a hotel right across from Copley Square,"
said Dad.

[그림 3-1] 학생용 구두 읽기 유창성 CBM 지문의 예

주) Edcheckup (2005)에서 발췌. 저작권은 Children's Educational Services, Inc.와 Edcheckup, LLC.에 있으며 허가하에 발췌함

Pack Your Bags

"We're going on a trip!" said Dad when we sat down for	12
breakfast. "We only have two days to get ready. Everyone	22
will have to help out"	27
"Where are we going?" asked Sarah.	33
"We're going to the city," Dad answered.	40
"What city?" asked Anthony.	44
"Boston," said Dad. "It will take us about three hours to	55
drive there by car. There is a lot you can learn about our country's	68
past in Boston. Now, let's start planning."	76
Dad gave us each a bag and told us to pack enough clothes	89
for three days. Since it was summer, we didn't have to worry	101
about coats and boots. When Dad checked Sarah's bag he said	112
she should take a dress incase we went someplace fancy.	123
When he checked my bag he said, "Don't forget your	133
toothbrush!" He got to Anthony's bag and found it full of toys.	145
"Anthony, where are your clothes?" He helped him decide	154
which toys to leave behind so he could fit some clothes in the	167
bag.	168
That night, we talked about our trip. "Where will we stay	179
when we get to Boston?" I asked.	186
"We'll stay in a hotel right across from Copley Square,"	196
said Dad.	198

정확하게 읽은 단어의 수 _____

틀리게 읽은 단어의 수 _____

[그림 3-2] 교사 / 검사자용 구두 읽기 유창성 CBM 지문의 예

주) Edcheckup (2005)에서 발췌. 저작권은 Children's Educational Services, Inc.와 Edcheckup, LLC.에 있으며 허가하에 발췌함

구두 읽기 유창성 CBM을 학생에게 처음 사용할 때는 먼저 동등한 난이도를 갖고 있는 3개의 검사를 실시해야 한다. 이러한 방법은 CBM을 선별/벤치마킹, 진전도 모니터링, 혹은 현행 수준 조사 평가(survey-level assessment)로 사용할 때도 동일한 방법으로 사용된다. 이러한 3

개의 검사 실시는 1회기의 검사 측정에서 한번에 진행되어야 한다. 물론 필요한 경우 연속된 일정으로 3회기의 측정이 가능할 수 있다. 그러나 우리는 시간을 절약하고 정확한 점수를 획득하기 위해서는 될 수 있는 한 1회기의 검사에서 세 번의 측정이 모두 실시되는 것을 추천한다. 이러한 3개의 지문에서 산출된 점수 중 중간값(median)이 학생의 그래프에서 첫 번째 데이터로 기록된다. 그 이후로 지문의 내용이 다르지만 동등한 난이도를 지닌 20~30개의 지문이 1년 동안 학생들의 진전도를 점검하기 위해서 사용된다.

　구두 읽기 유창성 CBM은 반드시 개인별로 실시되어야 한다. 이러한 검사를 위해서는 2개의 복사본 지문이 필요하다. 시험을 치르게 될 학생 앞에 1개의 검사 지문이 제공되어야 하며, 검사자에게도 기록을 작성하기 위한 검사지가 필요하다. 이 밖에 검사자는 초시계, 검사를 기록할 필기도구 및 검사 지침서를 준비해야 한다. [그림 3-1]과 [그림 3-2]는 이러한 각각의 지문의 예를 제공하고 있다. 교사 및 검사자의 지문([그림 3-2])은 모든 줄에서 해당되는 총 단어의 수를 표기하고 있다. 이러한 표시는 채점을 할 때 매우 유용하다.

구두 읽기 유창성 CBM의 실시 및 채점방법

　구두 읽기 유창성 CBM은 다른 영역의 CBM과 비교했을 때 사용빈도가 매우 높다. 이러한 이유로 사용 가능한 다양한 지문들이 있으며, 다양한 검사 실시방법과 채점방법이 사용되고 있다. 다른 방법으로 진행되는 검사 실시방법의 두 가지 예를 다음과 같이 제공하고 있다. 점수를 채점하는 방법은 검사 실시방법만큼 다양한 방법으로 사용되고 있지 않기 때문에 단지 한 가지의 기준만 사용되었다. 만약 검사의 점수가 학급, 학년 또는 학교에서 학생들을 비교하기 위해서 사용될 때는 반드시 매번 동일한 절차를 사용하는 것이 매우 중요하다. 검사 실시방법을 변경할 경우 학생들의 성장 정도도 변경될 수 있기 때문에 검사 실시방법을 변경하지 말아야 한다. 독자의 편의를 위해서 부록 B에서는 구두 읽기 유창성 CBM에서 사용할 수 있는 실시방법과 채점방법을 제공하였다.

구두 읽기 유창성 CBM 실시방법 - 버전 [1]
1. 학생용 검사지를 학생 앞에 놓아둔다.

2. 교사용 검사지를 클립보드에 끼운 후 학생이 볼 수 없도록 놓아둔다.

3. 다음과 같이 말한다. "시작이라고 말하면 그때부터 지문의 맨 처음부터 소리 내어 읽기 시작하면 됩니다. 전체 지문을 읽어야 하며(지문의 첫 번째 문장을 손으로 가리키면서), 각각의 단어를 읽어야 합니다. 만약 모르는 단어가 있을 경우 나중에 그 단어가 무엇인지 선생님이 알려 줄게요. 명심할 사항은 최선을 다해서 읽어야 한다는 점이에요. 혹시 질문이 있나요? 시작하세요."(1분 동안 시간을 측정한다)

4. 학생이 글을 읽을 때 교사는 교사용 지문을 따라서 읽어야 하며 학생이 잘못 읽은 단어가 있을 경우 사선 (/) 표시를 한다.

5. 1분이 다 되면, "수고했습니다."라는 말을 하고 마지막 읽은 단어에 꺾쇠(])로 표시한다.

구두 읽기 유창성 CBM 실시방법 – 버전 [2]

1. 학생용 검사지를 학생 앞에 놓아둔다.

2. 교사용 검사지를 클립보드에 끼운 후 학생이 볼 수 없도록 놓아둔다.

3. 다음과 같이 말한다. "나에게 이 글을 소리 내어 읽어 주었으면 좋겠습니다(학생용 검사지의 처음 단어를 지목하면서). 책을 읽는 것은 시합은 아니며, 각각의 단어를 또박또박 읽어 보세요. 만약 모르는 단어가 있을 경우에는 그냥 지나가고 다음 단어를 읽으면 됩니다. 내가 '시작!' 하면 그때 읽기 시작하면 됩니다. 내가 '그만!' 하면 그때 읽기를 멈추면 됩니다. 혹시 질문이 있나요? 없으면 시작하세요."

4. 학생이 글을 읽을 때 교사는 교사용 지문의 단어를 함께 음독해야 하며 학생이 잘못 읽은 단어가 있을 경우 X 표시를 한다.

5. 1분이 다 되면, "그만!"이라고 말하고 마지막으로 읽은 단어에 '/' 표시를 한다.

구두 읽기 유창성 CBM의 채점방법

1. 1분 동안 읽은 단어의 총 개수를 센다.

---

[1] Shinn (1989)에서 발췌 및 수정
[2] Edcheckup (2005)에서 발췌 및 수정

2. 부정확하게 읽은 단어의 총 개수를 센다.

3. 정확하게 읽은 단어의 수는 학생이 읽은 총 단어의 합에서 부정확하게 읽은 단어의 합을 빼서 계산한다.

〈정확하게 읽은 단어로 채점되는 경우〉

• 문장 속에서 정확한 발음으로 단어를 읽어야 한다.

　예: "He will read the book."에서 read라는 단어는 반드시 'reed'로 읽어야 한다.

　　－다음과 같이 읽은 경우: "He will read the book."

　　－해당되는 점수: 정확하게 읽은 단어의 수는 5개

　　－다음과 같이 읽은 경우: "He will réd the book."

　　－해당되는 점수: 정확하게 읽은 단어의 수는 4개

• 반복: 여러 번 반복해서 읽은 단어는 무시된다.

　예: Bill jumped high.

　　－다음과 같이 읽은 경우: "Bill jumped…jumped high."

　　－해당되는 점수: 정확하게 읽은 단어의 수는 3개

• 자기 교정: 처음에는 단어를 잘못 읽었지만 3초 안에 다시 정확히 단어를 읽을 경우 정확하게 읽은 것으로 간주한다.

　예: The dog licked Kim.

　　－다음과 같이 읽은 경우: "The dog liked…(2초)…licked Kim."

　　－해당되는 점수: 정확하게 읽은 단어의 수는 4개

• 삽입: 만약 추가적인 단어를 포함해서 글을 읽을 경우 추가적인 단어는 맞거나 틀린 단어로 포함되지 않는다.

　예: The big dog ran home.

　　－다음과 같이 읽은 경우: "The big black dog ran home."

　　－해당되는 점수: 정확하게 읽은 단어의 수는 5개

• 방언/조음: 해당되는 단어를 방언 수준에서 평가했을 때 적합한 발음이라면 맞는 단어로 채점한다.

예: I need a pen to sign my name.

    －다음과 같이 읽은 경우: "I need a pin to sign my name."

    －해당되는 점수: 정확하게 읽은 단어의 수는 8개

〈틀리게 읽은 단어로 채점되는 경우(모든 잘못된 표시는 ' / '로 표시됨)〉

• 틀린 발음/단어의 대치: 단어를 잘못 읽거나 다른 단어로 대치하여 삽입할 경우 틀린 단어로 채점한다.

    예: The house was big.

        －다음과 같이 읽은 경우: "The horse was big."

        －해당되는 점수: The ~~house~~ was big. 정확하게 읽은 단어의 수는 3개

    예: Mother went to the store.

        －다음과 같이 읽은 경우: "Mom went to the store."

        －해당되는 점수: ~~Mother~~ went to the store. 정확하게 읽은 단어의 수는 4개

• 생략: 생략된 각각의 단어는 틀리게 읽은 단어로 채점한다.

    예: Juan went to a birthday party.

        －다음과 같이 읽은 경우: "Juan went to a party."

        －해당되는 점수: Juan went to a ~~birthday~~ party. 정확하게 읽은 단어의 수는 5개

• 주저함: 3초 동안 단어를 정확하게 읽는 것을 머뭇거릴 경우 해당되는 단어를 읽어 주며, 그 단어는 틀리게 읽은 단어로 채점한다.

    예: Leslie is moving to Miami.

        －다음과 같이 읽은 경우: "Leslie is moving to MmmIiiiAaa…(3초가 지남)" 학생에게 'Miami'라고 읽어 주고 틀린 단어로 채점한다.

        －해당되는 점수: Leslie is moving to ~~Miami~~. 정확하게 읽은 단어의 수는 4개

• 순서를 바꿔서 읽음: 2개 이상의 단어를 바꾸어서 읽을 경우 그러한 단어는 틀리게 읽은 단어로 채점한다.

    예: The fat cat walked past us.

        －다음과 같이 읽은 경우: "The cat fat walked past us."

–해당되는 점수: The ~~fat cat~~ walked past us. 정확하게 읽은 단어의 수는 4개

〈채점에 있어서 특별한 경우〉

• 숫자 읽기: 문장 안에서 숫자를 정확히 읽은 경우 단어와 동일하게 채점한다.

　예: August 6, 2003.

　　–다음과 같이 읽은 경우: "August six, two thousand-three"

　　–해당되는 점수: 정확하게 읽은 단어의 수는 3개

　　–다음과 같이 읽은 경우: "August six, two zero zero three"

　　–해당되는 점수: August 6, ~~2003~~ 정확하게 읽은 단어의 수는 2개

• 하이픈으로 연결된 단어: 하이픈으로 구분되는 각각의 형태소가 독립된 단어라면 개별 단어로 채점된다.

　　–Son-in-law: 정확하게 읽은 단어의 수는 3개

　　–Forty-five: 정확하게 읽은 단어의 수는 2개

　　–bar-b-que: 정확하게 읽은 단어의 수는 1개

　　–re-evaluate: 정확하게 읽은 단어의 수는 1개

• 축약: 축약된 것도 단어로 간주하며 문장의 문맥에 맞게 올바르게 읽어야 한다.

　예: Mrs., Dr.

　　–Dr., Mrs., Ms., Mr.: 정확하게 읽은 단어의 수는 각각 1개

　　– "doctor, missus, miz, mister"로 읽어야만 한다.

　　– "D-R, M-R-S, M-S, M-R."로 읽으면 틀린 단어로 채점한다.

〈특별한 검사 실시 및 채점 시 고려사항〉

1. 만약 1분 안에 학생이 10개 미만의 단어를 정확하게 읽는다면 동일한 수준의 읽기 지문을 추가적으로 사용하지 말아야 한다.

2. 단어를 잘못 읽었을 경우에도 학생들에게 틀린 단어를 교정할 수 있는 기회를 제공하지 않는다. 유일하게 틀린 단어를 교정시켜 줄 수 있는 경우는 3초 동안 머뭇거리면서 글을 읽지 못할 때다.

3. 만약 학생이 한 줄을 통으로 읽지 않고 넘어간다면 그 줄을 표시해 둔 다음, 그 줄에 있는 단어 전체를 틀린 단어로 채점하지 않는다.

4. 만약 학생이 1분 안에 읽기를 끝낸다면, 과제를 마친 시간을 기록해야 하며 학생의 점수에 비례하여 채점해야 한다. 비례해서 추측할 수 있는 공식은 다음과 같다.

$$\frac{\text{정확하게 읽은 단어의 총합}}{\text{읽는 데 걸린 시간(초)}} \times 60 = \text{1분 내에 정확하게 읽은 단어의 추정치}$$

예: 학생이 54초 안에 지문을 읽었으며 44개의 단어를 정확하게 읽은 경우

$$\frac{44}{55} \times 60 = .815 \times 60 = 48.9$$

학생이 1분 동안 49개의 단어를 정확히 읽을 수 있을 것으로 예측할 수 있다.

단어선택(Maze) CBM

구두 읽기 유창성 CBM의 설명 부분과 마찬가지로 먼저 검사에 필요한 준비물을 검토하며, 단어선택(Maze) CBM의 실시방법과 채점방법을 설명할 것이다. 또한 우리는 두 가지 다른 검사에서 사용되는 검사 실시방법의 예를 제공할 것이다. 구두 읽기 유창성 CBM과 마찬가지로 단어선택 CBM에서도 만약 검사의 점수가 학급, 학년 또는 학교에서 학생들을 비교하기 위해서 사용될 때는 반드시 매번 동일한 검사 실시방법을 사용하는 것이 매우 중요하다. 검사 실시방법을 변경할 경우 학생들의 성장 정도도 변경될 수 있기 때문에 검사 실시방법을 변경하는 것은 반드시 피해야 할 사항이다.

단어선택 CBM을 사용하기 위해 필요한 준비물

1. 내용은 다르지만 난이도가 동일한 읽기 지문(학생용, 교사용)
2. 단어선택 CBM을 채점하고 실시하기 위한 지침서
3. 연필과 클립보드
4. 시간을 측정하기 위한 시계
5. 시험을 보기 위한 매우 조용한 검사환경
6. 수집된 데이터를 나타내기 위한 일정한 간격의 그래프나 프로그램

단어선택 읽기 지문

읽기 지문은 내용은 서로 다르지만 학년 수준에 적합하며 동등한 지문의 난이도를 갖고 있어야 한다. 또한 적어도 300개 이상의 단어와 42개의 삭제된 단어(삭제된 단어 대신 3개의 단어가 추가됨)가 포함되어야 한다. 검사에 포함된 읽기기술은 학년 말에 학생들이 반드시 습득해야 할 읽기기술이어야 한다. 그리고 읽기 검사의 지문 내용은 서로 다르지만 지문의 난이도는 반드시 동일해야 한다. 지문의 난이도 동등성을 확보하는 최선의 방법은 상업용으로 개발된 지문을 구입하여 사용하는 것이다. 〈Box 3-1〉은 각각의 읽기 CBM에서 사용이 가능한 지문을 얻을 수 있는 정보를 제공하고 있다.

CBM을 학생에게 처음 사용할 때는 먼저 동등한 난이도를 갖고 있는 3개의 검사를 실시한다. 이러한 방법은 CBM을 선별/벤치마킹, 진전도 모니터링, 혹은 현행 수준 조사 평가로 사용할 때도 동일한 방법으로 사용되어야 한다. 한 번 검사할 때 3개의 검사를 한꺼번에 실시해야 한다. 물론 필요한 경우 연속된 일정으로 3회기의 측정이 가능할 수 있다. 그러나 우리는 시간을 절약하고 정확한 점수를 획득하기 위한 목적을 위해서 될 수 있는 한 1회기의 검사에서 세 번의 측정이 모두 실시되는 것을 추천한다. 이러한 3개의 지문에서 산출된 점수 중 중간값이 학생의 그래프에서 첫 번째 데이터로 기록된다. 그 이후로 지문의 내용은 다르지만 동등한 난이도를 갖춘 20~30개의 지문이 1년 동안 학생들의 진전도를 점검하기 위해서 사용된다.

단어선택 CBM은 집단을 대상으로 사용될 수 있다. 이러한 검사를 위해서는 2개의 복사본 지문이 필요하다. 학생을 위한 1개의 검사 지문이 제공되어야 하며, 검사자에게도 검사를 채

점하기 위한 검사자용 검사지가 필요하다([그림 3-3]과 [그림 3-4]). 정답이 표기된 지문에서는
투명도의 차이로 채점을 쉽게 할 수 있다. 이러한 투명도의 차이로 인하여 학생이 잘못 응답한
단어를 쉽게 확인할 수 있다.

이름 _____ 날짜 _____

The Visitor

학생용 검사지

Tap, tap, tap. I was reading a book. But (**I, top, bit**) kept hearing a noise at the (**red, eat, window**).
Tap, tap. I began reading again. (**Clunk, Top, Ball**) scrape, tap, tap. I looked out (**stick, of, sit**) the
window. It was dark outside. (**I, Did, A**) couldn't see anything. I looked back (**tick, pit, at**) my book.
It was hard to (**so, find, and**) my place. I found it and (**it, began, tree**) to read. I heard the noise (**up,
again, into**). This time I was not going (**bad, to, an**) stop reading. I didn't want to (**hit, tip, lose**) my
place again.

Clunk, scrape, scrape. (**I, Dig, Ran**) had to look up again. I (**lip, nap, was**) mad. I knew I had lost
(**stop, my, jump**) place. I just had to find (**map, out, tan**) what was making that noise on (**din, the,
still**) window. I walked to the door. (**I, At, Six**) turned on the outside light. Tap, (**scrape, hill, back**). I
stepped outside to look at (**blue, the, what**) window. There it Was-a big (**June, walk, sit**) bug. It kept
flying against the (**in, who, window**) again and again. Now I knew (**rip, too, I**) had a visitor. I didn't
need (**sip, to, live**) stop to check it out again, (**you, ping, so**) I just went back to my (**its, up, reading**).

정확하게 응답한 개수 _____
틀리게 응답한 개수 _____

[그림 3-3] 학생용 단어선택 CBM 지문의 예

주) 저작권(2005)은 Children's Educational Services, Inc.와 Edcheckup, LLC.에 있으며 허가하에 발췌함

The Visitor

검사자용 검사지

Tap, tap, tap. I was reading a book. But (**I**, top, bit) kept hearing a noise at the (red, eat, **window**). Tap, tap, I began reading again. (**Clunk**, Top, Ball) scrape, tap, tap. I looked out (stick, **of**, sit) the window. It was dark outside. (**I**, Did, A) couldn't see anything. I looked back (tick, pit, **at**) my book. It was hard to (so, **find**, and) my place. I found it and (it, **began**, tree) to read. I heard the noise (up, **again**, into). This time I was not going (bad, **to**, an) stop reading. I didn't want to (hit, tip, **lose**) my place again.

Clunk, scrape, scrape. (**I**, Dig, Ran) had to look up again. I (lip, nap, **was**) mad. I knew I had lost (stop, **my**, jump) place. I just had to find (map, **out**, tan) what was making that noise on (din, **the**, still) window. I walked to the door. (**I**, At, Six) turned on the outside light. Tap, (**scrape**, hill, back). I stepped outside to look at (blue, **the**, what) window. There it Was-a big (**June**, walk, sit) bug. It kept flying against the (in, who, **window**) again and again. Now I knew (rip, too, **I**) had a visitor. I didn't need (sip, **to**, live) stop to check it out again, (you, ping, **so**) I just went back to my (its, up, **reading**).

정확하게 응답한 개수 _____
틀리게 응답한 개수 _____

[그림 3-4] 교사용 단어선택 CBM 지문의 예

주) 저작권(2005)은 Children's Educational Services, Inc.와 Edcheckup, LLC.에 있으며 허가하에 발췌함

단어선택 CBM의 실시 및 채점방법

우리는 단어선택 검사를 사용하는 데 있어서 두 가지의 서로 다른 검사 실시방법을 제공하고 있으며 연습문항이 있는 검사 실시방법과 연습문항이 없는 검사 실시방법을 검토할 것이다. 독자의 편의를 위해서 부록 B에서는 단어선택 CBM에서 사용할 수 있는 실시방법과 채점방법이 포함되어 있다.

연습문항이 있는 단어선택 CBM의 실시방법 [3]

1. 학생 개인에게 연습문항이 있는 검사를 나눠 주기(연습문항에 대한 예는 [그림3-5]를 보세요)
2. 다음과 같이 말한다. "오늘 한 편의 짧은 글을 읽을 거예요. 읽을 이야기에서 문맥에 맞게

정확한 단어를 선택해야 합니다. 이야기를 읽어 보세요. 굵은 글씨로 인쇄된 3개의 단어 중, 문장에 적합한 1개의 단어를 선택해야 합니다. 먼저 첫 페이지를 보고, 첫 번째 문장을 읽어 보세요. 그 문장은 다음과 같이 표기되어 있습니다. 'Bill threw the ball to Jane. Jane caught the (dog, bat, ball).' 3개의 단어 중에서 어떤 단어가 문장에 들어갈 수 있을까요?"

3. 학생이 응답한 후 다음과 같이 말한다. "ball이라는 단어가 문장에 들어가서 'Bill threw the ball to Jane. Jane caught the ball.'이라는 문장이 완성되며, 해당되는 단어에 동그라미 표시를 해야 합니다."

4. "그럼 두 번째 문장을 풀어 보세요. 그 문장을 읽어 보세요. 그 문장은 'Tom said, "Now you (jump, throw, talk) the ball to me."'라고 표기되어 있어요. 3개의 단어 중 어떤 단어가 문장에 들어갈 수 있을까요?"

5. 학생이 응답한 후 다음과 같이 말한다. "throw라는 단어가 문장에 들어가서 'Now you throw the ball to me.'라는 문장이 완성되며, 해당되는 단어에 동그라미 표시를 하면 됩니다."

6. 학생 개개인에게 학생용 검사지를 나눠 준다.

7. 다음과 같이 말한다. "이제 연습문제에서 풀어 봤던 검사를 다시 치르게 될 거예요. 1분 동안 글을 읽게 될 거예요. 내가 '그만!' 하면 읽는 것을 멈춰야 해요. 내가 '시작!'이란 말을 하기 전까지는 글을 읽으면 안 됩니다. 글을 읽다가 굵은 글씨들을 보게 된다면 문맥에 맞는 단어에 동그라미 표시를 하세요. 정답을 확실히 모를 때도 1개의 단어에 동그라미 표시를 해야 합니다. 1분이 다 되면 내가 '그만!'이라고 말할 거예요. 만약 빨리 끝났다면 답을 다시 한 번 확인해 보세요. 그다음 페이지로 넘어가서는 안 됩니다. 내가 '시작!'이라고 다시 말하게 되면 그때 필기도구를 들고 다시 문제를 풀면 됩니다. 혹시 질문 있나요? 기억해야 할 사항은 반드시 최선을 다해야 한다는 사실입니다. 그럼 연필을 쥐고, 준비되었나요? 시작하세요." (초시계로 1분 측정하기)

8. 교사는 학생들이 정확하게 문제를 이해하면서 1개의 단어에 동그라미 표시를 하는지와

---

3 Edcheckup (2005)에서 발췌 및 수정

이름 _____ 날짜 _____

단어선택 검사 학생 연습용 문항

1. Bill threw the ball to Jane. Jane caught the (**dog, bat, ball**).
2. Tom said, "Now you (**jump, throw, talk**) the ball to me."

[그림 3-5] 단어선택 CBM의 연습문항

주) 저작권(2005)은 Children's Educational Services, Inc.와 Edcheckup, LLC.에 있으며 허가하에 발췌함

페이지를 그냥 넘어가고 있지는 않은지를 점검하기 위해서 교실을 돌아다녀야 한다.

9. 1분이 지나면, 다음과 같이 말한다. "그만, 필기도구를 내려놓으세요."

10. 동일한 방법으로 나머지 2개 이상의 검사를 각각 실시하기

11. 다음과 같이 말한다. "지금 다른 지문으로 동일한 검사를 다시 실시하게 될 거예요. 다시 한 번 기억해야 할 것은 문장에 맞는 단어를 선택해야 하고 정답을 확실히 모르더라도 1개의 단어에 동그라미 표시를 해야 한다는 거예요. 내가 '시작!'이라고 하면 시작하세요." (초시계로 1분간 시간 재기)

12. 1분이 끝나면, 다음과 같이 말한다. "그만, 필기도구를 내려놓으세요."

13. 학생의 검사지를 회수한다.

연습문항이 없는 단어선택 CBM의 실시방법 [4]

1. 학생 앞에 시험지를 놓아둔다(시작하기 전에 미리 검사지에 학생의 이름을 기재하면 편리하다).

2. 다음과 같이 말하기: "내가 '시작!'이라고 말하면 첫 번째 글을 소리 내지 말고 읽으세요. 만약 3개의 단어가 함께 있는 괄호를 만나게 된다면 그중 가장 적합한 단어를 1개 선택하여 동그라미 표시를 하면 됩니다. 실수 없이 최선을 다하는 것이 중요해요. 만약 해당되는 글을 모두 읽었으면 그다음 페이지로 넘어가서 계속 문제를 풀면 됩니다. 혹시 질문

---

[4] AIMSweb (shinn & shinn, 2002b)에서 발췌 및 수정

있나요? 없으면 시작하세요." (초시계로 3분의 시간을 측정한다.)

3. 교사는 학생들이 정확하게 문제를 이해하면서 1개의 단어에 동그라미 표시를 하는지와 페이지를 그냥 넘어가고 있지는 않은지를 점검하기 위해서 교실을 돌아다녀야 한다.

4. 3분이 지나면 다음과 같이 말하기: "그만, 필기도구를 내려놓으세요. 그리고 시험지를 덮어 놓으세요."

5. 시험지를 회수한다.

단어선택 CBM의 채점방법

1. 3분 동안(검사자가 실제로 검사에 사용한 검사시간) 학생이 응답한 문항의 총 개수(다른 검사에서는 1분이나 2분 30초 동안 검사가 실시되기도 함)를 센다.

2. 틀리게 응답한 문항의 총 개수를 센다.

3. 학생이 응답한 문항의 총합에서 틀리게 응답한 문항의 총합을 뺀 값이 정확하게 응답한 학생의 최종점수다.

〈맞는 답으로 채점된 경우〉

• 정답에 해당되는 단어는 동그라미나 밑줄이 그어져 있어야만 한다.

-The big dog (slept, ran, can) fast.

-The big dog (slept, ran, can) fast.

〈틀린 답으로 채점된 경우〉

• 정답이 아닌 단어에 표시하거나 어떤 단어에도 표시를 안 한 경우, 정답에 해당되는 단어에 '/' 표시를 한다.

-The (turtle, boy, pulls) has a little tail.

-The (turtle, boy, pulls) has a little tail.

-The (turtle, boy, pulls) has a little tail.

〈특별한 검사 실시 및 채점 시 고려사항〉

1. 만약 연속으로 3개의 문항에서 틀린 응답을 한 경우 더 이상 채점을 하지 않고 멈춘다. 3개 연속으로 틀린 응답을 한 이후의 응답은 맞거나 틀린 점수로 채점하지 않는다.

2. 학생이 3분 안에 검사지를 다 풀었을 경우에는 다 풀었던 시간을 학생의 검사지에 기록한 후 학생의 점수를 추정하여 예측한다. 점수를 예측할 수 있는 공식은 다음과 같다.

단계1: $\dfrac{\text{검사를 마친 시간}}{\text{정답의 총합}} = \text{산출된 값}$

단계2: $\dfrac{\text{검사의 측정시간}}{\text{단계1에서 산출된 값}} = \text{추정된 최종점수}$

예: 학생이 2분 30초만에 검사를 끝냈으며 정확하게 응답한 문항의 수가 40이면 다음과 같은 공식으로 점수를 예측할 수 있다.

단계1: $\dfrac{150}{40} = 3.75$

단계2: $\dfrac{180}{3.75} = \text{추정된 최종점수는 } 48$

학생에게 3분이 주어졌을 경우 학생이 정답으로 응답할 예측된 점수는 48일 것이다(180은 3분을 초로 환산하여 산출됨. 만약 검사자가 다른 검사시간으로 검사를 실시할 경우 검사자가 사용한 시간을 초로 환산하여 계산할 수 있음).

3. 동일한 검사 실시방법은 개인이나 집단을 대상으로 사용된다.

구두 읽기 유창성 CBM과 단어선택 CBM은 얼마나 자주 측정되어야 하는가

지금까지 우리는 읽기 CBM의 점수를 획득하기 위한 목적으로 검사 실시방법과 채점방법을 소개하였다. 다음으로 우리가 다루고자 하는 내용은 진전도 데이터를 산출하기 위한 목적으로 CBM 검사를 사용하는 방법을 소개하고자 한다. 이러한 방법으로 활용하기 위해서는 먼저 검사자가 검사를 여러 번 실시해야 된다. 따라서 검사를 어떻게 사용하는지가 중요한 만큼 검사를 언제 실시하는지도 중요하다. 여기서 제공되는 정보는 이후의 모든 장에서 동일하게 검토될 것이다.

해당 교과에서 중요한 학습내용의 진전도 정도와 현재 수행 수준을 평가하기 위해서는 최소한 1년에 세 번 이상은 검사를 실시하여 모든 학생들이 선별/벤치마킹에 포함되어야 한다는 것을 추천하려고 한다. 이미 설명했듯이, 현재 수행 정도의 능력을 평가하는 절차는 1년에 한 번 검사를 실시하게 되지만 학생들의 진전도를 측정하는 데이터는 CBM 검사를 반복적으로 측정해야만 한다. 일반적으로 선별/벤치마킹이 분기별로 실시되면 가을, 겨울, 봄학기에 검사가 실시된다. 이러한 선별/벤치마킹을 실시하는 데 있어서 특별히 고려할 사항 중 한 가지는 적합한 시기에 검사가 측정되어야 한다는 것이다. 예를 들어, 개학 후 첫 2주 동안 학생들을 선별하는 검사 측정방법은 다음과 같은 두 가지 이유로 추천하지 않는다.

- 학생들은 그들이 잊어버렸던 일부 학습내용을 환기시킬 수 있는 교육을 자주 필요로 한다.
- 모든 학생들이 개학과 동시에 학교에 등록되어 있지 않을 수 있다. 이러한 사실은 매우 이른 시기에 학생들을 선별하게 된다면 실제로 도움이 필요한 학생들을 포함시키지 못하는 문제점을 갖고 있다. 또한 교사들도 최종 등록된 학생의 수에 따라 재배치될 수 있다.

선별과정 절차를 지나치게 일찍 실시하게 되면, 교수적 도움이 추가적으로 필요한 학생을 과잉 선별할 수 있는 문제점이 있을 수도 있다. 이러한 문제점으로 귀중한 시간과 교육적 자원을 허비할 수 있으며, 교수전략이 절실히 필요한 학생들에게 적합한 교수전략을 제공하지 못하는 문제가 발생할 수 있다. 그러한 이유로 최소한 학기가 시작되고 2주가 지난 이후에 학생들을 선별하는 과정이 실시되어야 한다. 또한 긴 방학이 뒤따르는 겨울과 여름의 선별/벤치마킹도 피해야 한다.

선별/벤치마킹에서 산출된 데이터를 활용하여 교사는 진전도 모니터링이 필요한 학생을 선별할 수 있다. 학업실패에 있어서 높은 위험성을 지닌 학생들은 더욱 자주 진전도를 모니터링할 필요가 있다. 이러한 절차는 학습의 하위 25%에 해당되는 학업성취를 보이는 학생이나 벤치마킹에 해당되는 특정한 준거점수나 규준점수에 근거하여 위험군으로 포함되는 학생들에게 적용될 수 있다. 이와 같은 집단에는 장애를 갖고 있는 학생들이 포함될 수 있으며, 단순히 같은 학년의 학생에 비해서 뒤처지는 학생이 포함될 수 있다. 그러한 학생들은 이미 다른 학생들보다 심각하게 낮은 성취도를 보이고 있기 때문에, 그들의 학업 진전도를 일관되게 자주 모니터링하는 것은 매우 중요하다. 여기서 '자주'라는 용어의 의미는 적어도 1주에 한 번 혹은 2주에 한 번 검사를 측정하는 것이 최적이라는 뜻이다. 그리고 '일관되게'라는 단어는 난이도가 동등한 검사를 사용해야 한다는 의미다. 만약 매주 특정한 준거점수가 변경된다면 우리는 교수전략을 받고 있는 학생의 진전도가 적합하게 발달하고 있는지를 판단할 수 없다. 난이도가 동일한 검사의 지문을 매번 제공하는 것은 매우 어려우며 많은 시간이 소요되는 문제점을 갖고 있다. 이러한 이유로 우리는 검사의 난이도가 유사한 상업용 검사 지문을 구매하여 사용하는 방법을 추천한다. 매월 측정되는 진전도 모니터링의 결과는 교실에서 사용된 교수방법의 효과성에 대한 정보를 제공할 수 있다.

마지막으로 CBM의 측정주기는 현행 수준 조사 평가(survey-level assessment: SLA)와 관련되어 있다. SLA란 학생들의 행동에 관한 일반적인 표본을 제공할 수 있는 CBM의 사용방법을 의미하며 학생의 교수적 수준을 확인하고 교수전략에 관한 도움을 주기 위해서 사용된다. 이러한 방법은 교사나 학교 입장에서 새로운 학생이 전학 왔을 경우 가장 유용하게 사용될 수 있다. 교사가 이미 세 번의 검사를 실시하여 점수를 확보했다면 SLA는 선별이나 벤치마킹의 목적으로도 사용될 수 있다. 여기서 사용된 3개의 검사점수는 학생의 첫 번째 3개의 데이터 접수로 사용될 수 있다. SLA는 구두 읽기 유창성 CBM과 수학 CBM에서만 사용되고 있다. 그런 까닭에 모든 학업 영역에서 SLA가 사용되지는 않는다. 우리는 이러한 검사를 활용할 수 있는 교과 영역에서 어떠한 방법으로 사용할 수 있는지에 대한 정보를 제공하고 있다.

CBM을 실시하고 채점하는 데 얼마나 많은 시간이 소요되는가

학생의 검사지를 채점하는 데 필요한 시간은 학년과 상관없이 구두 읽기 유창성 CBM과 단어선택 CBM에서 모두 대동소이하다. 구두 읽기 유창성 CBM의 경우, 학생이 교사 앞에서 검사를 받게 되는데, 우선 검사 실시방법을 설명하기 위한 시간이 소요되고, 학생은 1분 동안 글을 읽게 되며, 검사지를 채점하는 데 총 2~3분 정도의 시간이 소요될 것이다. 만약 선별이나 벤치마킹의 목적으로 한 번에 3개의 검사를 실시하게 된다면, 5~6분 정도의 시간이 소요될 것이다. 또한 학생이 교사나 검사자가 있는 곳으로 이동하는 데 필요한 시간을 고려할 필요가 있다. 검사시간을 절약하기 위한 더 적합한 방법은 학생이 교사나 검사자가 있는 곳으로 이동하는 것보다는 교사나 검사자가 학생이 있는 곳으로 이동하는 것이 낫다. 시간을 절약하는 또 다른 방법은 학생의 이름이 적혀 있는 검사지를 준비하는 것이다. 성명이 포함된 라벨을 인쇄하는 것도 한 가지 방법이 될 것이다.

단어선택 CBM의 경우, 학생이 교사 앞에서 검사를 받게 되는데, 우선 검사 실시방법을 설명하는 데 시간이 소요되고, 학생은 3분 동안 글을 읽게 되며, 검사지를 채점하는 데 총 4~5분 정도의 시간이 소요될 것이다. 만약 선별이나 벤치마킹의 목적으로 사용된다면 한 번에 3개의 검사를 실시하게 되며, 최종적으로 12~15분 정도의 시간이 소요될 것이다. 고학년의 학생들은 더 많은 휴식시간이 필요할 수 있지만 그렇다고 해서 검사지를 채점하는 데 시간이 더 많이 필요한 것은 아니다. 시간을 절약하는 한 가지 방법은 검사지의 정답이 표시된 투명종이를 만드는 것이며, 검사자나 교사는 그러한 정답이 표시된 투명종이를 검사지에 올려놓고 채점을 할 수 있다. 교사나 검사자가 해야 할 모든 일은 틀리게 응답한 문항의 수와 학생이 응답한 문항의 수를 세는 것이다. 한 가지 명심해야 할 사항은 구두 읽기 유창성 CBM은 개인 단위로 사용되어야 하지만 단어선택 CBM은 반드시 개인별로 사용되어야 하는 것은 아니며 집단별로 사용이 가능하다. 집단을 대상으로 검사를 실시할 경우 검사에 소요되는 시간은 차이가 없지만 학생 개인의 검사점수를 채점하기 위해서는 20~30분의 추가시간이 필요하다.

구두 읽기 유창성 CBM과 단어선택 CBM에서 기대되는 성장률과 규준

읽기능력에서 어느 정도 성장을 기대할 수 있는가

학생의 현재 수행 수준이 어느 정도인지를 확인하는 것이 중요한 것처럼, 일반적인 교수전략을 제공했을 경우 어느 정도 성장을 학생에게 기대할 수 있는지를 아는 것도 중요하다. 진전도의 비율(rates of progress)은 성장률(growth rates)로 언급되고 있다. 성장률을 결정하기 위해서 연구자들은 일반적인 학생들의 발달 정도를 측정해야 하고 구두 읽기 유창성 CBM과 단어선택 CBM에서의 진전도의 비율을 측정할 필요가 있다(Fuchs, Fuchs, Hamlett, Walz, & Germann, 1993). 〈표 3-2〉에서는 구두 읽기 유창성 CBM에 대한 성장률을 제공하고 있으며, 〈표 3-3〉에서는 단어선택 CBM의 성장률을 제공하고 있다. 예를 들어, 구두 읽기 유창성 CBM의 성장률은 학생들이 지속적으로 읽기를 배우면서 읽기 능력을 향상시킬 경우 학생들에게 기대할 수 있는 평균적인 성장의 지표로 해석될 수 있다. 학생들이 읽어야 할 단어가 반드시 새로운 단어일 필요는 없다. 그 대신 학생들은 동일한 단어를 읽더라도 매주 더욱 빠르게 단어를 읽을 것이다.

규준에서 산출된 성장률은 기대할 수 있는 진전도의 최대값이 아님을 이해하는 것이 중요하

표 3-2) 구두 읽기 유창성 CBM의 주별 성장률: 정확하게 읽은 단어의 수(Words Read Correctly: WRC)

학년	매주 기대할 수 있는 현실적인 성장률(WRC) [a]	매주 기대할 수 있는 도전적인 성장률(WRC) [a]	주별 성장률(WRC) [b]
1	2	3	1.80
2	1.5	2	1.66
3	1	1.5	1.18
4	0.85	1.1	1.01
5	0.5	0.8	0.58
6	0.3	0.65	0.66

[a]Fuchs et al. (1993)의 연구에서 산출된 데이터
[b]Deno, Fuchs, Marston, & Shin (2001)의 연구에서 산출된 데이터

표 3-3) 단어선택 CBM의 주별 성장률: 정확하게 응답한 단어의 수(Words Correctly Restored: WCR)

학년	매주 기대할 수 있는 도전적인 성장률(WCR)
1	0.4
2	0.4
3	0.4
4	0.4
5	0.4
6	0.4

주) Fuchs & Fuchs (2004)의 연구에서 산출된 데이터

다. 그러한 진전도는 교수전략이 주의 깊게 설계되고 제공될 경우 달성할 수 있는 성장 정도를 의미한다. 실제로 높은 수준의 진전도는 특정한 학업 영역에서 뒤처져 있으면서, 그 능력을 극복할 필요가 있는 학생들에게만 기대해야 한다.

다른 유형의 기준과 마찬가지로 기대되는 진전도는 학생들의 행동을 비교하기 위한 준거로서 사용되고 있다. 학생들의 행동(예, 실제 진전도)과 기준(예, 기대되는 성장률)이 다를 경우, 이러한 문제를 극복할 수 있는 해결방안을 찾는 것이 교사의 책무일 것이다. 이러한 문제를 해결하기 위해 특정한 학업 영역에서 필요한 사전지식을 교육하거나, 수업시간을 늘릴 수 있으며, 학생이 잘못된 반응을 보일 경우 그러한 반응을 다른 방법으로 대처하는 방법을 고안하여 극복할 수 있을 것이다. 그러나 기대 수준을 단순히 낮춤으로써 그러한 문제를 해결하려고 해서는 안 된다. 학습이란 교수전략의 결과이므로 학습의 성장률이 부진할 경우, 학생에게 뭔가 잘못이 있다고 가정하지 않는다. 그 대신 학생들의 필요를 충족시킬 수 있도록 더 나은 방법으로 교수전략을 변경할 필요가 있다.

읽기 CBM의 숙련도 수준 및 기준점

학생의 주별 성장률(진전도 비율)을 비교할 수 있는 기준을 확보하는 것과 함께 학생들의 수행 수준을 비교할 수 있는 기준을 마련하는 것은 매우 중요하다. 이러한 수행 수준을 기준점(benchmarks)이라고 부른다. 여기서 말하는 기준점은 실제 점수를 의미하며 초기에 언급된 선

표 3-4 구두 읽기 유창성 CBM의 기준점: 정확하게 읽은 단어(Words Read Correctly: WRC)

DIBELS(2006)			
학년	가을(WRC)	겨울(WRC)	봄(WRC)
1	–	20	40
2	44	68	90
3	77	92	110
4	93	105	118
5	104	115	124
6	109	120	125

별/벤치마킹은 평가하는 과정(활동)을 의미한다. 기준점은 향후 학생의 성취를 예측할 수 있기 때문에 유용하다. Good, Gruba, 그리고 Kaminski(2002)는 고부담 시험(high-stakes assessment) 유형의 읽기 검사를 통과할 수 있는 수준의 점수를 획득하기 위해 학생들이 구두 읽기 유창성 CBM에서 어느 정도의 숙련도 수준을 획득할 필요가 있는지를 조사하였다. 이러한 정보는 교사들에게 매우 유용할 수 있다. 왜냐하면 이러한 정보를 이용하여 교사들은 어떤 학생들이 고부담 시험에 통과하기 위해서 추가적인 도움이 필요한지를 결정할 수 있기 때문이다. 〈표 3-4〉에서 제공하고 있는 기준점은 DIBLES의 웹주소에서 얻은 결과다. 기준점은 향후 학업성취에 있어서 실패할 위험이 없는 것으로 추측할 수 있는 최소한의 점수를 제공한다.

읽기 CBM의 규준

수행 기준을 설정하는 또 다른 방법은 같은 학년 학생들의 수행 수준과 비교하는 방법이다. 이러한 규준들은 수십 년 동안 다양한 방법으로 수집되고 있다. 그러나 이러한 규준들은 기존의 전통적인 방법으로 수집되지는 않았는데, 기존의 전통적인 방법에서는 규준에 포함된 학생들이 인구통계학에서 확인된 전체 인구의 모집단과 유사한 특성을 갖고 있는지를 확인하기 위해 규준을 사용하였다. 그럼에도 불구하고 여러 지역에 거주하고 있는 학생들에게서 산출된 데이터가 유사한 규준의 점수를 제공한다는 것은 매우 흥미로운 사실이다. 이러한 결과가 의미하는 바는 그동안 사용되어 온 규준이 학생들의 수행 수준을 평가할 수 있는 적합한 지표로 사용될 수 있다는 생각에 확신을 더해 준다. 이러한 규준은 일반적으로 가을, 겨울, 봄 등 3회기의 측정으로 수집되며, 이러한 규준을 사용함에 따라 교사들은 단지 1회기의 측정으로 비교하기보다는 3회기의 측정으로 산출된 진전도 비율과 수행 수준에 근거하여 학생들의 학업능력을 평가할 수 있는 장점을 갖고 있다(추가적인 논의는 2장을 보세요). 〈표 3-5〉는 구두 읽기 유창성 CBM의 규준을 제공하며 〈표 3-6〉은 단어선택 CBM의 규준을 제공하고 있다.

표 3-5　구두 읽기 유창성 CBM의 규준: 정확하게 읽은 단어(Words Read Correctly: WRC)

학년	퍼센타일	AIMSweb (2008)[a]			Hasbrouck & Tindal (2006)		
		가을 (WRC)	겨울 (WRC)	봄 (WRC)	가을 (WRC)	겨울 (WRC)	봄 (WRC)
1	90%	56	84	113	—	81	111
	75%	25	52	85	—	47	82
	50%	**9**	**26**	**56**	**—**	**23**	**53**
	25%	3	14	31	—	12	28
	10%	0	7	17	—	6	15
2	90%	107	133	148	106	125	142
	75%	82	108	123	79	100	117
	50%	**57**	**81**	**97**	**51**	**72**	**89**
	25%	29	56	71	25	42	61
	10%	14	27	46	11	18	31
3	90%	135	153	167	128	146	162
	75%	107	130	143	99	120	137
	50%	**80**	**100**	**115**	**71**	**92**	**107**
	25%	51	72	86	44	62	78
	10%	31	44	56	21	36	48
4	90%	153	170	186	145	166	180
	75%	123	143	159	119	139	152
	50%	**101**	**116**	**129**	**94**	**112**	**123**
	25%	75	91	102	68	87	98
	10%	49	63	75	45	61	72
5	90%	171	185	199	166	182	194
	75%	146	161	174	139	156	168
	50%	**114**	**130**	**145**	**110**	**127**	**139**
	25%	87	100	112	85	99	109
	10%	61	74	85	61	74	83

	90%	184	198	211	177	195	204
	75%	160	171	184	153	167	177
6	**50%**	**133**	**145**	**157**	**127**	**140**	**150**
	25%	104	116	128	98	111	122
	10%	72	85	97	68	82	93
	90%	187	196	208	180	192	202
	75%	163	172	185	156	165	177
7	**50%**	**136**	**144**	**157**	**128**	**136**	**150**
	25%	108	116	127	102	109	123
	10%	85	90	100	79	88	98
	90%	185	192	201	185	199	199
	75%	166	171	182	161	173	177
8	**50%**	**143**	**148**	**158**	**133**	**146**	**151**
	25%	114	119	130	106	115	124
	10%	84	89	100	77	84	97

[a] 3판에서 갱신된 2008년 데이터

(표 3-6) 단어선택 CBM의 규준: 정확하게 선택한 단어(Words Correctly Restored: WCR)

학년	퍼센타일	AIMSweb (2008)[a]		
		가을 (WCR)	겨울 (WCR)	봄 (WCR)
	90%	8	13	18
	75%	3	7	12
1	**50%**	**1**	**3**	**7**
	25%	0	1	3
	10%	0	0	1
	90%	13	21	25
	75%	8	16	19
2	**50%**	**4**	**10**	**14**
	25%	2	6	9
	10%	0	3	5
	90%	21	25	27
3	75%	16	19	21
	50%	**11**	**14**	**15**

	25%	7	9	10
	10%	3	6	7
	90%	22	31	33
	75%	17	25	26
4	**50%**	**12**	**18**	**19**
	25%	8	13	13
	10%	5	8	9
	90%	27	32	36
	75%	21	26	30
5	**50%**	**16**	**20**	**24**
	25%	10	14	17
	10%	7	10	12
	90%	31	38	41
	75%	25	31	32
6	**50%**	**19**	**24**	**25**
	25%	13	17	18
	10%	8	11	12
	90%	33	36	42
	75%	27	29	34
7	**50%**	**20**	**22**	**26**
	25%	14	16	18
	10%	10	12	13
	90%	34	33	40
	75%	27	26	32
8	**50%**	**20**	**20**	**25**
	25%	15	15	19
	10%	11	11	14

[a] 3판에서 갱신된 2008년 데이터

구두 읽기 유창성 CBM을 활용한 현행 수준 조사 평가

구두 읽기 유창성 CBM을 활용하는 또 다른 방법은 현행 수준 조사 평가(SLA)로 사용하는 것이다. 이것은 저녁시간에 전화상담원이 귀찮게 요구하는 조사를 의미하지 않는다. 여기서 조사란 학생들의 수행 수준을 좀 더 폭넓은 관점으로 살펴보겠다는 의미다. 즉, 학생들의 수행 수준을 평가하겠다는 의미로 해석된다. 현행 수준 조사 평가는 학생들의 읽기 교수 수준을 확인하기 위해서 사용된다(현재 그것은 구두 읽기 유창성 CBM에서만 사용된다. 왜냐하면 단어선택 CBM의 경우 이미 확인된 수행 수준에 대한 연구나 결과가 충분하지 않기 때문이다). 이러한 현행 수준 조사 평가는 교수전략을 수행하는 첫 번째 과정이며 학생들의 진전도를 모니터링할 때 사용할 수 있는 적합한 읽기 교재를 선택하는 데 도움을 준다.

   이러한 방법의 첫 번째 단계는 학생의 학년 수준에 적합한 3개의 서로 다른 지문을 사용하여 검사를 실시하고 정확하게 읽은 단어의 중간값과 부정확하게 읽은 단어의 중간값을 찾는 것이다. 이와 같은 점수들은 구두 읽기 유창성 CBM에 대한 현행 수준 조사 평가의 검사지에 기록될 수 있다. 부록 B에서는 재사용이 가능한 검사 유형을 제공하고 있다. 학생의 중간값은 수행 준거와 비교되며 이러한 점수는 그래프에 표시된다. 만약 정확하게 읽은 단어의 값이 특정한 교수적 범위에 속한다면, 바로 이 점수가 그 학생의 교수 수준이 된다. 학교에서 사용되는 읽기 교재도 이러한 수준에 적합해야 하며, 진전도를 평가하기 위해 사용되는 읽기 지문 또한 이러한 수준에 적합해야 한다(적합한 수준의 지문을 선택하기 위해서 밑에서 오른쪽에 있는 차트를 사용함). 학생의 수행 수준이 불충분한 수준(즉, 교수 수준 이하)에 포함될 경우, 교사는 그다음으로 낮은 수준의 읽기 지문을 세 번 검사할 필요가 있다. 만약 첫 번째 지문이 초등학교 3학년 수준이며 정확하게 읽은 단어의 중간값이 50(부정확하게 읽은 단어의 수는 7)일 경우 2학년 수준의 지문을 선택해야 하며 그러한 지문을 이용하여 검사를 실시해야 한다. 학생들의 수행 수준이 적합한 교수 수준에 포함될 때까지 이러한 과정을 지속해야 한다. 만약 학생들의 수행 수준이 초등학교 1학년 수준에서도 불충분한 수준에 포함된다면, 초기 읽기 CBM 지문을 사용해야 한다. 현행 수준 조사 평가에서 사용할 수 있는 교수전략들은 부록 B에 포함되었다.

읽기 영역의 개별화교육계획 목표를 작성하기 위해
정보를 활용하는 방법

CBM의 결과는 개별화교육계획(IEP)의 최종 도달 및 세부 도달 목표 작성을 위한 데이터로 매우 유용하게 사용될 수 있다. 교사들은 학생들이 매주 어떻게 발달하고 있는지를 CBM 검사를 사용하여 모니터링할 수 있기 때문에 숨죽여 기다릴 필요가 없으며, 학기말에 학생들이 목표에 궁극적으로 도달할 수 있을 것이라는 희망을 가질 수 있다. CBM은 최종 도달 목표를 달성하기 위하여 학생들의 진전도를 모니터링할 수 있는 평가 시스템 중 사용 가능한 최고의 전략이다. 진전도를 모니터링하기 위해서 CBM을 사용하는 최대의 장점은 학생들의 성장에 따른 변화에 매우 민감하다는 점이며 학생들이 과제의 내용을 학습할 경우 그 주(week)에 측정한 CBM의 점수가 증가하고 있음을 확인할 수 있다는 점이다. 반대의 경우도 설명이 가능하다. 학생이 과제의 내용을 이해하지 못할 경우 매주 증가하는 CBM 점수를 확인하기는 어려울 것이다. 이러한 정보를 통해 교사들은 교수전략의 수정이 필요함을 인지할 수 있다. 이러한 방법으로 활용하는 CBM은 이미 설정된 학생들의 목표에 도달하기 위한 목적으로 사용될 수 있다.

추가적으로 CBM을 사용하면 학생들의 교육목표를 매우 간편하게 작성할 수 있는 장점을 갖고 있다. 왜냐하면 CBM을 통하여 교사는 관심 있는 학생들의 행동을 명확하게 관찰하고 정의할 수 있기 때문이다. 읽기 영역에서 이러한 행동의 영역으로는 철자 소리(letter sound), 단어 읽기, 지문 읽기가 포함된다. 단어선택 검사에서 정확하게 선택한 단어들은 읽기 이해 능력과 관련되어 있다. 이러한 이유로 CBM에서 획득된 정보를 학생들의 개별화교육계획의 목표를 설정할 때 사용한다면 학생들의 학업성취 정도를 가늠할 수 있는, 간단하면서 명료한 준거를 제공할 수 있게 된다. 이러한 교육목표는 다음의 일곱 가지 요인을 포함하여 명료하게 정의될 수 있다.

1. **시간**(목표를 달성하는 시간. 일반적으로 1년)
   • " 1년 동안…"
2. **학습자**(목표를 달성해야 하는 학생의 이름)

- "Jose는…할 것이다."

3. **행동**(학생들이 습득해야 할 특별한 기술)

  - "…구두 읽기…"

4. **수준**(학습할 내용의 학년)

  - "…2학년 수준의…"

5. **내용**(학생이 배우게 될 내용)

  - "…읽기 능력…"

6. **교재**(학생들이 사용하게 될 교재)

  - "…구두 읽기 유창성 CBM의 진전도 모니터링 지문에서 뽑은 읽기 지문…"

7. **준거**(시간과 정확도를 포함하여 기대되는 수행 수준)

  - "…95% 이상의 정확도와 함께 1분 동안 90개의 단어를 정확하게 읽기"

준거를 설정하는 절차는 8장에서 설명하고 있다.

최종 도달 목표의 예시

- 구두 읽기 유창성 CBM의 최종 도달 목표(Goal)
  - 1년 동안, Edgar는 구두 읽기 유창성 CBM에서 사용된 2학년 수준의 지문에서 95% 이상의 정확도와 함께 1분에 90개의 단어를 정확하게 읽을 것이다.
- 단어선택 CBM의 최종 도달 목표
  - 30주 동안 Devin은 4학년 수준의 단어선택 CBM 지문에서 95% 이상의 정확도와 함께 3분 동안 20개의 단어를 정확하게 선택할 것이다.

이러한 원칙은 세부 도달 목표를 설정할 때도 동일하게 적용되지만 조금 짧은 기간 동안 달성할 수 있는 목표를 진술하게 된다.

세부 도달 목표의 예시

- 구두 읽기 유창성 CBM의 세부 도달 목표(objective)
  - 10주 동안, Edgar는 구두 읽기 유창성 CBM에서 사용된 2학년 수준의 지문에서 95% 이상의 정확도와 함께 1분에 50개의 단어를 정확하게 읽을 것이다.
- 단어선택 CBM의 세부 도달 목표
  - 10주 동안 Devin은 4학년 수준의 단어선택 CBM에서 95% 이상의 정확도와 함께 3분 동안 8개의 단어를 정확하게 선택할 것이다.

읽기 CBM에 대해 자주 묻는 질문

1. 구두 읽기 유창성 CBM을 사용할 때, 교사는 학생들에게 제목을 읽도록 지도해야 하나요? 아니면 교사가 제목을 읽어 주어야 하나요?

   교사는 제목을 학생들에게 읽으라고 지시하거나 제목을 읽어 줄 필요가 없다. 왜냐하면 그러한 제목은 최종적으로 읽은 단어로 포함되지 않기 때문이다. 그 대신 글의 제목은 글에 대한 배경지식을 제공할 수 있을 것이다. 명심해야 할 점은 검사시간은 평가하는 시간이지 아이들을 가르치는 시간이 아니라는 사실이다. 만약 교사가 전체 읽은 단어를 계산할 때 제목을 포함한다면 학생들에게 제목을 읽도록 지시해야 한다.

2. 구두 읽기 유창성 CBM을 실시할 때, 시간 측정을 막 시작했는데 학생이 묵음으로 지문을 읽는다면 어떻게 해야 하나요?

   학생의 읽기를 멈추어야 합니다. 동일한 수준의 난이도로 구성된 다른 검사지를 사용하고, 학생에게 구두로 읽어야 한다는 사실을 다시 한 번 알려 줍니다. 검사 지침서를 다시 읽고 시작합니다.

3. 구두 읽기 유창성 CBM을 실시할 때, 처음 단어를 3초 동안 읽지 못한다면 어떻게 해야 하나요?

   교사는 그 단어를 읽어 줘야 하며 검사지에는 오류의 단어로 표시하기 위해 '/'로 표시하며, 그다음 단어를 학생들이 읽을 수 있도록 안내해야 하며, 끝까지 시간을 측정해야 합니다.

4. 학생이 충분한 진전도를 보이지 않는다면 최종 도달 목표를 낮추어야 하나요?

아닙니다. 먼저 학생이 충분한 진전도를 나타내지 못하는 기술이 무엇인지 판별하고 그 기술을 가르친 후에 진전도를 계속 측정해야 합니다. 어떤 기술을 가르쳐야 할지 모른다면 숙달도 검사(Mastery Measurement)와 같은 진단적 평가를 실시할 필요가 있습니다.

5. 학생이 생각한 것보다 더 나은 성취도를 보인다면 얼마나 기다렸다가 최종 도달 목표를 높여야 하나요?

적어도 6~8개의 데이터를 모은 후에 4개의 연속된 데이터가 목표선(goal line)보다 위에 있다면 최종 도달 목표를 높여야 합니다.

6. 구두 읽기 유창성 CBM을 교사가 제작해도 되나요? 아니면 구입해야만 하나요?

검사 준비 시간을 절약하고 사용되는 모든 읽기 검사지가 동등한 난이도 수준을 유지하도록 하기 위해 검사지를 구입할 것을 권하지만 읽기 검사지를 교사 스스로 제작해도 됩니다.

7. 구두 읽기 유창성 CBM과 단어선택 CBM을 실시하는 방법을 배우는 데 어느 정도의 훈련이 필요한가요?

이전 경험으로 미루어 보아 일반적으로 7~10명의 학생과 함께 연습하면 충분합니다.

8. 규준에서 제공되는 일부 점수를 보면 봄학기의 점수가 오히려 가을학기(상위 학년)에 비해 떨어지는데 그 이유는 무엇인가요?

읽기 검사에 사용된 지문의 난이도는 상위 학년으로 올라갈수록 높아지기 때문에 더 어려운 지문으로 검사할 경우, 학생의 읽기 점수가 낮아질 것으로 예측됩니다.

9. 검사 지침서의 내용이나 검사지를 채점하는 방법을 바꾸어도 되나요?

아닙니다. 구두 읽기 유창성 CBM은 표준화된 절차를 사용하며 연구로 증명된 검사도구입니다. 검사 지침서나 채점 준거가 변경된다면 검사도구도 바뀌게 되고 신뢰도와 타당도를 알 수 없게 됩니다.

10. 구두 읽기 유창성 CBM과 단어선택 CBM에서 사용되는 지문은 영어 이외의 다른 언어로 제작되었나요?

네, 그렇습니다. 많은 출판사들이 CBM의 지문을 스페인어로 제작하고 있습니다(단어선택 CBM보다는 구두 읽기 유창성 CBM의 지문이 더 많음). 〈Box 3-1〉에 제공된 출처에서 그러한 검사를 얻을 수 있습니다.

11. 학생들을 해당되는 교수적 집단에 배치하기 위해서 구두 읽기 유창성 CBM에서 제공하는 기준점을 사용할 수 있나요?

    네. 비슷한 교수적 필요가 있는 학생들이라면 사용해도 좋습니다. 단, 학생들을 6~8주마다 다시 평가하고 집단화함으로써 교수적 집단을 융통성 있게 운영해야 합니다.

12. 한 반에 있는 모든 학생이 유사한 교수적 수준에 있지 않을 때, 모든 학생에게 동일한 구두 읽기 유창성 CBM 검사지와 단어선택 CBM 검사지를 사용해야 할까요?

    모든 학생들은 해당 학년의 수준에 맞게 선별/벤치마킹을 실시해야 합니다. 그러나 학생들이 개별적인 교수적 수준에서 교육을 받고 있다면 학생들의 진전도는 교수적 수준에 근거하여 점검되어야 합니다. 이러한 문제를 해결하는 최선의 방법은 학생들에게 해당 학년에 적합한 지문과 교수적 수준에 적합한 지문을 모두 제공하는 것입니다. 이러한 방법을 사용함으로써 제공된 교수전략에 얼마나 잘 반응하는지와 학생들의 능력을 해당 학년의 수준으로 변환하여 비교할 수 있는 장점이 있습니다.

13. 채점한 검사지는 어떻게 해야 하나요?

    한 해 동안 학생의 진전도를 확인하기 위해서 데이터들을 그래프로 표시해야 하며, 이와 함께 포트폴리오로 저장해 둘 수 있습니다.

14. 구두 읽기 유창성 CBM과 단어선택 CBM의 검사지가 20개밖에 없을 경우 35주 동안 진전도를 관찰해야 한다면 어떻게 해야 하나요? 이미 사용한 검사지를 다시 사용해도 괜찮은가요?

    네. 20개의 검사지를 모두 사용했다면 다시 사용할 수 있습니다. 학생은 20주 전에 보았던 특정한 문항을 기억하지 못할 것입니다. 하지만 검사지를 다시 사용해야 할 경우 검사지를 숙제나 추가 연습용으로 사용하지 말아야 합니다.

● 추가 정보 및 읽기자료

Bean, R. M., & Lane, S. (1990). Implementing curriculum-based measures of reading in an adult literacy program. *Remedial and Special Education, 11*(5), 39-46.

Bradley-Klug, K. L., Shapiro, E. S., Lutz, J., & DuPaul, G. J. (1998). Evaluation of oral reading rate as a curriculum-based measure within a literature-based curriculum. *Journal of School Psychology, 36*, 183-197.

Fuchs, L. S., Fuchs, D., Hosp, M. K., & Hamlett, C. L. (2003). The potential for diagnostic analysis with curriculum-based measurement. *Assessment for Effective Intervention, 28*(3/4), 13-22.

Hintze, J. M., Daly, E. J., & Shapiro, E. S. (1998). An investigation of the effects of passage difficulty level on outcomes of oral reading fluency progress monitoring. *School Psychology Review, 27*, 433-445.

Scott, V. G., & Weishaar, M. K. (2003). Curriculum-based measurement for reading progress. *Intervention in School and Clinic, 38*, 153-159.

Shinn, M. R., & Shinn, M. M. (2002). *AIMSweb training workbook: Administration and scoring of reading curriculum-based measurement (R-CBM) for use in general outcome measurement.* Eden Prairie, MN: Edformation.

4 초기 읽기 CBM

초기 읽기 CBM을 사용하는 이유

유치원이나 초등학교 1학년 시기에 특정한 초기 읽기 기술(예, 철자 소리 구별하기, 기본 단어 읽기)을 습득한 학생들은 성공적인 독자가 될 가능성이 높다. 반면, 초기 읽기 기술을 유치원이나 초등학교 1학년 때까지 습득하지 못한 학생들은 또래에 비해 읽기 능력이 점점 뒤떨어질 위험이 크고 좋은 독자가 되지 못할 가능성이 높다. 조기 읽기 교수 연구에 의하면 읽기 교수를 일찍 시작할수록 학생들이 숙달된 독자가 될 가능성이 훨씬 높아진다고 한다. 학생들이 초등학교 2학년이나 3학년이 될 때까지 마냥 기다린다면 읽기 위험군으로 분류되는 학생의 수가 많아져서, 교사가 받는 부담이 커져 해당 학생들의 읽기 기술 향상을 원활하게 돕기가 어려워진다. 한 가지 고무적인 사실은 이토록 중요한 초기 읽기 기술을 가르칠 수 있으며, 학생들의 읽기 진전도 발달 패턴을 변화시킬 수 있다는 것이다.

교사들은 초기 읽기 CBM을 사용하여 읽기 위험군에 속하는 학생들을 조기에 판별한 후 바로 교수전략을 제공하고 진전도 모니터링을 실시할 수 있다. 읽기 CBM과 마찬가지로, 초기 읽기 CBM의 검사도구는 현재 제공되고 있는 교수전략에서 충분한 진전도를 보이지 않는 학생들을 판별하여 그 학생에게 맞게 적절한 교수적 수정을 할 수 있도록 한다. 이처럼 교사들이 적절한 시기에 개개의 학생에 대한 교수적 결정을 내릴 수 있는 것은 CBM이 개개인의 학생에 대한 정보를 제공하기 때문이다. 초기 읽기 CBM은 학생이 유창하고 정확하게 읽도록 요구함으로써 높은 수준의 읽기 기술 습득을 나타내는 지표인 자동성(automaticity)의 숙달 정도를 결정할 수 있게 한다.

초기 읽기 CBM은 철자와 소리 협응 유창성(letter sound fluency: LSF)과 단어 구별 유창성(word identification fluency: WIF) 영역으로 구성되어 있다. DIBELS로 평가할 수 있는 초기 읽기와 관련된 다른 영역에는 초성과 음소발음 유창성(initial sound fluency: ISF), 음소분절 유창성(phoneme segmentation fluency: PSF), 철자 명명 유창성(letter naming fluency: LNF), 무의미 단어 유창성(nonsense word fluency: NWF)이 이에 포함된다. 이러한 영역들의 측정은 학생의 음소인식(phonemic awareness) 기술을 알아보고 싶을 경우 고려해 볼 필요가 있다. 이번 장에서는 DIBLES에 포함된 초기 읽기 기술들을 간략히 소개하고 DIBLES 검사도구에 사용되는 검사 실시 및 채점 절차에 대한 정보를 무료로 다운로드 받을 수 있는 온라인 웹주소를 소개하고자 한다. DIBELS에는 포함되어 있지 않은 LSF와 WIF에 대해서도 기술되어 있다. 이전 장에서 다루었던 읽기 영역과 마찬가지로 DIBELS 검사를 포함한 검사 영역들은 서로 다른 점수를 산출한다. 각 점수는 정해진 시간 내에 바르게 읽은 철자/단어의 수를 기반으로 산출되며, 각 영역에 해당하는 학생의 정확도와 유창성을 반영하게 된다.

일단 측정할 CBM 기술을 선택한 후에는 검사에 필요한 데이터를 수집해야 한다. 이번 장에서는 DIBELS에 포함되어 있는 각 평가 영역을 간략하게 소개하고, LSF CBM과 WIF CBM에 필요한 데이터와 검사 실시 및 채점 규정을 자세히 기술하였다.

DIBELS 검사 개관

초성과 음소발음 유창성과 음소분절 유창성

초성과 음소발음 유창성(ISF)과 음소분절 유창성(PSF)은 음운인식을 측정하기 위해 고안된

DIBELS 검사도구다. 초성과 음소발음 유창성 검사는 학생들이 단어의 초성/초기 음소를 구별하여 소리를 내도록 요구한다. 음소분절 유창성 검사는 학생들이 단어 내에 있는 모든 소리와 음소(초성, 중성, 종성)의 소리를 내도록 요구한다.

초성과 음소발음 유창성(ISF)

4개의 그림이 있는 검사지를 학생에게 나누어 준다. 교사가 검사지에 있는 각각의 그림을 명명한 후 학생에게 교사가 이미 구두로 말한 단어에 있는 초성을 인식하고 소리 내어 읽기를 요구한다. 예를 들어, 4개의 그림이 boat, fork, dog, ladder일 경우, "/d/ 소리로 시작되는 그림은 무엇인가요?"라고 묻는다. 학생이 dog 그림을 가리키거나 dog라고 말했을 경우에만 정답으로 인정한다. 총 16개의 문항에 답하는 데 소요된 시간을 측정하여(초 단위) 학생이 바르게 구별하여 소리 낸 초기 음소 수의 정확도와 유창성 점수를 산출한다.

음소분절 유창성(PSF)

교사가 2, 3, 4, 5개의 음소로 구성되어 있는 단어의 목록을 구두로 읽은 후(예, as, hat, stop, points), 학생에게 단어 안에 있는 모든 철자의 소리를 내도록 질문한다. 예를 들어, "cat에 있는 철자의 소리를 말해 보세요."라고 묻는다. 학생이 /k/ /a/ /t/ 라고 답했을 경우 바르게 소리 낸 1개의 음소당 1점씩 계산하여 3점을 준다. 교사가 단어 목록을 읽고 학생이 바른 음소의 소리를 내는 과정을 1분 동안 측정하여 바르게 소리 낸 개별 음소의 개수에 대한 정확성과 유창성 점수를 산출한다.

무의미 단어 유창성(NWF)

NWF는 해독 기술(decoding skills)을 평가하기 위해 고안된 DIBELS 검사도구다. NWF는 학생들이 소리/음소를 문자/문자소에 바르게 대응하는 정도를 나타내는 지표로 사용된다. NWF 기술은 학생들이 단모음 소리와 자음을 읽는 기본 해독 기술을 얼마나 잘 사용하는지 명확하게 이해할 수 있도록 돕는다.

2개 혹은 3개의 철자로 구성된 50문항의 무의미 단어 목록이 있는 검사지를 학생에게 나누어 준 후, "각각의 철자를 손가락으로 가리키고 철자에 해당하는 소리를 내거나 전체 단어를 읽어 보세요." 하고 말한다. 무의미 단어의 예로는 tif, ot, sup, kef가 있다. 학생들은 각각의 철자 소리를 바르게 내거나(예, /t/ /i/ /f/) 전체 단어를 바르게 읽은 경우에만(예, tif) 점수를 받을 수 있다. 두 경우 모두 3개의 문자 소리를 올바르게 읽은 것으로 간주한다. 철자 소리 및 단어 읽기는 1분 동안 측정하며 올바르게 발음한 철자 소리의 수에 대한 정확도와 유창성을 산출한다.

철자 명명 유창성(LNF)

LNF는 음운인식이나 해독 기술을 평가하는 것이 아니라 읽기 위험 지표(risk indicator)로 사용된다. LNF는 철자를 사용하지 않고 학생에게 색깔, 숫자, 물건을 빠르게 명명하도록 요구하는 빠르게 명명하기 과제(rapid naming task)와 유사하다.

임의 순서로 배열된 대문자, 소문자가 있는 검사지를 학생에게 나누어 준 후, "각각의 철자를 손가락으로 가리키고 그 철자의 이름을 말해 보세요."라고 한다. 학생들의 철자 읽기를 1분 동안 측정하여 바르게 읽은 철자 이름의 수에 대한 정확도와 유창성 점수를 산출한다.

LNF는 읽기 위험 지표로 사용할 수 있지만 LSF CBM 과제를 읽기 위험 지표로 사용하는 것이 더욱 효율적이다. 왜냐하면 학생들이 글을 읽기 위해서는 철자를 명명할 수도 있어야 하지만 철자와 소리를 아는 것이 해독과 읽기에 더 연관이 있는 기술이기 때문이다. 이러한 이유로 교사들에게 다음에 자세하게 소개될 LSF CBM을 사용할 것을 권장한다.

철자와 소리 협응 유창성 CBM

철자와 소리 협응 유창성(LSF) CBM을 사용하기 위해 필요한 준비물

1. 난이도가 동등하지만 서로 다른 읽기 검사지(학생용, 교사용)
2. LSF CBM을 실시하고 채점하기 위한 지침서
3. 연필과 클립보드
4. 시간을 측정하기 위한 시계

5. 시험을 보기 위한 매우 조용한 검사환경

6. 수집된 데이터를 나타내기 위한 일정한 간격의 그래프나 프로그램

LSF CBM 읽기 검사지

LSF 읽기 검사지는 서로 다른 문항으로 구성하거나 서로 다른 순서로 문항을 배열해야 하며 한 장에 적어도 26개의 철자를 포함시켜야 한다. LSF CBM 자료수집을 위해 특별히 개발된 일반 검사지(generic sheets)를 구입하거나 구하는 것이 가장 좋다. 〈Box 4-1〉에 이러한 검사지를 구입할 수 있는 곳이 소개되어 있다.

Box 4-1

이미 개발된 초기 읽기 CBM 검사지를 얻을 수 있는 곳

$ 표식은 검사지의 가격을 나타냄

🖥 표식은 컴퓨터로 검사의 실시가 가능함을 나타냄

✎ 표식은 데이터를 관리하고 그래프로 나타낼 수 있는 기능이 가능함을 나타냄

AIMSweb(Pearson) $ ✎

웹주소: www.aimsweb.com

전화번호: 866-323-6194

주소: Harcourt Assessment, Inc.

AIMSweb Customer Service

P.O. Box 599700

San Antonio, TX 78259

검사 종류: • LSF CBM(진전도 모니터링 검사지 30개, 벤치마킹 검사지 3개), 영어와 스페인어판

Edcheckup $ ✎

웹주소: www.edcheckup.com

전화번호: 952-229-1441

주소: Edcheckup

7701 York Avenue South, Suite 250

Edina, MN 55435

검사 종류: • LSF CBM(23개의 검사지)

• WIF CBM(23개의 검사지)

Intervention Central ✍

웹주소: www.interventioncentral.org

검사 종류: • WIF CBM(유치원~초등학교 3학년 영어, 초등학교 1~2학년 스페인어 목록
1개씩)

Project AIM(Alternative Identification Models)

웹주소: www.glue.umd.edu/%7Edlspeece/cbmreading/index.html

검사 종류: • LSF CBM(12개의 검사지)

Vanderbilt University $(복사, 우편 배송만 가능)

전화번호: 615-343-4782

주소: Lynn Fuchs

Peabody #328

230 Appleton Place

Nashville, TN 37203-5721

검사 종류: • LSF CBM(10개의 검사지)

• WIF CBM(10개의 목록)

처음 LSF CBM을 실시할 경우, 검사 시행의 목적(선별/벤치마킹 혹은 진전도 모니터링)에 상관 없이 동등한 난이도로 구성된 3개의 검사지를 사용해야 한다. 한 번 검사를 실시하는 동안 3개의 검사지를 실시해야 하지만 필요하다면 여러 날에 걸쳐 이어서 실시할 수도 있다. 검사 준비 시간을 절약하고 좀 더 정확한 점수를 얻기 위해서는 LSF CBM을 한 검사 회기에서 시행할 것을 권한다. 3개의 검사지를 실시한 결과 산출된 점수 중 중앙값을 첫 데이터로 사용하여 학생의 그래프에 나타낸다. 이후에 내용은 다르지만 동등한 난이도의 문항으로 구성된 20~30개의 읽기 검사지를 1년 동안 학생의 읽기 진전도 모니터링에 사용한다.

LSF CBM은 개별적으로 실시해야만 한다. 학생용 및 교사용 LSF CBM 검사지(각각 1장), 초시계, 필기도구, 검사 지침서가 필요하다. 각 유형의 검사지의 예는 [그림 4-1]과 [그림 4-2]에 나와 있다.

t	d	n	r	p	c	z	v	w	k
m	b	t	f	v	z	i	c	d	p
v	y	e	l	b	j	s	t	f	a
c	n	f	r	m	b	t	h	z	s
j	k	p	s	f	h	i	r	o	m
s	z	p	i	j	r	e	d	g	o
j	g	a	t	s	h	c	r	k	l
j	u	k	y	a	s	z	e	i	v
m	s	d	g	f	l	b	v	j	c
t	e	m	l	w	j	y	z	f	v

[그림 4-1] **학생용 LSF CBM 검사지의 예**

주) AIMSweb (2003)에서 발췌. 저작권은 Edformation, Inc.에 있으며 허가하에 발췌함

학생 이름: _____ 검사자 이름: _____ 날짜: _____

t	d	n	r	p	c	z	v	w	k	/10 (10)
m	b	t	f	v	z	i	c	d	p	/10 (20)
v	y	e	l	b	j	s	t	f	a	/10 (30)
c	n	f	r	m	b	t	h	z	s	/10 (40)
j	k	p	s	f	h	i	r	o	m	/10 (50)
s	z	p	i	j	r	e	d	g	o	/10 (60)
j	g	a	t	s	h	c	r	k	l	/10 (70)
j	u	k	y	a	s	z	e	i	v	/10 (80)
m	s	d	g	f	l	b	v	j	c	/10 (90)
t	e	m	l	w	j	y	z	f	v	/10 (100)
										/

[그림 4-2] 교사용 LSF CBM 검사지의 예

주) AIMSweb (2003)에서 발췌. 저작권은 Edformation, Inc.에 있으며 허가하에 발췌함

LSF CBM의 실시 및 채점방법

편의를 위해 부록 B에 LSF CBM의 검사 실시 및 채점방법을 복사할 수 있는 데이터가 첨부되어 있다.

LSF CBM 실시방법 [1]

1. 학생용 검사지를 학생 앞에 놓아둔다.
2. 교사용 검사지를 클립보드에 끼운 후 학생이 볼 수 없도록 놓아둔다.
3. 다음과 같이 말한다. "(학생용 검사지를 가리키며) 여기 몇 개의 철자들이 있습니다. (첫 번

---

[1] AIMSweb (shinn & shinn, 2002a)에서 발췌 및 수정

째 철자를 가리키며) 이 철자에서 시작해서 할 수 있는 한 많은 철자의 소리를 말해 주세요. 모르는 철자가 있을 경우 선생님이 알려 줄게요. 질문 있나요? 자, 손가락을 첫 번째 철자 밑에 두세요. 준비되었나요? 시작하세요." (초시계로 1분 동안 측정한다.)

4. 학생이 읽는 동안 교사용 검사지를 보면서 부정확하게 읽는 철자에 '/' 표시를 한다.

5. 1분이 다 되었을 때 "수고했습니다."라고 이야기하고 가장 마지막으로 낸 소리 뒤에 꺾쇠 ( ])로 표시한다.

LSF CBM의 채점방법

1. 1분 동안 읽은 철자 소리의 총 개수를 센다.

2. 부정확하게 읽은 철자 소리의 총 개수를 센다.

3. 정확하게 읽은 철자 소리(letter sounds correct: LSC) 점수를 산출하기 위해 1분 동안 읽은 철자 소리의 총 개수에서 부정확하게 읽은 철자 소리의 총 개수를 뺀다.

〈정확하게 읽은 철자 소리로 채점되는 경우〉

학생은 철자의 가장 일반적인 소리로 철자 소리를 정확하게 발음해야 한다.

• 모음 소리: 단모음(장모음이 아닌) 소리는 바르게 발음했다고 간주한다. 가장 일반적인 소리의 발음에 대한 지침은 〈표 4-1〉에 나와 있다.

  예: a, e, i, o, u

  −/a/ (like apple), /e/ (like echo), /i/ (like itch), /o/ (like octopus), /u/ (like up)라고 읽은 경우,

  채점: 정확하게 읽은 각각의 철자 소리마다 LSC 1점씩 계산(LSC: 5점)

• 자기 교정(self-correction): 처음에는 소리를 잘못 발음했다가 3초 이내에 정확하게 발음한 경우 정확하게 발음한 것으로 채점하고 해당하는 철자 위에 sc를 적는다.

  예: a

  −ape에서 장모음 /a/ 로 발음하고 2초 후 apple에 있는 단모음 /a/로 발음한 경우,

  채점: $\overset{sc}{a}$(LSC: 1점)

표 4-1　가장 일반적인 소리 발음

철자	예
a	apple
e	echo
i	itch
o	octopus
u	up
b	big
c	cat
d	dad
f	fat
g	go
h	hat
j	jump
k	kit
l	lip
m	mat
n	not
p	pat
q	quick
r	rat
s	sit
t	top
v	van
w	will
x	ox
y	yell
z	zip

• 방언/조음: 방언규준이나 발화의 차이로 다르게 발음하는 경우 정확하게 발음한 것으로 간주한다.

예: s

－조음 문제로 인해 /s/를 /th/로 발음한 경우,

채점: LSC 1점

- 모음이나 중성모음 소리(schwa sound) 추가: 'uh' 소리를 더해서 소리 내는 경우 정확하게 발음한 것으로 간주한다.

  예: b, t, m

  −/buh/ /tuh/ /muh/로 읽은 경우,

  채점: LSC 각각 1점씩(LSC 총점: 3점)

〈부정확하게 읽은 철자 소리로 채점되는 경우(모든 오류는 '/ ' 표시를 한다)〉

- 잘못된 발음/철자 소리 대치: 철자 소리를 부정확하게 발음하거나 다른 철자 소리로 대치하는 경우 오류로 간주한다.

  예: p

  −/b/로 읽은 경우,

  채점: p̸(LSC: 0점)

- 생략: 각각의 철자 소리를 생략한 경우 오류로 간주한다.

  예: t, d, n, r, p, c, i, l

  −/t/ /d/ /n/ /p/ /c/ /i/ /l/ 로 읽은 경우,

  채점: t, d, n, r, p, c, i, l(LSC: 7점)

- 주저함: 학생이 3초 이내에 철자 소리를 정확하게 발음하지 못하고 머뭇거리는 경우, 학생에게 철자 소리를 알려 주고 오류로 채점한다.

  예: t, d, n, r, p, c, i, l

  −/t/ /d/ /n/ /r/ /p/ /c/ (3초 동안 i에서 주저함). "/i/"라고 말해 준 후 다음 철자를 가리키며, "어떤 소리인가요?" "/l/"

  채점: t, d, n, r, p, c, i̸, l(LSC: 7점)

- 순서를 바꿔서 읽음: 학생이 2개 이상의 소리를 바꾸어 발음하는 경우, 바른 순서로 읽지 않은 소리들은 오류로 채점한다.

  예: t, d, n, r, c, p, i, l

  −/t/ /d/ /n/ /c/ /r/ /p/ /i/ /l/ 로 읽은 경우,

  채점: t, d, n, r̸, c̸, p, i, l(LSC: 6점)

〈LSF CBM 검사 실시 및 채점 시 고려사항〉

1. 학생이 철자 소리 대신 철자의 이름을 명명한 경우, "철자의 이름 대신 철자의 소리를 말해 주세요."라고 말한다. 한 번만 이야기해 준다.

2. 학생이 오류를 범한 경우, 오류를 교정해 주지 않는다. 학생이 3초 동안 머뭇거리는 경우에만 바른 철자 소리를 알려 준다.

3. 학생이 전체 행을 건너뛰고 읽은 경우, 선을 그어 전체 행을 지우고 학생이 읽기를 시도하거나 오류를 범한 철자 소리로 계산하지 않는다.

4. 대문자 I 와 L의 소문자는 모양이 비슷하므로 /i/로 소리내거나 /l/로 소리내는 경우 모두 바르게 읽은 철자 소리로 간주한다.

5. 첫 번째 행에서 바르게 읽은 철자 소리가 하나도 없을 경우 측정을 중단한다.

6. 학생이 1분 이내에 LSF CBM 검사를 끝낸 경우, 검사를 마치는 데 걸린 시간(초)을 기록하고 점수를 비례 산출한다. 비례 산출을 위한 공식은 다음과 같다.

$$\frac{\text{바르게 읽은 소리 총 개수}}{\text{읽는 데 걸린 시간(초)}} \times 60 = 1\text{분 내에 바르게 읽은 철자 소리의 수}$$

예: 학생이 50초 내에 20개의 철자 소리를 바르게 읽은 경우,

$$\frac{20}{50} \times 60 = 0.40 \times 60 = 24$$

학생에게 추가로 더 많은 철자를 제공하고 1분 동안 측정했다면, 학생이 1분 동안 대략 24개의 철자 소리를 바르게 읽을 것으로 추정할 수 있다.

단어 구별 유창성 CBM

단어 구별 유창성(WIF) CBM 검사를 실시하기 위해 필요한 준비물

1. 난이도는 동등하지만 내용이 다른 읽기 검사지들(학생용, 교사용)
2. WIF CBM 검사를 실시하고 채점하기 위한 지침서
3. 연필과 클립보드
4. 시간을 측정하기 위한 시계
5. 시험을 보기 위한 매우 조용한 검사환경
6. 수집된 데이터를 나타내기 위한 일정한 간격의 그래프나 프로그램

WIF CBM 읽기 목록

WIF CBM 읽기 목록은 서로 다른 문항이지만 (혹은 문항 배열 순서가 다르거나) 난이도가 동등한 문항(예, 동일한 학년 수준)으로 구성해야 하며 적어도 50개의 단어를 포함해야 한다. 읽기 기술은 학생이 학년 말까지 습득해야 하는 기술을 표본으로 선택한다. WIF CBM 데이터를 모으기 위해 특별히 개발된 일반적인 검사지를 구입하는 것이 가장 좋다. 이미 개발된 검사지를 구입할 수 있는 곳은 〈Box 4-1〉에 제시되어 있다.

처음 WIF CBM 검사를 실시할 경우, 검사의 목적(선별/벤치마킹이나 진전도 모니터링)에 상관없이 동등한 난이도로 구성되어 있는 3개의 검사지를 사용한다. 3개의 검사지를 한 번의 검사 회기에서 실시해야 하지만 필요하다면 여러 날에 걸쳐 이어서 실시할 수도 있다. 검사를 준비하는 시간을 줄이고 좀 더 정확한 점수를 측정하기 위해 한 회기 동안 실시할 것을 권장한다. 3개의 검사지에서 산출된 점수 중 중앙값을 CBM 그래프의 첫 번째 데이터로 사용한다. 이후에 서로 다르지만 동등한 수준의 문항으로 구성된 20~30개의 읽기 목록을 1년에 걸쳐 학생의 읽기 진전도 모니터링을 하는 데 사용한다.

WIF CBM은 개별적으로 실시해야 한다. 검사를 실시하기 위해서는 학생용 및 교사용 WIF CBM 검사지(각각 1장), 초시계, 필기도구, 검사 지침서가 필요하다. 각 유형의 검사지에 해당

하는 예시는 [그림 4-3]과 [그림 4-4]에 나와 있다.

WIF CBM의 실시 및 채점방법

편의를 위해 부록 B에 WIF CBM의 검사 실시 및 채점방법을 복사할 수 있는 데이터가 첨부되어 있다.

WIF CBM 실시방법 [2]

1. 학생용 검사지를 학생 앞에 놓아둔다.
2. 교사용 검사지를 클립보드에 끼운 후 학생이 볼 수 없는 곳에 놓아둔다.
3. 다음과 같이 말한다. "'시작 하세요.' 라고 말하면 여기에 나열되어 있는 단어들을 가능한 한 빠르고 정확하게 읽어 주세요. (첫 단어를 가리키며) 이 단어부터 읽기 시작해서 (첫 번째 행에 나온 단어 목록을 손가락으로 가리키며) 이 페이지에 있는 단어들을 처음부터 끝까지 읽

이름: _____ 날짜: _____

반: _____ 정답 수: _____

시도한 전체 문항 수:_____

tell	first	wirte	before
don't	these	work	call
your	because	both	wash
sit	does	very	been
best	their	found	cold
its	those	goes	sing
green	many	right	or
wish	off	sleep	which

[그림 4-3] 학생용 WIF CBM 검사 목록의 예

주) Intervention Central (2006)에서 발췌

---

[2] Fuchs & Fuchs (2004)에서 발췌 및 수정

어 주세요. 모르는 단어가 나오면 건너뛰고 다음 단어를 읽으면 됩니다. '그만하세요.'라

고 이야기할 때까지 계속 읽으세요. 질문 있습니까? (초시계를 1분 동안 맞춘 후) 시작하세

요."

4. 학생이 읽는 동안 교사용 검사지를 보면서 부정확하게 읽는 단어에 ' / ' 표시를 한다.

5. 1분이 다 되었을 때 "그만하세요."라고 말하고 마지막으로 읽은 단어 뒤에 꺾쇠( ]) 로 표

시한다.

CBA(Curriculum-Based Assessment) 목록: 검사자용 검사지
32개 문항의 정답을 포함함
• 학년 단어(Dolch Words): 2학년

이름: _____   날짜: _____

반: _____   정답 수: _____

시도한 전체 문항 수:_____

문항1 tell	문항2 first	문항3 write	문항4 before	4/4
문항5 don't	문항6 these	문항7 work	문항8 call	4/8
문항9 your	문항10 because	문항11 both	문항12 wash	4/12
문항13 sit	문항14 does	문항15 very	문항16 been	4/16
문항17 best	문항18 their	문항19 found	문항20 cold	4/20
문항21 its	문항22 those	문항23 goes	문항24 sing	4/24
문항25 green	문항26 many	문항27 right	문항28 or	4/28
문항29 wish	문항30 off	문항31 sleep	문항32 which	4/32

[그림 4-4] 교사용 WIF CBM 검사 목록의 예

주) Intervention Central (2006)에서 발췌

WIF CBM의 채점방법

1. 1분 동안 읽은 단어의 총 개수를 센다.

2. 부정확하게 읽은 단어의 총 개수를 센다.

3. 정확하게 읽은 단어(WIC) 점수를 산출하기 위해 1분 동안 읽은 전체 단어의 수에서 부정확하게 읽은 단어의 수를 뺀다.

〈정확하게 읽은 단어로 채점하는 경우〉

• 단어를 정확하게 발음한 경우에만 점수를 준다.

　예: made

　-/made/를 장모음 /a/로 읽은 경우,

　채점: WIC 1점

• 자기 교정: 처음에 단어를 잘못 발음했다가 3초 이내에 바르게 읽은 경우 정확하게 읽은 단어로 간주한다.

　예: where

　-/were/라고 발음한 후 (2초) 후에 /where/라고 읽은 경우,

　채점: WIC 1점

• 방언/조음: 방언 규준이나 발화의 차이로 다르게 발음하는 경우 바르게 읽은 것으로 간주한다.

　예: either

　-/either/를 장모음 /i/나 장모음 /e/로 읽은 경우,

　채점: WIC 1점

〈부정확하게 읽은 단어(오류)로 채점하는 경우〉

• 잘못된 발음/단어 대치: 단어를 잘못 읽거나 다른 단어로 대치한 경우 오류로 간주한다.

　예: mother

　-/mom/으로 읽은 경우,

　채점: ~~mother~~ (WIC: 0점)

- 생략: 각 단어를 생략하고 읽은 경우 오류로 간주한다.

  예: and, as, at, one, said, into, could

  −/and/ /as/ /one/ /said/ /into/ /could/로 읽은 경우,

  채점: and, as, ~~at~~, one, said, into, could(WIC: 6점)

- 단어 읽기를 시도하지 않고 주저함: 학생이 2초 동안 머뭇거리며 읽지 않을 경우 다음 단어를 가리키며 "이 단어를 읽어 보세요."라고 말한다.

  예: and, as, at, one, said, into, could

  −/and/ /as/ /at/까지 읽은 후 학생이 one에서 2초 동안 머뭇거리면, said를 가리키며 "이 단어를 읽어보세요."라고 말한다. 학생이 /said/ /into/ /could/라고 읽은 경우,

  채점: and, as, at, ~~one~~, said, into, could(WIC: 6점)

- 단어를 소리 내어 읽을 때 주저함: 단어를 5초 동안 소리 내어 읽을 때, 다음 단어를 가리키며 "이 단어를 읽어 보세요."라고 말한다.

  예: and, as, at, one, said, into, could

  −/and/ /as/ /at/을 읽은 후 one을 /ooooonnnnn/하며 5초 동안 머뭇거리면, said를 가리키며 "이 단어를 읽어 보세요."라고 말한다. 이후에 학생이 /said/ /into/ /could/라고 읽은 경우,

  채점: and, as, at, ~~one~~, said into, could(WIC: 6점)

- 순서를 바꿔서 읽음: 학생이 2개 이상의 단어를 바꾸어 발음하는 경우, 바른 순서로 읽지 않은 단어들은 오류로 간주한다.

  예: and, as, at, one, said, into, could

  −/and/ /as/ /at/ /one/ /into/ /said/ /could/로 읽은 경우,

  채점: and, as, at, one, ~~said~~, ~~into~~, could(WIC: 5점)

〈WIF CBM 검사 실시 및 채점 시 고려 사항〉

1. 학생이 오류를 범하는 경우 교정해 주지 않는다.

2. 학생이 단어를 읽지 않고 넘어가는 경우 오류로 간주한다.

3. 학생이 1분 이내에 검사지에 나와 있는 모든 단어를 읽은 경우 검사를 마치는 데 걸린 시

간(초)을 기록하고 점수를 비례 산출한다. 비례 산출을 위한 공식은 다음과 같다.

$$\frac{\text{바르게 읽은 단어 총 개수}}{\text{읽는 데 걸린 시간(초)}} \times 60 = \text{1분 내에 바르게 읽은 단어의 수}$$

예: 학생이 50초 내에 35개의 단어를 바르게 읽은 경우,

$$\frac{35}{50} \times 60 = 0.70 \times 60 = 42$$

학생에게 더 많은 단어를 제공하고 1분 동안 측정했다면, 1분 내에 대략 42개의 단어를 바르게 읽을 것으로 추정할 수 있다.

LSF CBM과 WIF CBM은 얼마나 자주 측정되어야 하는가

3장에서는 선별/벤치마킹, 진전도 모니터링, 현행 수준 조사 평가와 같은 서로 다른 목적을 위해 CBM을 실시하는 시기와 빈도에 대해 알아보았다. LSF CBM과 WIF CBM의 경우 교수적 수준을 알아보기 위한 현행 수준 조사 평가가 아직 개발되지 않았기 때문에 선별/벤치마킹과 진전도 모니터링을 위한 목적으로 이용하는 경우 LSF CBM과 WIF CBM을 얼마나 자주 실시해야 하는지 알아보고자 한다. 다른 목적을 위해 CBM을 실시하는 경우 실시 시기와 측정 빈도에 대한 심도 있는 논의는 3장에 나와 있다.

- 선별/벤치마킹 = 같은 학급이나 학년에 있는 모든 학생을 대상으로 1/4학기에 한 번(1년에 3~4회) 실시한다. 일반적으로 가을, 겨울, 봄학기에 한 번씩 실시한다.
- 진전도 = 선별/벤치마킹 평가 결과를 토대로 같은 반에 있는 하위 25%의 학생들에게 적어도 일주일에 한 번 CBM을 실시한다(일주일에 두 번 실시하는 것이 더 좋다). 규준이나 기준점(benchmarks) 준거에 근거하여 학습 위험군으로 분류될 수 있는 모든 학생을 대상으로 실시한다.

• 한 달에 한 번 모든 학생을 대상으로 시행되는 진전도 평가 결과는 학급에서 시행되는 교수전략의 효율성 정도에 대한 정보를 제공해 줄 수 있다.

초기 읽기 CBM을 실시하고 채점하는 데 얼마나 많은 시간이 소요되는가

학생 개개인에 대한 LSF CBM과 WIF CBM을 채점하는 데 걸리는 시간은 동일하다. 학생이 검사자 앞에 앉으면 학생에게 지침을 주어 1분 동안 읽게 하고 총 2~3분 동안 검사지를 채점한다. 선별/벤치마킹을 위해 3개의 검사지를 한 번에 실시할 경우 총 5~6분 정도 소요된다. 3장에서 언급한 바와 같이 검사자가 어디에 있느냐에 따라 (학생이 있는 교실에 있는 경우나 아래층 복도에 있는 경우) 학생이 검사자가 있는 곳으로 이동하는 데 소요되는 시간이 다를 수 있다. 따라서 학생이 검사자에게 오는 것보다 검사자가 학생을 찾아가는 것이 시간을 줄일 수 있는 방법 중 하나다. 시간을 절약하기 위해 검사에 필요한 모든 검사지를 출력하고 학생의 이름을 라벨지에 출력하여 검사지에 붙인 후 실시할 수도 있다.

LSF CBM과 WIF CBM에서 기대되는 성장률 규준

초기 읽기 CBM의 숙련도 수준 및 기준점

구두 읽기 유창성 CBM과 단어선택 CBM과 달리 LSF CBM과 WIF CBM에서는 현실적인 성장률(realistic growth rate)과 도전적인 성장률(ambitious growth rate)에 대해 시행된 연구가 없고, 기준점 연구만 시행되었다. 3장에서 언급한 바와 같이 성장률에 대한 정보는 학생의 이후 성취도를 예측하는 데 유용하다. 성장률에 대한 정보는 교사들이 충분한 진전도를 보이고 있는 학생과 추가적인 도움을 필요로 하는 학생을 판별하는 데 있어서 도움을 준다. 기준점은 이후에 학생이 학습 위험군에 속하게 되지 않을 최저 점수를 나타낸다. 〈표 4-2〉에 기준점 정보를 제공하고 있다.

초기 읽기 CBM의 규준

기준점 이외에도 LSF CBM을 위한 규준도 있다. 규준은 한 학생의 점수를 같은 학년에 있거나 교수적 수준이 같은 또래의 성취도와 비교하는 하나의 방법이다. 기준점과 규준은 한 학생에게서 어느 정도의 성장률을 기대할 수 있는지를 결정하는 데 사용되기도 한다. 〈표 4-3〉에서는 유치원생과 초등학교 1학년 학생에게 해당되는 LSF CBM 규준에 대한 정보를 제공하고 있다. 현재 WIF CBM에 대한 규준은 나와 있지 않다.

표 4-2 LSF CBM과 WIF CBM의 기준점

학년	영역	기준점
유치원	LSF CBM	1분당 바르게 읽은 철자 소리 협응의 수 40개
초등학교 1학년	WIF CBM	1분당 바르게 읽은 단어 수 50개

주) Fuchs & Fuchs (2004) 참조

표 4-3 LSF CBM의 규준: 바르게 읽은 철자 소리의 수(Letter Sounds Correct: LSC)

학년	퍼센타일	AIMSweb (2008)[a]		
		가을(LSC)	겨울(LSC)	봄(LSC)
유치원	90%	21	43	53
	75%	11	32	43
	50%	**3**	**19**	**32**
	25%	0	8	20
	10%	–	2	11
초등학교 1학년	90%	47	59	62
	75%	37	49	52
	50%	**27**	**38**	**41**
	25%	16	27	30
	10%	8	16	20

[a] 3판에서 갱신된 2008년 데이터

초기 읽기 영역의 개별화교육계획 목표 작성을 위한 검사결과 활용 방법

3장에 나온 것과 동일한 형식으로 초기 읽기 CBM 정보를 사용하여 개별화교육계획(IEP) 최종 도달 목표와 세부 도달 목표를 정하고 기술할 수 있는 예시를 제시하고자 한다. 시간, 학습자, 행동(예, 소리를 발음하기, 읽기), 수준(유치원, 초등학교 1학년), 내용(예, 읽기), 데이터(LSF CBM/WIF CBM 진전도 모니터링 검사지), 기준(소요시간과 정확성 개념을 포함하는 각 학업 기술에 대한 규준이나 기준점을 반영)에 대한 기본적인 원칙은 동일하다.

최종 도달 목표의 예시

- LSF CBM 최종 도달 목표(goal)
  - 30주 후에 Lindsay는 LSF CBM 진전도 모니터링 데이터에서 임의로 발췌한 철자로 구성된 유치원생용 읽기 검사지에 있는 철자를 1분 이내에 95% 이상의 정확도로 35개의 철자 소리를 정확하게 읽을 것이다.
- WIF CBM 최종 도달 목표
  - 30주 후에 Tanasha는 WIF CBM 진전도 모니터링 데이터에서 발췌한 고빈도 단어로 구성된 초등학교 1학년용 읽기 목록을 1분 이내에 95% 이상의 정확도로 50개의 단어를 정확하게 읽을 것이다.

세부 도달 목표를 작성할 때에도 동일한 원리를 적용하되 좀 더 짧은 시간을 기준으로 사용한다.

세부 도달 목표의 예시

- LSF CBM 세부 도달 목표(objective)

−10주 후에 Lindsay는 LSF CBM 진전도 모니터링 데이터에서 임의로 발췌한 철자로 구성된 유치원생용 읽기 검사지에 있는 철자를 1분 이내에 95% 이상의 정확도로 15개의 철자 소리를 정확하게 읽을 것이다.

• WIF CBM 세부 도달 목표

−10주 후에 Tanasha는 WIF CBM 진전도 모니터링 데이터에서 발췌한 고빈도 단어로 구성된 초등학교 1학년용 읽기 목록을 1분 이내에 95% 이상의 정확도로 25개의 단어를 정확하게 읽을 것이다.

초기 읽기 CBM에 대해 자주 묻는 질문

1. 시간 측정을 막 시작했는데 학생이 묵음으로 검사지를 읽는다면 어떻게 해야 하나요?

　학생이 읽기를 멈추도록 해야 합니다. 동일한 수준의 난이도로 구성된 다른 검사지를 사용하고, 학생에게 소리 내어 읽어서 검사자가 목소리를 들을 수 있어야 한다는 사실을 다시 한 번 알려 줍니다. 검사 지침서를 다시 읽고 시작합니다.

2. 학생이 충분한 진전도를 보이지 않는다면 최종 도달 목표를 낮추어야 하나요?

　아닙니다. 먼저 학생이 충분한 진전도를 나타내지 못하는 기술이 무엇인지 판별하고 그 기술을 가르친 후에 계속 진전도를 측정해야 합니다. 어떤 기술을 가르쳐야 할지 모른다면 숙달도 검사와 같은 진단적 평가를 실시할 필요가 있습니다.

3. 학생이 생각한 것보다 더 나은 성취도를 보인다면 얼마나 기다렸다가 최종 도달 목표를 높여야 하나요?

　적어도 6~8개의 데이터를 모은 후에 4개의 연속된 데이터가 목표선보다 위에 있다면 최종 도달 목표를 높여야 합니다.

4. 초기 읽기 CBM 검사지를 검사자가 제작해도 되나요? 아니면 구입해야만 하나요?

　검사 준비 시간을 절약하고 사용되는 모든 읽기 검사지를 동등한 난이도 수준으로 유지하기 위해서는 검사지를 구입할 것을 권하지만 읽기 검사지를 검사자가 제작해도 됩니다.

5. 초기 읽기 CBM 검사를 실시하는 방법을 배우는 데 어느 정도의 훈련이 필요한가요?

이전 경험으로 미루어 보아 일반적으로 7~10명의 학생과 함께 연습하면 충분합니다.

6. 검사 지침서의 내용이나 검사지를 채점하는 방법을 바꾸어도 되나요?

아닙니다. 초기 읽기 CBM 검사는 표준화된 절차를 사용하여 연구로 증명된 검사도구입니다. 검사 지침서나 채점방법을 변형하게 되면 검사도구가 바뀌게 되어 신뢰도와 타당도를 알 수 없게 됩니다.

7. 철자의 소리나 단어 목록을 미리 가르쳐도 되나요?

아닙니다. CBM은 학생들이 교수적 도움을 받지 않을 때 어떤 기술을 가지고 있는지 알아보기 위한 검사도구입니다. 철자의 소리나 단어를 가르치는 것은 좋지만 평가를 위해 이러한 기술을 특별히 가르치지 않는 것이 중요합니다.

8. CBM과 DIBELS의 유사점과 차이점은 무엇인가요?

CBM과 DIBELS는 속도와 정확도 개념을 포함하는 동일한 측정 기술을 사용한다는 점이 비슷합니다. DIBELS는 CBM이 개발된 이후에 특별히 제작된 검사도구입니다. DIBELS는 음운인식과 같은 초기 문해 평가(early literacy assessment)를 포함하고 있다는 점에서 CBM 검사와 차별화됩니다.

9. 교수적 집단으로 학생들을 분류할 때 LSF CBM과 WIF CBM의 기준점을 사용해도 되나요?

네. 비슷한 교수적 필요가 있는 학생들이라면 사용해도 좋습니다. 단, 학생들을 6~8주마다 다시 평가하고 집단화하여 교수적 집단을 융통성 있게 운영해야 합니다.

10. 한 반에 있는 모든 학생이 유사한 교수적 수준에 있지 않은 경우, 모든 학생에게 동일한 LSF CBM과 WIF CBM을 사용해야 하나요?

네. LSF CBM과 WIF CBM은 기본적인 읽기 기술을 측정하는 검사도구이기 때문에 모든 유치원 학생들은 LSF CBM 검사지를, 모든 초등학교 1학년 학생들은 WIF CBM 검사지를 사용해야 합니다. 만약 초등학교 1학년 학생에게 WIF CBM 검사지가 적절하지 않다면 LSF CBM 검사지로 진전도를 측정할 수 있습니다. 매주 LSF CBM과 WIF CBM 검사지를 모두 사용하여 학생이 두 가지 기술 영역에서 어떻게 반응하는지 알아보는 것이 가장 좋습니다. 선별/벤치마크를 할 때는 항상 학생의 학년 수준 기술에 맞는 검사지를 사용해야 한다는 것을 잊지 마십시오. 예를 들어, 유치원생에게는 LSF CBM을, 초등학교 1학년 학생에게는 WIF CBM을 실시해야 합니다.

11. 채점한 검사지는 어떻게 해야 하나요?

한 해 동안의 학생의 진전도를 확인하기 위해서 데이터를 그래프로 표시해야 하며, 이와 함께 포트폴리오로 저장해 둘 수 있습니다.

12. LSF CBM과 WIF CBM의 검사지가 각각 20개밖에 없는데 35주 동안 진전도를 관찰해야 한다면 어떻게 해야 하나요? 이미 사용한 검사지를 다시 사용해도 괜찮은가요?

네. 20개의 검사지를 모두 사용했다면 다시 사용할 수 있습니다. 학생은 20주 전에 보았던 특정한 문항을 기억하지 못할 것입니다. 하지만 검사지를 다시 사용해야 할 경우 검사지를 숙제나 추가 연습용으로 사용하지 말아야 합니다.

● 추가 정보 및 읽기자료

Fuchs, L. S., Fuchs, D., & Compton, D. L. (2004). Monitoring early reading development in first grade: Word identification fluency versus nonsense word fluency. *Exceptional Children, 71*, 7-21.

Good, R. H., & Kaminski, R. A. (1996). Assessment for instructional decisions: Toward a proactive/prevention model of decision-making for early literacy skills. *School Psychology Quarterly, 11*, 326-336.

Good, R. H., Simmons, D. C., & Smith, S. B. (1998). Effective academic interventions in the United States: Evaluating and enhancing the acquisition of early reading skills. *School Psychology Review, 27*(1), 45-56.

Kaminski, R. A., & Good, R. H. (1996). Toward a technology for assessing early literacy skills. *School Psychology Review, 25*, 215-227.

Speece, D. L., Mills, C., Ritchey, K. D., & Hillman, E. (2003). Initial evidence that letter fluency tasks are valid indicators of early reading skills. *The Journal of Special Education, 36*, 223-233.

● 초기 읽기에 관한 인터넷 자료

Florida Center for Reading Research

www.fcrr.org/assessment.htm

Intervention Central—CBM Warehouse

      www.interventioncentral.org/htmdocs/interventions/cbmwarehouse.shtml

National Center on Student Progress Monitoring

      www.studentprogress.org

Official DIBELS Homepage

      www.dibels.uoregon.edu

Research Institute on Progress Monitoring

      www.progressmonitoring.org

5 철자 쓰기 CBM

TESSIE ROSE*

철자 쓰기 CBM을 사용하는 이유

철자 쓰기(Spelling)는 쓰기의 중요한 기술이며 학생의 해독(decoding) 능력에 대한 정보를 제공하는 중요한 기술이다. 철자 쓰기 기술을 잘 습득한 학생은 잘 읽을 수 있지만 철자 쓰기에 능숙하지 못한 학생은 잘 읽을 수도 있고, 그렇지 못할 수도 있다. 철자 쓰기 CBM은 학생이 바르게 철자를 쓸 수 있는 단어의 수뿐 아니라 습득한 철자 쓰기 규칙을 새로운 과제에 일반화시킬 수 있는 능력을 평가한다.

철자 쓰기 CBM은 짧은 시간 동안 철자 쓰기 성취도를 민감하게 측정할 수 있는 검사도구다. 주(week) 단위로 실시되던 전통적인 철자 쓰기 검사는 학생의 철자 쓰기 기술과 단어 암기 및 따라쓰기 기술을 구별하지 못하는 한계가 있는데(Loeffler, 2005), 이를 보완하기 위해 철자 쓰기 CBM을 사용할 수 있다. 철자 쓰기 CBM은 교육현장에서 25년 이상 연구 및 실험되었고, 일반 학급의 학생들과(Fuchs et al., 1993) 장애가 있는 학생들을 대상으로 성공적으로 사용되고

---

* Tessie Rose는 현재 네바다−라스베이거스 대학교(University of Nevada-Las Vegas)의 조교수다. 그녀는 유타 대학교 (University of Utha)에서 교육과정과 평가를 강조하는 특수교육 분야의 Ph. D.를 받았다.

있다(Fuchs, Fuchs, & Hamlett, 1989). 다른 CBM과 마찬가지로 철자 쓰기 CBM은 개개인의 학생들을 대상으로 데이터 기반 정보를 제공하여 교사들이 적절한 시기에 알맞은 교수적 결정을 할 수 있도록 돕는다.

철자 쓰기 CBM을 사용하기 위해 필요한 준비물

철자 쓰기 CBM을 실시하는 첫 단계는 필요한 데이터를 수집하는 것이다.

1. 난이도가 동등하지만 서로 다른 학년 수준의 철자 쓰기 목록
2. 철자 쓰기 CBM을 실시하고 채점하기 위한 지침서
3. 줄이 그려져 있는 종이, 필기도구
4. 시간을 측정하기 위한 시계
5. 시험을 보기 위한 매우 조용한 검사환경
6. 수집된 데이터를 나타내기 위한 일정한 간격의 그래프나 프로그램

철자 쓰기 CBM 목록

철자 쓰기 목록은 전체 철자의 수는 같고 동등한 학년 수준의 단어로 하되, 서로 다른 단어로 구성해야 한다. 단어의 수는 초등학교 1, 2학년은 12개, 초등학교 3학년 이상은 17개 이상으로 한다. 철자 쓰기 목록은 전체 학년의 철자 쓰기 교육과정에서 선택한 항목 및 단어로 구성된 기술 중심 검사(skill-based measures)다. 연속적으로 맞게 쓴 철자(correct letter seguences: CLS)의 수가 동일하고, 학년 수준에 적합한 철자 쓰기 목록이 개발된 프로그램을 사용할 경우 채점을 더욱 빠르게 할 수 있다. 이러한 상업 프로그램들은 보통 1년 동안의 교육과정 내용을 포함하는 20~40개의 동형 검사지를 제공한다. 〈Box 5-1〉에서 철자 쓰기 목록을 구할 수 있는 곳에 대한 정보를 찾을 수 있을 것이다.

이미 개발된 철자 쓰기 목록의 구입이 가능하지 않은 경우, 학년 수준의 철자 쓰기 목록을

직접 제작할 수도 있다. 철자 쓰기 목록은 단어의 수와 CLS의 수가 비슷하도록 작성하며, 단어는 1년의 교육과정에 포함되어 있는 철자 쓰기 목록에서 선택한다. 비슷한 수준의 CLS를 선택하기 위해서는 각각의 목록에 3개, 4개, 5개 혹은 그 이상의 같은 수의 철자로 구성된 단어를 선택한다. 각 학년 수준에 해당하는 특정한 CLS 데이터는 없지만, 다음과 같은 기준을 적용할 수 있다. 1, 2학년을 위한 목록은 55~70개의 CLS로 구성하고, 그 이상의 학년을 위한 목록은 125~155개의 CLS로 구성한다.

다른 CBM 검사도구와 마찬가지로, 철자 쓰기 CBM을 처음 실시할 경우, 검사를 실시하는 목적과 상관없이(선별/벤치마킹 혹은 진전도 모니터링) 3개의 동등한 철자 쓰기 목록을 사용한다. 3개의 목록을 한 회기의 검사에서 실시해야 하지만, 필요하다면 서로 다른 날 연이어 실시할 수도 있다. 검사를 준비하는 시간을 절약하고 좀 더 정확한 점수를 얻기 위해 검사를 한 회기 안에 모두 실시할 것을 권한다. 3개의 검사지에서 나온 점수 중 중앙값을 학생의 그래프에서 첫 번째 데이터로 사용한다. 이후에 서로 다르지만 난이도가 동등한 수준의 문항으로 구성된 20~30개의 목록을 1년 동안 학생의 철자 쓰기 진전도를 모니터링하는 데 사용한다.

Box 5-1

이미 개발된 철자 쓰기 CBM 검사지를 얻을 수 있는 곳

$ 표식은 검사지의 가격을 나타냄

🖥 표식은 컴퓨터로 검사의 실시가 가능함을 나타냄

✍ 표식은 데이터를 관리하고 그래프로 나타낼 수 있는 기능이 가능함을 나타냄

AIMSweb (Pearson) $ ✍

웹주소:　　www.aimsweb.com

전화번호:　866-323-6194

주소:　　　Harcourt Assessment, Inc.
　　　　　AIMSweb Customer Service
　　　　　P.O. Box 599700
　　　　　San Antonio, TX 78259

검사 종류:　• 철자 쓰기(진전도 모니터링 목록 30개, 1~8학년을 위한 벤치마킹 목록 3개)

철자 쓰기 CBM은 개인적으로 혹은 단체로 실시할 수 있다. 검사는 철자 쓰기 목록과 검사
지침서, 초시계를 준비하고 학생들에게 줄이 그려져 있는 종이와 필기도구를 제공한다. 학생
개개인을 위한 전용 스프링 노트를 준비하면 학생의 철자 쓰기 반응을 기록으로 남길 수 있을

AIMSweb 표준 철자 쓰기 진전도 모니터링 검사 목록 4번(3학년 수준)

검사자: _____   검사 실시 날짜: ____ / ____ / ____

ID	단어		CLS	CCLS
1	tape		5	5
2	supplier		9	14
3	jelly		6	20
4	rooster		8	28
5	cricket		8	36
6	sheriff		8	44
7	house		6	50
8	waste	Don't waste good food.	6	56
9	wear	What are you going to wear?	5	61
10	away		5	66
11	led	She led the class.	4	70
12	ear		4	74
13	woolen		7	81
14	obeyed		7	88
15	onto		5	93
16	wagging		8	101
17	watermelon		11	112
	Total CLS		112	

주) CCLS은 CLS의 누계를 뜻함

[그림 5-1] 교사 / 검사자용 철자 쓰기 CBM 목록의 예

주) AIMSweb (2003)에서 발췌. 저작권은 Edformation, Inc.에 있으며 허가하에 발췌함

뿐 아니라 교사와 학생이 함께 시간 경과에 따른 진전도를 살펴보는 데 도움이 될 것이다. 몇 명의 학생을 대상으로 진전도 모니터링을 실시하고 있을지라도 모든 학생을 대상으로 매주 검사를 실시하는 것이 도움이 될 것이다. 철자 쓰기 목록의 예와 채점한 철자 쓰기 목록의 예가 [그림 5-1]과 [그림 5-2]에 각각 나와 있다.

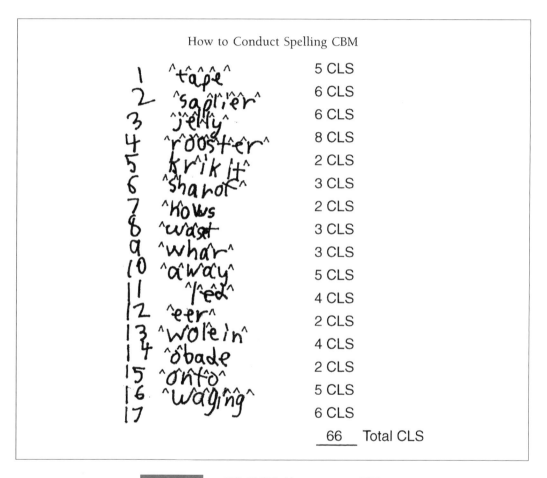

[그림 5-2] 채점한 학생용 철자 쓰기 CBM 목록의 예

철자 쓰기 CBM의 실시 및 채점방법

편의를 위해 부록 B에 철자 쓰기 CBM 검사의 실시 및 채점방법을 복사할 수 있는 데이터가 첨부되어 있다.

철자 쓰기 CBM 실시방법 [1]

1. 학년 수준에 맞는 철자 쓰기 목록을 선택한다.
2. 1, 2학년의 경우 1~12까지, 3학년 이상의 경우 1~17까지의 숫자를 종이에 적게 한다.
3. 다음과 같이 말한다. "지금부터 단어를 읽겠습니다. 부르는 단어를 앞에 놓여 있는 종이에 적어 주세요. 첫 번째 단어는 첫 번째 줄에, 두 번째 단어는 두 번째 줄에 적으면 됩니다. 각 단어를 적는 데 10초의 시간을 주겠습니다. (3학년 이상의 경우 7초를 허용한다.) 이전 단어를 모두 쓰지 못했더라도 다음 단어가 나오면 그 단어를 써주세요. 질문 있나요?"
4. 첫 번째 단어를 읽은 후 2분으로 맞추어 놓은 초시계의 버튼을 누른다.
5. 각 단어를 두 번씩 읽는다. 동음이의어의 경우 해당 단어가 포함된 문장을 읽어 준다.
6. 다음에 나오는 단어를 (1, 2학년의 경우) 10초, 혹은 (3학년 이상의 경우) 7초마다 읽는다.
7. 2분 후에 "수고했습니다. 연필을 내려놓으세요."라고 말한다.

철자 쓰기 CBM 채점방법

철자 쓰기 CBM은 CLS와 철자를 맞게 쓴 단어(words spelled correctly: WSC)의 수로 채점할 수 있다. CLS는 바른 순서로 쓰여진 2개의 철자의 총 개수를 나타내고, WSC는 철자를 맞게 쓴 단어의 총 개수를 나타낸다.

---

[1] Shinn (1989)에서 발췌 및 수정

1. CLS 점수는 바른 순서로 바르게 쓴 철자의 총 개수로 계산한다.
2. WSC 점수는 바른 철자로 쓴 단어의 총 개수로 계산한다.

CLS는 WSC보다 채점하는 데 더 많은 시간이 소요되지만 학생의 철자 쓰기 향상 정도를 좀 더 민감하게 측정할 수 있는 방법이다. CLS는 진단 정보를 제공하고, 철자 쓰기 교수의 효율성을 평가하며, 학생의 진전도를 모니터링하는 데 사용한다. CLS는 첫 번째 철자가 쓰인 앞의 공간, 철자와 철자 사이, 철자와 구두점 사이, 구두점과 철자 사이, 마지막 철자와 공간 사이를 포함한다. 철자의 바른 순서를 나타내는 데는 위를 향하는 캐럿 기호(∧)를 사용하며, 바르지 않은 철자의 순서는 아무런 표시도 사용하지 않는다. 각 단어의 CLS는 해당하는 단어에 포함되어 있는 철자의 총 개수에 1을 더한 수와 같다. 구두점이 포함되어 있을 경우에는 해당 단어에 있는 철자의 총 개수에 2를 더한다.

WSC는 채점하기가 용이하다. 바른 철자로 쓴 단어나 해당하는 숫자를 동그라미로 표시하고 동그라미로 표시된 단어의 전체 개수를 센다. WSC는 일반적인 철자 쓰기 기술의 지표로 이미 많은 철자 쓰기 프로그램에서 사용되고 있다.

WSC와 CLS의 비교
예: 5개의 받아쓰기 단어를 WSC, CLS로 채점한 경우

받아쓰기 단어	학생의 반응	WSC	CLS	바르게 쓴 경우 CLS
heel	1. ∧h∧el∧	0	3	5 ∧h∧e∧e∧l∧
wise	2. ∧w∧ize∧	0	3	5 ∧w∧i∧s∧e∧
don't	3. ∧d∧o∧nt∧	0	4	6 ∧d∧o∧n∧'∧t∧
speak	4. ∧s∧p∧e∧a∧k∧	1	6	6 ∧s∧p∧e∧a∧k∧
dinner	5. ∧d∧i∧n∧n∧e∧r∧	1	7	7 ∧d∧i∧n∧n∧e∧r∧

위의 예는 CLS가 WSC보다 학생의 향상도를 측정하는 데 좀 더 민감하다는 것을 보여 준다. WSC로 채점할 경우 5개의 단어 중 2개의 단어를 맞힌 것으로 기록되는데(40%의 정확도) CLS로 채점할 경우 29개의 철자 순서 중 23개를 바르게 쓴 것으로 기록된다(79%의 정확도).

학생이 heel이라는 단어를 'xxzz'나 'hel'로 썼을 때, WCS로 채점할 경우, 명백하게 'hel'이 'xxzz'보다 바르게 쓴 단어에 더 근접하지만 두 경우 모두 동일하게 채점될 것이다. CLS는 교사와 학생, 학부모들에게 학생이 철자의 패턴을 얼마나 정확하게 익히고 있는지, 철자를 바르게 쓰고 있는지를 좀 더 잘 이해할 수 있도록 돕는다.

CLS 채점방법

- CLS는 철자 쓰기, 단어의 전후 사이의 공간, 철자와 구두점 전후 사이를 고려하여 연속적으로 맞게 쓴 철자 수를 나타낸다. CLS로 채점할 경우, 채점자는 캐럿 기호(∧)를 사용하여 각각의 바르게 쓴 순서를 나타낸다.

  예: 받아쓰기 단어 chair

  $-^c^h^a^i^r^$ = 6 CLS

  $-^c^h^ars$ = 3 CLS

- 합성어: 단어 사이에 공간 없이 써야 한다.

  예: 받아쓰기 단어 downhill

  $-^d^o^w^n^h^i^l^l^$ = 9 CLS

  $-^d^o^w^n\,h\,^i^l^l^$ = 8 CLS

- 생략 기호: 생략 기호 전후의 공간을 채점 영역에 포함시킨다.

  예: 받아쓰기 단어 o'clock

  $-^o^'^c^l^o^c^k^$ = 8 CLS

  $-^o\,c^l^o^c^k^$ = 6 CLS

- 하이픈 기호: 하이픈 기호 전후의 공간을 채점 영역에 포함시킨다.

  예: 받아쓰기 단어 sister-in-law

  $-^s^i^s^t^e^r^-^i^n^-^l^a^w^$ = 14 CLS

  $-^s^i^s^t^e^r\,i^n\,l^a^w^$ = 10 CLS

- 대문자 표기 원칙: 처음 시작하는 단어의 첫 번째 철자는 대문자로 표기한다.

  예: 받아쓰기 단어 April

  $-^A^p^r^i^l^$ = 6 CLS

$-ap^\wedge r^\wedge i^\wedge l^\wedge$ = 4 CLS

- 순서에서 반복되는 철자: 반복되는 철자를 포함하는 단어는 각 철자를 별개로 채점한다.

  예: 받아쓰기 단어 bloom

  $-^\wedge b^\wedge l^\wedge o^\wedge o^\wedge m^\wedge$ = 6 CLS

  $-^\wedge b^\wedge l^\wedge om^\wedge$ = 4 CLS

  또는

  $-^\wedge b^\wedge lo^\wedge m^\wedge$ = 4 CLS

- 철자 첨가: 첨가된 철자는 두 번 채점하지 않는다.

  예: 받아쓰기 단어 correct

  $-^\wedge c^\wedge o^\wedge r^\wedge r^\wedge e^\wedge c^\wedge t^\wedge$ = 8 CLS

  $-^\wedge c^\wedge o^\wedge rrr^\wedge e^\wedge c^\wedge t^\wedge$ = 7 CLS

- 삽입: 처음이나 마지막에 추가된 철자는 채점하지 않는다.

  예: 받아쓰기 단어 phone

  $-^\wedge p^\wedge h^\wedge o^\wedge n^\wedge e^\wedge$ = 6 CLS

  $-fp^\wedge h^\wedge o^\wedge n^\wedge e^\wedge$ = 5 CLS

  $-^\wedge p^\wedge h^\wedge o^\wedge n^\wedge ey$ = 5 CLS

철자 쓰기 CBM 검사 실시 및 채점 시 고려사항

1. 각 단어를 분명하게 발음하고 들을 수 있는 수준의 소리로 읽어 주는 것이 중요하다.
2. 어린 학생들에게는 4~5개의 단어마다 해당하는 단어의 숫자를 말해 준다. 예를 들어, "5 번… (단어)."
3. 측정하는 동안 학생들에게 추가로 지시하거나 교정해 주지 않는다.

철자 쓰기 CBM은 얼마나 자주 측정되어야 하는가

3장에는 선별/벤치마킹, 진전도 모니터링, 현행 수준 조사 평가와 같이 서로 다른 목적을 위해 CBM을 실시하는 시기와 빈도에 대해 자세히 나와 있다. 철자 쓰기 CBM의 경우 교수적 수준을 결정하기 위한 현행 수준 조사 평가의 규준이 아직 개발되지 않았기 때문에 다음에서는 선별/벤치마킹과 진전도 모니터링에 대한 개요만 제시했다. 다른 목적으로 실시하는 CBM의 시기와 빈도에 대해 좀 더 자세한 내용을 알고 싶을 경우 3장을 참고할 것을 권장한다.

- 선별/벤치마킹 = 같은 학급이나 학년에 있는 모든 학생을 대상으로 1/4학기에 한 번(1년에 3~4회) 실시한다. 보통 가을, 겨울, 봄학기에 실시한다.
- 진전도 모니터링 = 선별/벤치마킹 평가 결과를 참조하여 하위 25%의 학생을 대상으로 적어도 일주일에 한 번 실시한다(일주일에 두 번 실시하면 더욱 좋다). 규준이나 기준점에 근거하여 학습 위험군으로 판별되는 학생을 대상으로 실시한다.
- 모든 학생을 대상으로 CLS와 WSC를 사용하여 한 달에 한 번 진전도 모니터링을 실시하면 좋다. 월별 모니터링 결과를 통해 교사들은 학생의 일반적인 진전도와 교실에서 행해지는 교수의 효율성 정도에 대한 정보를 알 수 있다.

철자 쓰기 CBM을 실시하고 채점하는 데 얼마나 많은 시간이 소요되는가

학생 개개인의 철자 쓰기 목록을 채점하는 데 걸리는 시간은 학생의 철자 쓰기 유창성 정도, 학년, 채점자의 채점 경험의 정도에 따라 달라진다. 철자 쓰기 CBM을 실시하는 학생의 수와 상관없이 철자 쓰기 CBM을 실시하는 데 2분의 시간이 소요되며 이외에 검사를 실시하기 전에 학생들을 준비시키는 시간과 검사지를 회수하는 데 걸리는 시간이 추가된다. 학생이 검사 실시 과정에 익숙해지면 총 5~10분의 시간이 걸릴 것이다.

각 단어의 CLS의 수와 전체 목록을 알면 채점하는 데 도움이 된다. 첫째, 학생이 모든 단어의 철자를 바르게 썼을 경우, 각 단어에 해당하는 CLS의 수를 셀 필요가 없다. 둘째, 만약 학생이 몇몇의 CLS만 틀렸을 경우, 각 단어에 해당하는 CLS를 더하여 셈하지 않고 전체 CLS의 수에서 틀린 CLS의 수를 빼서 계산할 수 있다. 셋째, 펠트펜을 사용하거나 캐럿 기호(∧) 대신 점(.)을 찍어 채점하는 것이 더 쉬울 수도 있다. 단, 철자 쓰기 CBM 채점이 익숙해진 후에 이 방법을 사용해야 한다. WSC로 채점할 경우 채점하는 데에는 10~15초 이상 걸리지 않고, CLS로 채점할 경우에는 (전체 CLS 개수를 알고 있다면) 30초 정도 걸릴 것으로 예상된다.

철자 쓰기 CBM에서 기대되는 성장률과 규준

이전의 장에서도 설명하였듯이 학생이 어느 정도 성장할 수 있는지 아는 것은 학생의 현재 학업 수준을 아는 것만큼이나 중요하다. 기초선 점수(baseline score)는 학생의 현재 학업 수준을 나타내며 세 번의 철자 쓰기 CBM 검사를 실시한 후 중앙값을 선택하여 정하게 된다. 또한 학생의 기울기, 기준점(benchmark), 규준을 이용하여 어느 정도의 진전도를 지향할 수 있는지를 결정할 수 있다.

학생의 행동(예, 실제 진전도)이 기대되는 성장률에 이르지 못할 경우에는 문제를 개선할 수 있는 방법을 찾아야만 한다. 교사들은 학생들에게 취약한 하위 기술을 가르쳐 주거나 매일 진행되는 교수의 시간을 늘리는 등 학생이 오류를 범했을 때 대응하는 방법을 바꿀 수 있다. 단, 학생의 학업성취에 대한 기대를 낮추어서는 안 된다. 학습은 교수의 결과이므로 학생의 학습 향상 속도가 충분하지 않을 경우, 학생에게 문제가 있는 것이 아니며 대신 현재의 교수 방법을 바꿀 필요가 있다는 것을 나타낸다.

철자 쓰기 영역에서 기대할 수 있는 학생의 진전도

〈표 5-1〉에는 Fuchs와 동료들(1993)이 CLS를 사용하여 각 학년별로 학생의 진전도를 살펴본 결과가 나와 있다. 지금까지 WSC를 사용하여 모니터링을 했을 때 학생의 진전도는 정해진 바가 없다. 학생들은 일반적인 주별 향상률을 넘어서는 진전도 수준이 가능하기 때문에 이를 학생이 성장할 수 있는 최대치로 생각해서는 안 된다. 일반적인 주별 향상률은 또래의 수준보다 뒤떨어지는 학생들을 찾아내는 데 사용해야 한다.

문헌에서 초등학교 1학년 학생의 주별 철자 쓰기 성장률은 찾아볼 수 없지만, 일반적으로 학생들은 학교에 입학한 후 첫 두 해 동안 가장 크게 철자 쓰기 진전도를 보인다. 그러므로 초

표 5-1 철자 쓰기 CBM의 주별 성장률: CLS

학년	주별 성장률(CLS)
2	1~1.5
3	0.65~1
4	0.45~0.85
5	0.3~0.65
6	0.3~0.65

주) Fuchs et al. (1993)에서 인용

등학교 1학년 학생들은 2학년 학생들보다는 높지 않은 진전도를 보일 것으로 예상할 수 있다. 7학년, 8학년 학생들의 철자 쓰기를 모니터링할 경우에는 5, 6학년들과 비슷하거나 약간 낮은 성장률을 기대할 수 있다.

철자 쓰기 CBM의 규준

규준은 학생의 점수를 같은 학년에 있는 다른 학생들의 학업성취와 비교하는 데 사용할 수 있으며, 학생의 학업성취 수준과 진전도를 가늠하는 데 사용된다.

CLS를 사용했을 때의 규준은 〈표 5-2〉에 제시되어 있다.

철자 쓰기 영역의 개별화교육계획 목표 작성을 위한 검사결과 활용 방법

3장에서와 같은 형식으로 철자 쓰기 CBM 정보를 사용하여 개별화교육계획(IEP)의 최종 도달 목표와 세부 도달 목표를 작성하는 예시를 제시하고자 한다. 시간, 학습자, 행동(예, 철자 쓰기), 수준(예, 학년), 내용(예, 철자 쓰기), 데이터(철자 쓰기 CBM 진전도 모니터링 데이터), 기준(소요시간과 정확도 개념을 포함하는 학업 기술의 규준 또는 기준점을 반영)에 대한 기본적인 원칙은 동일하다.

표 5-2 철자 쓰기 CBM의 규준: CLS

학년	퍼센타일	AIMSweb (2008)[a]		
		가을(CLS)	겨울(CLS)	봄(CLS)
1	90%	43	51	55
	75%	36	46	51
	50%	**28**	**41**	**45**
	25%	16	36	38
	10%	5	26	30
2	90%	64	66	68
	75%	58	62	65
	50%	**49**	**55**	**61**
	25%	39	45	55
	10%	28	34	46
3	90%	103	107	111
	75%	94	101	108
	50%	**80**	**90**	**100**
	25%	61	76	86
	10%	44	58	65
4	90%	115	124	122
	75%	107	118	117
	50%	**92**	**107**	**107**
	25%	71	89	91
	10%	52	67	68
5	90%	136	133	134
	75%	130	127	129
	50%	**115**	**116**	**120**
	25%	90	97	103
	10%	64	70	77
6	90%	142	141	147
	75%	135	133	140
	50%	**120**	**119**	**129**
	25%	99	102	110
	10%	70	82	85

	90%	136	145	144
	75%	127	135	137
7	**50%**	**112**	**121**	**124**
	25%	91	100	96
	10%	62	77	70
	90%	145	142	144
	75%	139	135	132
8	**50%**	**129**	**122**	**118**
	25%	107	102	94
	10%	42	73	64

ª3판에서 갱신된 2008년 데이터

최종 도달 목표의 예시

• 철자 쓰기 CBM 검사의 최종 도달 목표(goal)

−30주 후, Roberto는 철자 쓰기 CBM 진전도 모니터링 데이터에서 발췌한 4학년용 철자 쓰기 목록에 있는 단어를 2분 이내에 95% 이상의 정확도와 함께 70개의 연속적으로 맞게 쓴 철자(CLS)를 쓸 수 있다.

세부 도달 목표를 기술할 때에도 동일한 원칙을 적용하지만 좀 더 짧은 시간 기준(time frame)을 사용한다.

세부 도달 목표의 예시

• 철자 쓰기 CBM 검사의 세부 도달 목표(objective)

−10주 후, Roberto는 철자 쓰기 CBM 진전도 모니터링 데이터에서 발췌한 4학년용 철자 쓰기 목록에 있는 단어를 2분 이내에 95% 이상의 정확도와 함께 25개의 연속적으로 맞게 쓴 철자(CLS)를 쓸 수 있다.

철자 쓰기 CBM에 대해 자주 묻는 질문

1. 검사를 실시하기 전에 학생들에게 철자 쓰기 목록을 제공해도 되나요?

   아닙니다. 철자 쓰기 CBM 검사는 학생들이 이전에 배운 철자 쓰기 규칙을 적용할 수 있는지를 측정하기 위한 일반적인 검사도구입니다. 검사 전에 학생들에게 철자 쓰기 목록을 제공할 경우, 학생들이 배운 철자 쓰기 기술을 사용하기보다 단어를 암기할 가능성을 높이게 됩니다.

2. 이번 주에 해당하는 철자 쓰기 목록이 이번 주에 가르쳤던 철자 쓰기 규칙을 포함하고 있지 않습니다. 이번 주에 가르쳤던 철자 쓰기 규칙을 포함하는 목록을 선택해도 되나요?

   아닙니다. 검사를 위해 가르치지 마십시오. 철자 쓰기 CBM 검사는 구체적인 기술의 숙달 정도를 평가하는 것이 아니라 일반적인 철자 쓰기 기술을 평가하기 위해 고안된 것임을 잊지 마시기 바랍니다.

3. 전체 학급을 대상으로 철자 쓰기 CBM을 실시하는 동안 어떤 학생이 주의가 산만해져 시험에 참여하지 못하면 어떻게 해야 하나요?

   전체 학급을 대상으로 하는 CBM 실시를 마친 후, 그 학생에게 개인적으로 다른 철자 쓰기 목록을 사용하여 실시하십시오.

4. 저희 학급에 있는 모든 학생은 동일한 교수적 수준에 있지 않습니다. 모든 학생에게 동일한 철자 쓰기 목록을 제공해야 하나요?

   모든 학생들에게 학년 수준에 맞는 동일한 선별/벤치마킹을 제공해야 하지만, 진전도 모니터링을 할 경우 학생의 교수적 수준에 맞아야 합니다. 학생들이 해당되는 수준의 교수를 받고 있을 경우에는 더욱 교수적 수준에 맞는 목록을 사용해야 합니다. 가장 좋은 방법은 매주 학년 수준과 교수적 수준에 맞는 철자 쓰기 목록을 제공하는 것입니다. 교수적 수준에 맞는 철자 쓰기 목록을 통해서는 학생이 현재 받고 있는 교수에 어느 정도 반응하는지를 알 수 있고, 학년 수준에 맞는 철자 쓰기 목록을 통해서는 학생이 배운 내용을 좀 더 어려운 단어에 어떻게 적용하는지를 알 수 있을 것입니다.

5. 철자 쓰기 CBM을 실시하는 동안 검사를 방해하는 일들이 발생하면 어떻게 해야 하나요?

(예, 화재 경보, 학교의 종소리, 교실 방문객 등)

심각한 수준으로 검사를 방해하는 사건이 일어났을 경우에는 철자 쓰기 CBM 검사 실시를 중단하고 좀 더 적절한 시간에 다른 목록으로 실시하기를 권장합니다.

6. 철자 쓰기 CBM 목록에서 오류를 범한 철자 쓰기 규칙을 학생에게 가르쳐야 하나요?

네. 학생이 이전에 배운 규칙을 틀렸을 때마다 다시 가르치는 게 좋습니다. 이전에 배운 규칙을 틀린 경우, 학생이 해당하는 규칙의 개념을 완전히 이해하지 못했음을 나타낼 수 있기 때문입니다. 하지만 교사들은 계속해서 교육과정에서 나타난 범위(scope)와 순서 (sequence)를 고려해야 합니다.

7. 학생들이 어떤 철자를 썼는지 알아볼 수 없을 경우에는 어떻게 해야 하나요?

어떤 철자를 썼는지 명확하지 않을 경우 바르게 쓴 철자로 채점하지 않고 학생에게 왜 바르게 쓴 철자로 인정할 수 없는지 이야기해 주어야 합니다. 철자를 알아보기 어려운 경우, 다른 철자 쓰기 목록으로 실시하고 학생에게 최선을 다해 손글씨(handwriting)를 쓰도록 요청해야 합니다.

8. 철자 쓰기 CBM의 결과를 학생들의 주별 철자 쓰기 검사점수로 사용해도 되나요?

네. 철자 쓰기 교육과정이 철자 쓰기 CBM 목록(예, 접두사, 장모음, 복합어)과 일치한다면 주별(weekly) 철자 쓰기 검사점수로 사용해도 됩니다. 학생과 교사들이 그 해의 철자 쓰기 목표가 무엇이었는지, 점수가 무엇을 의미하는지 알 수 있도록 확인할 필요가 있습니다.

9. 학생들을 교수적 집단으로 분류할 때 규준을 사용해도 되나요?

권해 드리고 싶지 않습니다. 다른 평가도구들(예, Words Their Way Spelling Inventory)이 철자 쓰기 영역에서 강점과 약점인 기술을 판별하는 데 좀 더 적절합니다. 학생들의 필요를 고려하여 교수적 집단을 구성하면 필요한 교수가 무엇인지 알 수 있으므로 교수적 집단을 더욱 성공적으로 형성할 수 있게 됩니다.

10. 학생이 진전도를 보이지 않는다면 최종 도달 목표를 낮추어야 하나요?

아닙니다. 최종 도달 목표를 낮추는 대신 학생의 필요를 평가하고 목표로 하는 영역에 해당하는 추가적인 교수를 제공하십시오.

11. 철자 쓰기 검사지를 채점한 후에는 어떻게 해야 하나요?

한 해 동안의 학생의 진전도를 확인하기 위해서 데이터를 그래프로 표시해야 하며, 이와 함께 포트폴리오로 저장해 둘 수 있습니다.

12. 20개의 철자 쓰기 CBM 목록만 가지고 있는데, 35주 동안 진전도를 모니터링해야 합니다. 같은 목록을 다시 사용해도 괜찮은가요?

네. 20개의 철자 쓰기 목록을 모두 사용한 경우 이미 사용한 목록을 다시 사용하십시오. 학생은 20주 전에 했던 단어를 기억할 수 없을 것입니다. 만약 철자 쓰기 CBM 목록을 다시 사용하고 싶다면 숙제나 추가적인 연습용으로 철자 쓰기 CBM 목록을 사용하지 말아야 합니다.

● 추가 정보 및 읽기자료

Fuchs, L. S., Allinder, R. M., & Hamlett, C. L. (1990). An analysis of spelling curricula and teachers' skills at identifying error types. *Remedial and Special Education, 11*(1), 42-52.

Fuchs, L. S., Fuchs, D., Hamlett, C. L., & Allinder, R. M. (1991). The contribution of skills analysis to curriculum-based measurement in spelling. *Exceptional Children, 57*, 443-452.

Shinn, M. R., & Shinn, M. M. (2002). *AIMSweb training workbook: Administration and scoring of spelling curriculum-based measurement (S-CBM) for use in general outcome measurement.* Eden Prairie, MN: Edformation.

6 쓰기 CBM

TESSIE ROSE*

쓰기 CBM을 사용하는 이유

쓰기는 학생들이 성공적인 학교생활과 삶을 영위하는 데 필수적인 중요한 기술이다. 학생의 전반적인 쓰기 기술에 대한 지표를 제공하는 세부적인 쓰기 기술들은 학생들의 진전도 모니터링에 사용될 뿐 아니라 학생들이 어떤 쓰기 기술들을 습득했는지 결정하는 데 사용된다. 다른 CBM과 마찬가지로 쓰기 CBM은 학생 개개인의 쓰기 기술에 대한 정보를 제공하기 때문에 교사들이 적절한 시기에 알맞은 교수적 결정을 내릴 수 있도록 도와준다. 학생의 진전도를 모니터링하고 진전도를 바탕으로 교수적 결정을 내리는 과정은 학생들의 학업성취도를 향상시킨다고 알려져 있다. 이번 장에서는 쓰기 CBM에 대해 좀 더 알아보고자 한다.

쓰기 CBM은 학생의 쓰기 기술을 측정하는 짧고 간단한 검사도구다. 학생들의 교수적 수준에 맞는 이야기 제시(story starter) 검사지를 3분 동안 작성하게 한 후 세부 쓰기 기술에 대한 점

---

* Tessie Rose는 현재 네바다–라스베이거스 대학교(University of Nevada-Las Vegas)의 조교수다. 그녀는 유타 대학교(University of Utha)에서 박사 학위를 받았으며, 재학 시절 교육과정과 평가에 관심을 갖고 있었다.

수를 매긴다. Howell과 Nolet(2000)은 문어(written language)에 대한 학생의 진전도에 알맞게 문자 의사소통(written communication)의 요소들을 선별하였다. 문자 의사소통의 요소들에는 작문 유창성(writing fluency), 문장 성숙도(syntactic maturity), 어휘나 의미 성숙도(vocabulary or semantic maturity), 내용(content), 검토(conventions; 예, 철자 쓰기, 구두점, 대문자 표기)가 포함된다. CBM이 쓴 단어의 총수(total words written: TWW), 철자를 맞게 쓴 단어(words spelled correctly: WSC) 개수, 연속적으로 맞게 쓴 단어(correct writing sequences: CWS) 개수, 맞힌 구두점의 총수(total correct punctuation: TCP)와 같은 쓰기 목표 영역에 적용하여 사용될 수 있음을 보여 주는 많은 연구들이 있다(Gansle, Noell, VanDerHeyden, Naquin, & Slider, 2002; Videen, Deno, & Martson, 1982). 쓰기 CBM은 고등학생(Espin, Scierka, Skare, & Halverson, 1999), 중학생(Espin et al., 2000), 초등학생(Deno, Mirkin, Lowry, & Kuehnle, 1980; Deno, Marston, & Mirkin, 1982; Videen et al., 1982), 학습장애 학생(Watkinson & Lee, 1992)을 대상으로 널리 사용되고 있다.

쓰기 CBM을 사용하기 위해 필요한 준비물

1. 난이도가 동등하지만 문항의 내용이 다르게 구성된 학년 수준에 알맞은 이야기 제시 검사지
2. 쓰기 CBM을 실시하고 채점하기 위한 지침서
3. 줄이 그려져 있는 종이, 필기도구
4. 시간을 측정하기 위한 시계
5. 시험을 보기 위한 매우 조용한 검사환경
6. 수집된 데이터를 나타내기 위한 일정한 간격의 그래프나 프로그램

쓰기 CBM 이야기 제시 검사지

이야기 제시 검사지는 학년 수준과 동등해야 하며 해당 학년 학생들의 동일한 관심사로 내용을 구성해야 한다. 이야기 제시 검사는 쓰기를 시작하는 짧은 구두 문장이나 글로 작성된 문

장으로 이루어져 있으며 학생으로부터 예/아니요 또는 단답형 이상의 반응을 끌어내도록 구성되어 있다. 이야기 제시 검사는 학생이 해당 학년에서 습득해야 하는 쓰기 기술을 사용하도록 요구해야 하며, 내용은 다르지만 동등한 난이도(예, 동일한 학년 수준)의 문항으로 구성해야 한다. 내용은 다르되 동등한 난이도로 구성되어 이미 개발되어 있는 일반화된 이야기 제시 검사지를 구입하는 것이 가장 좋다. 이야기 제시 검사지를 구입할 수 있는 정보는 〈Box 6-1〉에 나와 있다. [그림 6-1]에는 이야기 제시 검사지의 예시를 추가하였다.

다른 CBM과 마찬가지로, 쓰기 CBM을 처음 실시할 때는 검사를 실시하는 목적과 상관없이 (선별/벤치마킹 혹은 진전도 모니터링) 3개의 동형 이야기 제시 검사지를 사용한다. 한 번의 검사 회기에서 3개의 검사지를 실시하면 좋지만 필요하다면 서로 다른 날 연이어 실시할 수도 있다. 검사를 준비하는 시간을 절약하고 좀 더 정확한 점수를 얻기 위해 한 회기 안에 모두 실시할 것을 권한다. 3개의 검사지에서 나온 점수 중 중앙값을 학생의 그래프에서 첫 번째 데이터로 사용하고, 이후 20~30개의 서로 다르지만 동등한 수준의 이야기 제시 검사지를 1년 동안 학생의 쓰기 진전도를 모니터링하는 데 사용한다.

Box 6-1

이미 개발된 쓰기 CBM 이야기 제시 검사지를 얻을 수 있는 곳

- **$** 표식은 검사지의 가격을 나타냄
- 표식은 컴퓨터로 검사의 실시가 가능함을 나타냄
- 표식은 데이터를 관리하고 그래프로 나타낼 수 있는 기능이 가능함을 나타냄

AIMSweb (Pearson) $

웹주소:	www.aimsweb.com
전화번호:	866-323-6194
주소:	Harcourt Assessment, Inc.
	AIMSweb Customer Service
	P.O. Box 599700
	San Antonio, TX 78259
검사 종류:	• 쓰기 이야기 제시(1~8학년용 125개)

초등

- 이번 여름에 가장 재미 있었던 일은…
- 우리 학교의 가장 좋은 점은…
- 오늘 아침에 일어난 후에…
- 어제 나는 아름다운 것을 만들었는데…
- 내가 경험했던 가장 무서운 할로윈 축제는…
- 내가 경험했던 최고의 방학은…
- 개가 밖에서 크게 짖은 이유는…
- 어제 같은 학급 친구들과 동물원을 방문했는데…
- 어느 날 나는 학교에서 집으로 걷고 있었는데, 그때…
- 내가 쉴 때 하는 가장 좋아하는 게임은…
- 내가 만약 날 수 있다면 가고 싶은 곳은…
- 작은 벌레가 인도를 기어 가고 있을 때, 그때…
- 강아지가 탁자 위에 오른 후…
- 공원에 가면 재미있게 할 것들이 많은데…
- 나는 우리 집 강아지를 찾지 못했다. 그래서 나는…
- 나는 우리 집 고양이를 찾지 못했다. 그래서 나는…
- 우리 집 강아지가 고양이를 보았다. 나는 소리를 질렀는데…
- 서커스에서 내가 본 코끼리는…
- 내가 매직 카페트를 타고 날고 있을 때…
- 내가 가장 좋아하는 장난감은…
- 무언가 다르다는 것을 알게 되었을 때…
- 나는 창문을 바라보았는데, 갑자기 놀란 것은…
- 학교에서 집으로 오는 길에 내가 발견한 것은…

중등

- 나는 저녁에 혼자 있는 것에 두려움을 느껴 본 적이 없다. 하지만…
- 나는 "이게 뭐지?"라고 친구에서 속삭였는데, 그때 갑자기…
- 불빛은 사라지고, 그리고…
- 내가 학급 반장이 되었다는 것이 믿어지지가 않습니다. 제가 처음으로 할 일은…
- 알람 소리가 울렸을 때 나는…
- 정문을 열었을 때 나는 커다란 상자를 발견하였고, 그리고…
- 어느 날 아침 일어났을 때 내 침대 끝에 앉아 있는 것은…
- 내가 큰 강아지를 보자마자 알게 된 것은…
- 댄서는 무대 위로 올라왔고, 그리고…

- 오늘 하루가 좋지 않았지만…
- 어느 날 학교 식당에서 땅에 떨어진 음식을 보는데…
- 강아지가 위독해 보였고 나는 사이렌 소리를 들었다. 하지만 아무도 보지 못했고…
- 내가 창문을 보았을 때 세상이 하얗게 보여서 매우 놀랐다. 모든 것인 하얀 이불로 덮혀 있는 것 같았다. 나는…
- 나는 번개를 보았고 천둥 소리를 들었다. 내가 생각한 것은…
- 지난 밤 잠을 자지 않는 대신에 내가 결정한 것은…
- 지난 밤 나는 잠에 들었다가 갑자기 잠을 깬 이유는…
- 그가 무엇인가 달라진 것을 알게 된 계기는…
- 학교로 가고 있을 때, 그때…
- 땅에 있는 구멍에서 큰 것이 나왔는데…
- 묘지를 걷고 있을 때 소리가 들렸는데…

고등
- 꿈이 실현된 것 같은 기분이 들었는데, 그때는…
- 내가 곤경에 빠진 것을 알았는데, 그때는…
- "나는 그게 당신이라는 것을 알게되었어." 라고 소리 지르게 된 이유는…
- 일단 소음이 멈추자 모든 사람들은 그것이 무엇인지를 찾기 위해서 주위를 둘러보았다. 그것은 아마도…
- 우리는 환영을 받을 것을 기대하며 호텔에 도착했지만 기대와 달리…
- 일곱 번째 공을 던지기 위해 준비하고 있을 때 갑자기…
- Joe와 Bob이 천천히 계단을 올라가 오래된 집의 문을 노크했을 때…
- 십대 아이들은 숲 속을 걷다가 통나무 집을 지나가게 되었는데, 그 통나무 집은…
- 안개 속에서 비치는 희미한 불빛은 상황을 어렵게 했는데…
- 상점의 점원이 화가 났는데 그 이유는…
- 우리 집 강아지가 교장선생님께 달려가자마자 막…
- 지난 밤에는 잠을 이룰 수 없었는데, 왜냐하면…
- 내가 했던 장난 중 가장 재미있었던 것은…
- 큰 파도가 출렁거렸고 무시무시한 바람이 분 것은 갑자기…
- 내가 호수에서 수영하고 하고 있을 때, 알게 된 것은…
- 긴 터널에서 나오자마자 내가 보게 된 것은…
- Smith는 이해하지 못하고 있다. 내가 단지 하려고 했던 것은…

[그림 6-1] 쓰기 CBM 이야기 제시의 예

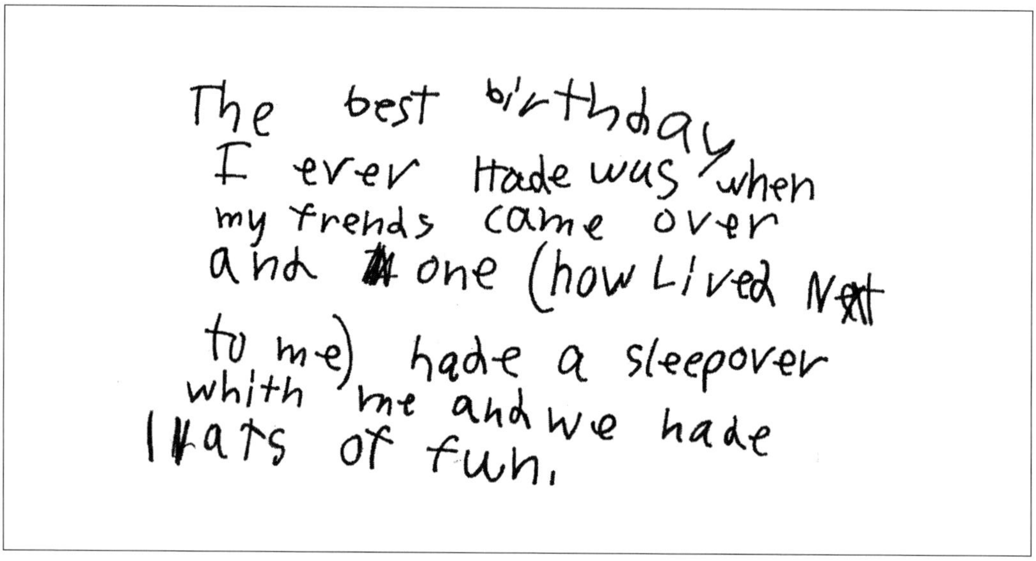

[그림 6-2] 학생용 쓰기 CBM의 예

쓰기 CBM은 개인 혹은 집단으로 실시될 수 있다. 검사를 시작할 때는 이야기 제시의 검사 지침서와 초시계가 필요하며, 학생들은 줄이 그려져 있는 종이와 필기도구가 필요하다. 각 학생들에게 답변을 적도록 스프링 노트를 나누어 주는 것도 좋다. 스프링 노트를 사용하게 되면 학생의 반응을 기록할 수 있을 뿐 아니라 교사와 학생들이 시간 경과에 따른 쓰기 진전도를 확인할 수 있게 될 것이다. 진전도 모니터링이 필요한 학생이 일부뿐이더라도 매주 모든 학생들을 대상으로 진전도 모니터링을 실시하는 것이 좋다. [그림 6-2]는 "내가 경험한 최고의 생일잔치는…"라는 이야기 제시 검사에 대한 학생 반응의 예시를 보여 준다.

쓰기 CBM의 실시 및 채점방법

편의를 위해 부록 B에 쓰기 CBM 검사의 실시 및 채점방법을 복사할 수 있는 데이터가 첨부되어 있다.

쓰기 CBM 검사 실시방법 [1]

1. 학생들에게 연필, 줄이 그려진 종이나 쓰기 공책을 나누어 준다.

2. 알맞은 이야기 제시 검사의 검사지를 선택한다.

3. 다음과 같이 말한다. "여러분, 오늘은 이야기 쓰기를 하겠습니다. 먼저 제가 여러분에게
   한 문장을 읽어 주면, 그 문장을 듣고 어떤 일이 일어났는지 짧은 이야기를 쓰면 됩니다.
   1분 동안 무엇을 쓸 것인지 생각하고 3분 동안 이야기를 쓰면 됩니다. 최선을 다하십시
   오. 단어의 철자를 모르는 경우 짐작해서 쓰면 됩니다. 질문 있나요? (잠시 쉼) 연필을 내
   려놓고 집중하십시오. 자, 1분 동안… (이야기 제시 삽입)에 대해 생각해 보세요."

4. 이야기 제시 문장을 읽은 후 초시계를 사용하여 학생들에게 1분 동안 생각할 시간을 준
   다. (학생들이 먼저 쓰기를 시작하지 않도록 모니터한다.) 30초 후에 "여러분 지금… (이야기
   제시 삽입)에 대해 생각하고 있어야 합니다." 1분 후에 초시계를 3분으로 맞춘 후 "이제
   쓰기를 시작하십시오."라고 말한다.

5. 학생들이 과제에 집중하고 있는지 모니터한다. 학생이 쓰지 않고 있을 경우 쓰기를 장려
   한다.

6. 90초가 지난 후 "여러분은 지금… (이야기 제시 삽입)에 대해 쓰고 있어야 합니다."라고 말
   한다.

7. 3분 후에 "수고하셨습니다. 연필을 내려놓으세요."라고 말한다.

쓰기 CBM 채점방법

1. 쓴 단어의 총수(TWW) 점수를 산출하기 위해서는 학생이 쓴 단어의 총수를 센다.

2. 철자를 맞게 쓴 단어(WSC) 점수를 산출하기 위해서는 바른 철자로 쓴 단어의 총수를 센다.

3. 연속적으로 맞게 쓴 단어(CWS)의 점수를 산출하기 위해서는 연속적으로 바르게 쓴 단어
   의 총수를 센다.

---

[1] AIMSweb (Powell-Smith & Shinn, 2004)에서 발췌 및 수정

앞의 세 가지 방법은 쓰기 CBM 검사를 채점하는 가장 보편적인 방법이지만 다른 방법들도 있다. 예를 들어, Espin과 동료들(1999)은 긴 단어의 개수나 단어의 철자 수를 세었다. 다른 채점방법으로는 서로 다른 단어, 명사, 동사, 형용사, 총 구두점, 바르게 쓰인 구두점, 바르게 쓰인 대문자, 완성된 문장, 완성된 문장에 있는 단어, 미완성 문장(sentence fragments), 간단한 문장의 수를 세는 방법이 있다. 이러한 채점방법의 타당도에 대한 추가적인 연구가 필요하므로 (Gansle et al., 2002; Tindal & Parker, 1991) 이 장에서는 TWW, WSC, CWS 채점방법만 다루려고 한다. [그림 6-3]은 이러한 세 가지 채점방법을 사용하여 학생의 쓰기를 채점한 예시가 나와 있다.

전체 쓴 단어의 총수 채점하기

- 전체 쓴 단어의 총수(TWW)는 철자법이나 문맥에 상관없이 쓴 단어의 수를 나타낸다. TWW를 채점할 때 채점자는 각각의 단어에 밑줄을 긋고 단어의 전체 개수를 기록한다 ([그림 6-3]을 보세요). 단어는 어떠한 철자나 철자들의 그룹으로 정의하고, 단어 전후로 간격이 띄어 있다면 철자 표기가 잘못되거나 무의미한 단어도 포함하여 채점한다.

  - I read the book.　　　　　　　　TWW = 4
  - I red the book.　　　　　　　　　TWW = 4
  - I wont to go.　　　　　　　　　　TWW = 4
  - I wanna go.　　　　　　　　　　　TWW = 3
  - Iv grqx zznip.　　　　　　　　　　TWW = 3

- 약어(Abbreviations): 일반적으로 쓰는 약어는 단어로 채점한다(예, Dr., Mrs., TV).

  - Dr. Smith came in.　　　　　　　TWW = 4
  - I like TV.　　　　　　　　　　　　TWW = 3

- 하이픈으로 연결된 단어(Hyphenated words): 하이픈으로 구별되어 있는 각각의 형태소는 독립적으로 의미를 가지고 있을 경우 개별 단어로 계산한다. 어근은 단어로 계산하되 하이픈으로 구별된 접두사(prefixes)는 단어로 계산하지 않는다.

  - My sister-in-law came to visit.　　TWW = 7
  - It is cold-blooded.　　　　　　　TWW = 4

　　–I love to bar-b-que.　　　　　　　　　TWW = 4

　　–We need to re-evaluate the cost.　　　　TWW = 6

- 제목과 마무리 글: 이야기의 제목과 마무리 글은 쓴 단어로 계산한다.

　　–My Bad Day by Sarah　　　　　　　　TWW = 5

　　–The end　　　　　　　　　　　　　　TWW = 2

- 숫자: 날짜와 화폐를 제외한 숫자는 단어로 쓰지 않으면 단어로 계산하지 않는다.

　　–I have 3 cats.　　　　　　　　　　　　TWW = 3

　　–I have three cats.　　　　　　　　　　TWW = 4

　　–Today is August 13, 1974.　　　　　　　TWW = 5

　　–I have $50.　　　　　　　　　　　　　TWW = 3

　　–I have 50.　　　　　　　　　　　　　　TWW = 2

　　–I have 50 dollars.　　　　　　　　　　TWW = 4

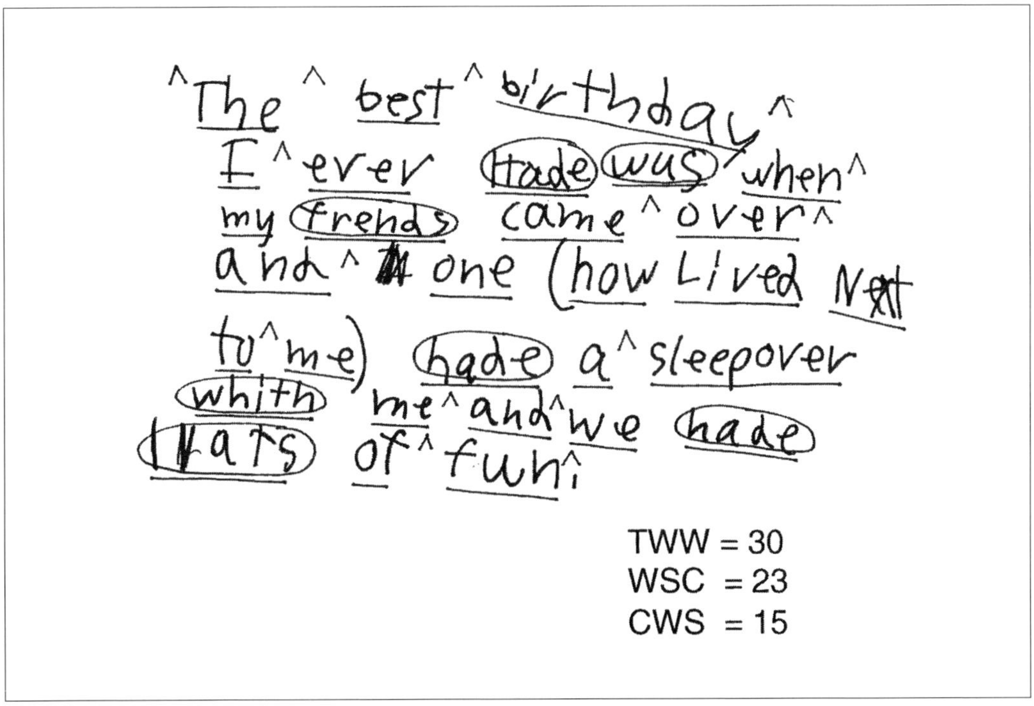

TWW = 30
WSC = 23
CWS = 15

[그림 6-3] 채점한 학생용 쓰기 CBM의 예

- 특수 문자: 특수 문자들은 단어 대신 쓴 것이 아니라면 단어로 계산하지 않는다.

  －<u>Mary</u> & <u>I</u> <u>went</u> <u>home</u>.   TWW = 4

  －<u>She</u> <u>won</u> <u>a</u> <u>lot</u> <u>of</u> $.   TWW = 5

  －<u>I</u> <u>will</u> <u>give</u> <u>you</u> 50%.   TWW = 4

철자를 맞게 쓴 단어 채점하기

WSC는 문맥에 상관없이 철자를 맞게 쓴 단어의 수를 나타낸다. 영어에서 찾을 수 있는 단어의 경우 WSC로 간주한다. 철자가 틀린 단어에는 동그라미를 친다([그림 6-3]을 보세요). WSC는 TWW에서 동그라미 친 단어의 수를 빼어 계산한다. TWW처럼 WSC에도 추가적인 채점 규칙을 적용한다.

- 약어: 약어는 반드시 철자를 바르게 써야 한다.

  －I live on President Blvd.   WSC = 5

  －I live on President (Bld)   WSC = 4

- 하이픈으로 연결된 단어: 개개의 단어로 계산된 각 형태소는 철자를 바르게 써야 한다. 형태소가 홀로 의미를 갖지 못하거나(예, 접두사) 단어 일부의 철자를 잘못 쓴 경우, 전체 단어는 철자가 틀린 것으로 계산한다.

  －She is my sister-in-law.   WSC = 6

  －She is my (sista)-in-law.   WSC = 5

  －I need to re-evaluate this.   WSC = 5

  －I need to (re-eveluate) this.   WSC = 4

- 제목과 마무리 글: 이야기의 제목이나 마무리 글에 있는 단어들도 WSC 채점에 포함시킨다.

  －My Terrible Day   WSC = 3

  －My (Terrable) Day   WSC = 2

- 대문자 표기: 고유명사는 이름이 일반 명사가 아닌 경우, 대문자로 표기해야 한다. 한 문장에서 첫 번째 단어의 대문자 표기는 WSC의 채점 조건을 만족시키는 의무적인 조건은 아니다. 대문자로 표기되어야 할 단어가 문장에서 대문자로 표기되지 않더라도 바르게

쓴 철자로 인정한다.

−She sat with Bill.	WSC = 4
−she sat with Bill.	WSC = 4
−She sat with bill.	WSC = 4
−She sat with the bill.	WSC = 5
−She sat With the bill.	WSC = 5

• 역으로 된 철자: 단어의 철자가 역으로 쓰여졌을 경우, 역으로 쓰여진 철자로 단어가 틀리지 않는 한 오류로 계산하지 않는다. 이 규칙은 일반적으로 p, q, g, d, b, n, u에 적용된다.

−The pig was at the farm.	WSC = 6
−The qig was at the farm.	WSC = 5
−The (big) pig ate.	WSC = 4
−The dig pig ate.	WSC = 4

• 축약: 축약을 사용했을 경우, 소유격 부호를 적절한 위치에 사용해야 바르게 쓴 것으로 채점한다. 해당 단어가 소유격 부호 없이 그 자체로 고유의 의미를 가질 경우에도 바른 것으로 인정한다.

−Its my turn.	WSC = 3
−It' s my turn.	WSC = 3
−She isn' t here.	WSC = 3
−She (isnt) here.	WSC = 2

연속적으로 맞게 쓴 단어

CWS는 "쓰여진 구문의 문맥 내에서 영어를 모국어로 하는 원어민에게 받아들여질 수 있는 바른 철자로 2개의 단어가 연속해서 쓰여진 수"를 나타낸다(Videen et al., 1982, p. 7). CWS는 구두점 표기, 구문, 의미, 철자 쓰기, 대문자 표기를 모두 고려한다. CWS로 채점할 때 캐럿 기호(∧)를 사용하여 각각의 맞힌 단어의 순서를 표시한다. 문장 시작 시에는 보통 공백을 사용한다. CWS로 채점할 때 고려해야 할 사항들은 다음과 같다.

- 철자 쓰기: 철자를 맞게 쓴 단어만 CWS로 계산한다. WSC로 인정되지 않거나 동그라미 친 단어는 CWS로 계산하지 않는다.

  - ^She^waited^for^me^at^the^store^.   CWS = 8
  - ^She ⟨waeted⟩ for^me^at^the ⟨stor.⟩   CWS = 4

- 대문자 표기: 문장을 시작할 때 대문자 표기를 해야 한다. 고유명사는 주어진 문맥 내에서 보통명사로 사용되지 않을 경우 대문자 표기를 해야 한다. 대문자가 부정확하게 표기된 단어들은 부정확한 CWS로 표기한다.

  - ^She^is^coming^over^.   CWS = 5
  - she is^coming^over^.   CWS = 3
  - ^She^sat^with bill.   CWS = 3
  - ^She^sat^with^the^bill^.   CWS = 6
  - ^He^is^on^my Pillow.   CWS = 4

- 구두점: 문장의 마지막에는 올바른 구두점을 사용해야 한다. 일반적으로 쉼표는 연속해서 사용하지 않을 경우 계산에 포함하지 않는다. 다른 구두점은 일반적으로 CWS로 계산하지 않는다.

  - ^Mary^asked^if^I^would^come^over^. ^I^said^no^.   CWS = 12
  - ^Mary^asked^if^I^would^come^over i^said^no   CWS = 9
  - ^I^have^a^cat, ^dog^and^bird^.   CWS = 8
  - ^I^have^a^cat dog^and^bird^.   CWS = 7

- 구문: 구문론적으로 바르게 사용된 단어를 CWS로 계산한다. 접속사로 시작하는 문장들은 구문적으로 바른 것으로 간주한다.

  - ^He^had^never^seen^the^movie^before^.   CWS = 8
  - ^He^never seen^the^movie ever^.   CWS = 5
  - ^And^he^wanted^to^go^see^it^with^me^.   CWS = 10

- 의미: 의미론적으로 바르게 사용된 단어를 CWS로 계산한다.

  - ^That^pig^is^too^fat^.   CWS = 6
  - ^That^pig^is to fat^.   CWS = 4

• 이야기 제목과 마무리 글: CWS를 채점할 때 이야기 제목과 마무리 글에 있는 단어를 포함시키고 철자 쓰기, 구두점, 대문자 표기, 구문, 의미에 대한 채점 준거를 만족시키는 경우에만 CWS로 계산한다.

　$-$^The^Big^Fat^Wedding^by^Billy^ 　　　　　　　　CWS = 7

　$-$^The^ Big fat Wedding^by billy 　　　　　　　　CWS = 3

　$-$the big fat wedding 　　　　　　　　　　　　　CWS = 0

　$-$^The^End^. 　　　　　　　　　　　　　　　　CWS = 3

　$-$^The end^. 　　　　　　　　　　　　　　　　 CWS = 2

쓰기 CBM 검사 실시 및 채점 시 고려사항

1. TWW와 WSC는 채점하기가 용이하지만 유창성 영역에 대한 정보만 제공하는 경향이 있으므로 학년 수준보다 낮은 쓰기 성취를 보이는 학생들의 경우, 따로 시간을 내어 CWS로도 채점할 것을 권장한다. CWS는 오류의 패턴과 개선할 필요가 있는 쓰기 기술에 대한 유용한 정보를 제공하며 교수 효과를 더욱 민감하게 평가하기 때문에 진전도 모니터링을 할 때 다른 채점방법보다 더욱 유용하다.

2. 검사 실시 방법은 위에 제시한 대로 읽어야 하며 검사 실시 중 어떤 과정에서도 학생들에게 추가적으로 가르치거나 오류를 교정하지 않아야 한다.

3. 검사자는 검사를 시행하는 동안 (특히 쓰기에 어려움이 있는 학생의 경우) 3분 동안의 쓰기 결과가 학생의 쓰기 기술에 대해 충분한 정보를 제공하지 못한다고 판단할 수 있다. 이 경우, 5분 혹은 10분 동안 쓸 시간을 주어 장문의 쓰기 표본을 사용하여 쓰기 기술을 분석한다. 규준표본(normative sample)은 3분 동안의 쓰기 시간을 기준으로 하여 산출한 기준이므로 쓰기 시간을 추가로 제공했을 경우 규준표본의 점수를 사용할 수 없다. 대신 학생이 3분 동안 쓴 점수를 규준표본과 비교하되, 추가로 2~7분 동안 더 쓰도록 허용하는 방안도 있다.

쓰기 CBM은 얼마나 자주 측정되어야 하는가

3장에는 CBM 검사를 선별/벤치마킹, 진전도 모니터링, 현행 수준 조사 평가와 같이 서로 다른 목적을 위해 실시하는 시기와 빈도에 대해 자세히 나와 있다. 쓰기 CBM의 경우, 교수적 수준을 결정하는 데 필요한 현행 수준 조사 평가의 규준이 개발되지 않았기 때문에 다음에서는 선별/벤치마킹과 진전도 모니터링에 대한 개요만 제시했다. 다른 목적으로 실시하는 CBM의 시기와 빈도에 대해 좀 더 자세한 내용을 알고 싶을 경우 3장을 참고할 것을 권장한다.

- 선별/벤치마킹 = 같은 학급이나 학년에 있는 모든 학생을 대상으로 1/4학기에 한 번(1년에 3~4회) 실시한다. 보통 가을, 겨울, 봄학기에 실시한다.
- 진전도 모니터링 = 선별/벤치마킹 평가 결과를 참조하여 하위 25%의 학생을 대상으로 적어도 일주일에 한 번 실시한다(일주일에 두 번 실시하면 더욱 좋다). 규준에 근거하여 위험군으로 판별되는 학생을 대상으로 실시한다.
- 모든 학생을 대상으로 실시하는 월별 진전도 모니터링 결과를 통해 교실에서 행해지는 교수의 효율성 정도에 대한 정보를 알 수 있다.

쓰기 CBM을 실시하고 채점하는 데 얼마나 많은 시간이 소요되는가

쓰기 CBM을 개인 혹은 전체 집단을 대상으로 실시할 경우 5분 정도의 시간이 걸린다. 채점방법의 수와 학생의 학년 수준에 따라 쓰기 CBM을 채점할 때 필요한 시간이 다르다(학년 수준이 올라갈수록 채점에 필요한 시간도 길어진다). Malecki와 Jewell(2003)의 연구에 의하면 하나의 유창성 채점방법(TWW 또는 WSC)을 사용하여 채점할 때 평균 30초의 시간이 소요된다고 한다. 2개의 유창성 채점방법(TWW와 CWS)을 사용할 경우, 초등학생은 1분보다 약간 덜 걸리고 중학생은 1분보다 약간 더 걸렸다. 모든 채점방법(TWW, WSC, CWS)을 사용할 경우 초등학생은 1분 30초, 중학생은 2분 30초의 시간이 소요되었다. CWS만 사용하여 채점할 경우 평균 45

표 6-1 쓰기 CBM의 규준: 연속적으로 맞게 쓴 단어(CWS)

학년	퍼센타일	AIMSweb (2008)[a]		
		가을(CWS)	겨울(CWS)	봄(CWS)
1	90%	9	14	21
	75%	4	9	15
	50%	**2**	**4**	**9**
	25%	0	1	5
	10%	0	0	2
2	90%	20	30	38
	75%	13	21	29
	50%	**7**	**14**	**20**
	25%	3	8	12
	10%	1	3	6
3	90%	36	45	51
	75%	27	35	40
	50%	**17**	**24**	**29**
	25%	9	16	19
	10%	4	9	11
4	90%	48	55	64
	75%	37	45	52
	50%	**26**	**33**	**39**
	25%	16	23	28
	10%	9	15	17
5	90%	58	63	69
	75%	46	51	59
	50%	**34**	**40**	**45**
	25%	23	29	32
	10%	14	19	22
6	90%	63	70	75
	75%	52	58	63
	50%	**40**	**46**	**50**
	25%	29	34	36
	10%	19	23	25

	90%	70	76	80
	75%	58	63	67
7	**50%**	**44**	**50**	**52**
	25%	31	36	38
	10%	20	25	26
	90%	77	77	82
	75%	64	66	70
8	**50%**	**50**	**52**	**56**
	25%	36	39	42
	10%	24	26	29

ª3판에서 갱신된 2008년 데이터

초에서 1분 30초의 시간이 소요되었다.

쓰기 CBM에서 기대되는 성장률과 규준

대부분의 CBM 영역은 성장률, 기준점, 규준이 성립되어 있지만, 현재 쓰기 CBM의 성장률과 기준점에 대한 연구는 없는 상황이다. 학생의 점수를 같은 학년에 있거나 동일한 교수적 수준에 있는 또래의 수행 수준과 성장률과 비교할 때 사용할 수 있는 규준은 있다. 〈표 6-1〉에는 1학년에서 8학년까지의 쓰기 CBM의 규준에 대한 정보가 나와 있다.

쓰기 영역의 개별화교육계획 목표를 작성하기 위해 정보를 활용하는 방법

3장에서와 같은 형식으로 쓰기 CBM 정보를 사용하여 개별화교육계획(IEP)의 최종 도달 목표와 세부 도달 목표를 어떻게 작성하는지에 대한 예시를 제시하고자 한다. 시간, 학습자, 행동(예, 쓰기), 수준(예, 학년), 내용(예, 쓰기), 데이터(이야기 제시 CBM 진전도 모니터링 데이터), 기준(소요시간과 정확도를 포함하는 학업 기술의 규준 또는 기준점을 반영)에 대한 기본적인 원칙은 동일하다.

최종 도달 목표의 예시

- 쓰기 CBM 검사의 최종 도달 목표(goal)
  - 30주 후, Jose는 6학년용 이야기 제시 CBM 진전도 모니터링 검사지를 3분 이내에 95% 이상의 정확도와 함께 47개의 연속적으로 맞게 쓴 단어(CWS)를 쓸 수 있다.

세부 도달 목표를 기술할 때에도 동일한 원칙을 적용하지만 좀 더 짧은 시간(time frame)을 사용해야 한다.

세부 도달 목표의 예시

- 세부 도달 목표(objective)
  - 10주 후, Jose는 6학년용 이야기 제시 CBM 진전도 모니터링 검사지를 3분 이내에 95% 이상의 정확도와 함께 30개의 연속적으로 맞게 쓴 단어(CWS)를 쓸 수 있다.

쓰기 CBM에 대해 자주 묻는 질문

1. 학생이 정해진 시간이 다 되기 전에 쓰기를 그만둔다면 어떻게 해야 하나요?

   학생에게 "이야기를 쓸 수 있을 때까지 최선을 다해 계속 쓰세요."라고 말해야 합니다. 필요할 때마다 말해도 됩니다.

2. 학생이 이야기 제시 검사와 관련 없는 내용을 쓰면 안 되나요?

   아닙니다. 학생의 쓰기를 내용, 구성, 세부사항 등의 항목에 대해 채점하지 않기 때문에 이야기 제시와 관련없는 내용을 써도 상관없습니다. 하지만 학생이 관련없는 내용을 썼다는 것을 알고 있는지, 이야기 제시 과제를 이해하고 있는지, 관련된 주제에 대해 이야기를 쓸 수 있는 배경지식이 있는지를 확인해야 합니다.

3. 검사 실시방법이나 채점방법을 바꿀 수 있나요?

아닙니다. 검사 실시방법은 이미 간단하게 구성되어 있고, 표준화되어 있기 때문에 변형할 수 없습니다. 특히 비생산적인 것처럼 보일지라도 학생들이 실제로 쓰기를 시작하기 전에 1분 동안 생각할 시간을 주는 것이 중요합니다.

4. 이야기 제시 검사를 직접 만들어서 사용해도 되나요?

네. 학년 수준에 적절하고 학생으로부터 예/아니요의 답변 이상을 끌어낼 수 있는 검사지라면 이야기 제시 검사를 만들어서 사용해도 됩니다. 이야기 제시 검사를 직접 제작한다면 쓰기 과제에 대한 학생의 관심사를 반영할 수 있는 기회가 될 수도 있을 것입니다.

5. 학생이 쓸 수 있다는 것을 아는데, 학생이 쓰기를 시작하지 않는다면 어떻게 해야 하나요?

학생이 쓰기를 시작하도록 독려하십시오. 기대하는 바를 알려 주고, 필요하다면 학생의 쓰기를 보완해 줄 수 있는 교수적 기술이나 행동적 기술을 가르치십시오.

6. 학생이 쓴 내용을 읽을 수 없다면 어떻게 해야 하나요?

학생이 손글씨 교수가 필요한 것인지 부주의하게 쓴 것인지 평가한 후 적절한 교수를 제공해야 합니다(예, 손글씨 쓰기 연습, 동기부여 등). 만약 필요하다면 추가로 이야기 제시 검사를 실시하십시오.

7. 학생들이 다른 학생들이 쓴 이야기를 채점해도 되나요?

아닙니다. 학생들은 자신이 쓴 내용을 TWW로 채점할 수 있지만 다른 채점방법들은 교사나 쓰기 CBM 채점 훈련을 받은 사람들만 채점할 수 있습니다.

8. 쓰기 CBM의 검사결과를 평가 점수로 사용해도 되나요?

현재 가르치고 있는 내용을 반영할 수 있는 다른 채점방법(예, 항목별 평가척도)을 함께 사용한다면 쓰기 CBM 점수를 평가 점수로 사용해도 됩니다.

9. 채점한 이야기 제시 검사지는 어떻게 해야 하나요?

한 해 동안의 진전도를 확인하기 위해서 데이터를 그래프로 표시해야 하며, 이와 함께 포트폴리오로 저장해 둘 수 있습니다. 또는 좀 더 긴 쓰기 과제를 위한 시작점으로 사용할 수 있을 것입니다.

10. 20개의 이야기 제시 검사지를 가지고 있는데 35주 동안 진전도를 모니터링해야 합니다. 동일한 이야기 제시 검사지를 다시 사용해도 괜찮은가요?

네. 20개의 이야기 제시 검사지를 모두 사용한 경우 다시 사용하셔도 됩니다. 학생들은 20주 전에 했던 이야기 제시 검사지의 내용을 기억할 수 없을 것입니다. 만약 이야기 제시 검사지를 다시 사용하고 싶다면 숙제나 추가적인 연습용으로 검사지를 사용하지 말아야 합니다.

● 추가 정보 및 읽기자료

Espin, C. A., Scierka, B. J., Skare, S., & Halverson, N. (1999). Criterion-related validity of curriculum-based measures in writing for secondary school students. *Reading and Writing Quarterly: Overcoming Learning Difficulties, 15*(1), 5-27.

Gansle, K. A., Noell, G. H., VanDerHeyden, A. M., Naquin, G. M., & Slider, N. J. (2002). Moving beyond total words written: The reliability, criterion validity, and time cost of alternate measures for curriculum-based measurement in writing. *School Psychology Review, 31*, 477-497.

Gansle, K. A., Noell, G. H., VanDerHeyden, A. M., Slider, N. J., Hoffpauir, L. D., Whitmarsh, E. L., et al. (2004). An examination of the criterion validity and sensitivity to brief intervention of alternate curriculum-based measures of writing skill. *Psychology in the Schools, 41*, 291-300.

Lembke, E., Deno, S. L., & Hall, K. (2003). Identifying an indicator of growth in early writing proficiency for elementary school students. *Assessment for Effective Intervention, 28*(3/4), 23-35.

Malecki, C. K., & Jewell, J. (2003). Developmental, gender, and practical considerations in scoring curriculum-based measurement writing probes. *Psychology in the Schools, 40*, 379-390.

7 수학 CBM

수학 CBM을 사용하는 이유

　읽기와 문해는 종종 학교에서 배워야 할 가장 중요한 기술로 여겨지지만, 많은 사람들은 읽기와 문해 기술만큼 수학도 성공적인 삶을 영위하는 데 중요하다고 주장한다. 다른 학업 기술들과 마찬가지로, 수학 CBM은 ① 학업실패의 위험군에 속하는 학생, ② 현재 받고 있는 교수에 대해 적절한 진전도를 보이지 못하는 학생, ③ 추가적인 진단적 평가가 필요한 학생, ④ 학생의 교수적 수준을 판별하는 데 신뢰할 수 있고 타당한 방법을 제공한다. 대부분의 수학 평가 검사도구들은 기술의 숙련도를 나타내는 유창성 영역에 대한 정보를 제공하지 못한다는 큰 제한점이 있다.

　수학 CBM은 실시하고 채점하는 데 용이하고 효율적이며, 개인별로 시행하거나 전체 학급을 대상으로 동시에 실시할 수도 있다. 수학 CBM은 초기 수학(Early Numeracy), 계산(Computation), 개념과 적용(Concepts and Applications) 세 영역으로 나뉜다. 계산 영역은 수학 CBM에서 전통적인 관심을 받아 왔으며 대부분의 연구들이 계산 영역의 사용을 뒷받침하고 있다. 수학 CBM의 계산 영역은 학생의 계산 수행능력을 신뢰도 있게 측정하는 빠르고 쉬운 방법으로, 계산 능력을 측정하는 다른 검사도구와도 상관관계가 있다. 수학 CBM의 다른 영역에는 초기 수학, 개념과 적용, 추정(Estimation-필수 수학 기술 중 하나)이 있다. 이 장에서는 계산 영역을 측정하기 위한 CBM의 실시, 채점 및 사용 방법에 대해 주로 논의하고 이외의 다른 영역들은 후반부에 간략하게 논의할 것이다. 이번 장에서 앞으로 언급되는 수학 CBM은 계산 영역만을 의미하는 것임을 밝힌다.

수학 CBM 검사는 학생들에게 2분 동안 계산 문제에 답하게 한 후 교사/검사자가 바르게 답변한 자릿수(correct digits: CD)의 수를 세어 채점한다. 다른 수학 검사도구처럼 바르게 답한 문제의 수가 아니라 바르게 답변한 자릿수의 수임을 유의해야 한다. 바르게 답변한 자릿수의 수를 세는 이유는 채점방법을 소개할 때 좀 더 자세히 이야기하겠다. 수학 CBM을 통해 얻은 정보는 개개인의 학생에 대한 데이터를 제공하여 적절한 시기에 알맞은 교수적 결정을 할 수 있도록 돕는다.

수학 CBM을 사용하기 위해 필요한 준비물

1. 난이도는 동등하지만 내용이 다른 수학 검사지
2. 수학 CBM 검사를 실시하고 채점하기 위한 지침서
3. 필기도구
4. 시간을 측정하기 위한 시계
5. 시험을 보기 위한 매우 조용한 검사환경
6. 수집된 데이터를 나타내기 위한 일정한 간격의 그래프나 프로그램

수학 CBM 검사지

읽기나 쓰기와 같은 내용 교과 영역의 경우 대체로 일반적인 읽기자료, 단어 목록이나 이야기 제시 검사지를 사용할 수 있다. 예를 들어, 3학년 수준의 읽기자료는 교육과정과 상관없이 매우 비슷하게 구성할 수 있다. 하지만 수학은 각 주마다, 학교마다, 교육과정마다 서로 다른

특정한 범주 및 순서로 구성되어 있다. 많은 교육자들은 각 주(state)의 핵심 교육과정(Core Curriculum)에서 요구하는 특정한 기술과 직접적으로 연결되어 있는 수학 검사지를 필요로 한다(학년 말에 사용하는 학업 수행 평가 도구와 관련 있는 진전도 모니터링 검사도구를 사용하고 싶어 하지 않겠는가?). 따라서 일반적으로 사용할 수 있거나 이미 제작된 검사지는 각 학년에서 요구하는 기술과 동일한 기술을 포함하지 않을 수도 있다. 교육과정과 맞는 이미 제작된 검사지를 구할 수 없는 경우를 위해, 검사지를 직접 제작할 수 있는 방법을 알려 주고자 한다(검사지를 구할 수 있는 곳에 대한 정보를 알고 싶다면 [Box 7-1]을 보세요). 이 정보는 다른 검사지의 구입을 고려하는 경우, 검사지의 사용도를 판단하는 데 참조할 수도 있을 것이다. 직접 검사지를 제작하는 것은 좀 더 많은 시간이 소요되지만, 한번 만들어 놓으면 매우 유용한 데이터로 사용할 수 있을 것이다. 좀 더 효율적으로 작업하기 위해서는 같은 학년 수준이나 다른 학년 수준의 검사지를 제작하고자 하는 다른 동료를 찾는 것도 좋다. 수학 CBM 검사지를 제작하는 데 도움을 줄 수 있는 웹주소도 유용할 것이다([Box 7-2]를 보세요).

선별, 진전도 모니터링, 현행 수준 조사 평가에 사용되는 수학 검사는 보통 SBM의 형태를 취한다. 1장의 내용을 떠올려 보면, SBM은 GOM에서 사용되는 일반적이고 총체적인 기술보다는(이전 장에서 다루었던 읽기, 초기 읽기, 쓰기 CBM 영역에서 언급함) 학생이 각 학년 말까지 숙달해야 하는 모든 특정한 기술로 구성되어 있다. 수학 검사지는 서로 다르지만 동등한 난이도의 문제들(예, 같은 학년 수준)로 구성되며 적어도 한 페이지당 25개의 문제를 제시해야 한다(Fuchs & Fuchs, 1991)([그림 7-1]을 보세요).[1] 수학 문제들은 학생이 전체 학년에 걸쳐 숙달하기를 기대하는 기술을 나타내야 하는데, 이를 위해서는 1년간의 수학 교육과정을 참고하고 해당 연도에 가르치는 기술을 선택해야 한다. 학생이 배워야 하는 기술들과 각 기술(강조하는 지표)을 가르치는 데 걸리는 시간을 참고하여 수학 문제를 선택하거나 만든다.

---

[1] 일부 사람들의 경우 공통적인 규칙을 사용하고 있는데, 공통적인 규칙이란 적합한 수행 수준(criterion for acceptable performance: CAP)을 평가할 수 있는 문항보다는 수학의 유창성을 평가할 수 있는 문항(자릿수의 개수를 의미함. 개별문항은 아님)을 30~40% 이상 더 많이 포함되어야 한다는 점이다. 이러한 규칙에 근거하여 한 학생이 검사를 마쳤을 경우 그 학생은 CAP보다 뛰어난 수행 수준을 보였음을 확인할 수 있으며 교사는 더 이상 수행 수준에 대해서 고민을 하지 않을 것이다. 예를 들어, 4학년의 숙달도 수준(예, CAP)은 49개의 자릿수(CD) 이상이다. 만약 교사가 사용하고 있는 수학 유창성 검사에서 적어도 64~69개의 자릿수를 측정한다면 2분 안에 이 검사를 끝마친 모든 학생들은 좋은 성적을 나타낸 것으로 해석될 수 있다.

Box 7-1

이미 개발된 수학 CBM 검사지를 얻을 수 있는 곳

$ 표식은 검사지의 가격을 나타냄

💻 표식은 컴퓨터로 검사의 실시가 가능함을 나타냄

✎ 표식은 데이터를 관리하고 그래프로 나타낼 수 있는 기능이 가능함을 나타냄

AIMSweb(Pearson) $ ✎

웹주소:	www.aimsweb.com
전화번호:	866-323-6194
주소:	Harcourt Assessment, Inc.
	AIMSweb Customer Service
	P.O. Box 599700
	San Antonio, TX 78259
검사 종류:	• 초기 수학(진전도 모니터링 검사지 30개, 각 기술별 벤치마킹 검사지 3개)
	• 계산(1~8학년을 위한 검사지 40개)
	• 사칙연산(1~8학년을 위한 검사지 40개)

Minneapolis Public Schools

웹주소:	pic.mpls.k12mn.us/Performance_Assessment_e-Manual.html
검사 종류:	• 계산(벤치마킹 검사지 3개, 1~6학년을 위한 진전도 모니터링 검사지 7개)

MBSP Basic Math Computation—Second Edition(PRO-ED) $

웹주소:	www.proedinc.com/customer/ProductLists.aspx?SearchWord=MBSP
전화번호:	800-897-3202
주소:	8700 Shoal Creek Boulevard
	Austin, TX 78757-6897
검사 종류:	• 계산(1~6학년을 위한 검사지 각각 25개)
	• 개념과 적용(2~6학년을 위한 검사지 각각 30개)

Research Institute on Progress Monitoring

웹주소:	progressmonitoring.org

전화번호:　　612-626-7220

검사 종류:　　• 초기 수학(각 기술별 벤치마킹 검사지 3개)

Vanderbilt University $(복사, 우편 배송만 가능)

전화번호:　　615-343-4782

주소:　　　　Lynn Fuchs

　　　　　　Peabody #328

　　　　　　230 Appleton Place

　　　　　　Nashville, TN 37203-5721

검사 종류:　　• 계산(1~8학년을 위한 검사지 각각 30개)

　　　　　　• 개념과 적용(1~8학년을 위한 검사지 각각 30개)

Yearly Progress Pro(CTB/McGraw-Hill) $ 🖥 ✎

웹주소:　　　www.ctb.com/mktg/ypp/ypp_index.jsp

전화번호:　　800-538-9547

검사 종류:　　• 계산, 사칙연산, 개념과 적용(문제 은행에서 추출하고 교육과정과 연관

　　　　　　있는 검사지)

Box 7-2

수학 CBM 검사지를 제작하기 위한 웹주소

www.aplusmath.com/

계산, 소수(decimals), 분수(fractions), 돈(money), 대수(algebra)의 영역에 해당하는 이미 개발된 단일 기술 검사지를 구할 수 있다. 자동으로 채점할 수 있는 온라인 시험지와 여러 가지 수학 기술을 혼합하여 검사지를 만들 수 있도록 돕는 학습지 제작 프로그램도 있다.

www.interventioncentral.org/htmdocs/tools/mathprobe/addsing.shtml

단일 기술이나 혼합수학(mixed-math: 여러 기술이 포함된 검사-역자주) 검사지를 만들 수 있다. 문제 형식의 선택에 대한 자세한 정보를 제공한다. 문제의 순서를 미리 선택하거나 임의로 선택할 수 있고, 행과 열의 수를 정할 수 있다.

themathworksheetsite.com/
단일 기술이나 혼합수학 검사지를 만들 수 있다. 분수, 측정, 그래핑, 시간 말하기에 대한 검사지를 만들 수 있다. 검사지를 제작하는 데 많은 규제가 없다. 다른 유형의 검사지나 기술들을 포함한 subscription-access-only 영역도 있다.

superkids.com/aweb/tools/math/
단일 기술 검사지와 덧셈/뺄셈이 혼합된 검사지 제작을 위한 프로그램이 있다. 다른 혼합된 수학 기술들은 없다. 분수, 부등호, 반올림, 평균, 시간 말하기에 대한 검사지 제작도 가능하다. 계산 기술을 위한 기본, 고급(음수, 소수), 수평적인 유형(horizontal versions)의 검사지를 제공한다.

www.schoolhousetech.com/
덧셈, 뺄셈, 곱셈, 곱셈/나눗셈, 혼합수학의 검사지를 무료로 제공한다. 이 프로그램은 온라인으로 검사지를 새롭게 만드는 것에 초점을 맞추기보다는 이미 제작된 검사지를 다운로드받아서 검사지의 컴퓨터에서 검사를 실시하게 된다. 유료로 제공되는 검사지 유형은 다양한 영역의 수학기술을 포함하고 있으며, 검사지를 조정할 수 있는 다양한 선택사항을 제공하고 있다.

각 검사지에 있는 문제는 서로 다른 숫자로 구성되어야 하지만(예, 동일한 기술을 평가하는 문제들은 서로 다른 숫자를 포함하고 있어야 함), 각 검사지마다 각 기술을 나타내는 문제의 수는 동일해야 한다. 이로써 각 검사지는 동등하게 구성되며 전체 학년의 교육과정을 포함하게 된다 (Fuchs & Fuchs, 1991).

예를 들어, 3학년 교육과정은 다음과 같은 수학 계산 기술을 포함한다.

1. 받아올림이 필요 없는 여러 자릿수 덧셈
2. 받아올림이 필요한 여러 자릿수 덧셈
3. 받아내림이 필요 없는 여러 자릿수 뺄셈
4. 받아내림이 필요한 여러 자릿수 뺄셈
5. 곱셈, 숫자 9까지

수학: 3학년   검사지 1

이름: _____ 날짜: _____

6 ×7	952 +768	614 −44	156 + 32	141 −30
476 −143	9 ×0	156 +284	982 − 97	321 +147
241 +118	829 −106	6 ×0	86 +78	328 −142
41 −18	564 +222	98 −17	9 ×5	249 + 92
409 +292	728 −260	311 +188	256 − 45	4 ×1

[그림 7-1] **혼합수학 CBM 검사지의 예(학생용)**

만약 교육과정에서 이러한 수학 기술을 동등한 비율로 가르친다면 검사지마다 기술별로 동일한 수의 문제를 포함시킨다. 25개의 문제를 만들기 위해서는 5×5(가로 5칸, 세로 5칸)의 바둑판 모양의 검사지가 필요할 것이다. [그림 7-1]은 3학년 수학 검사지의 예를 보여 준다. [그림 7-1]에서 나온 것과 같은 기술 중심 검사지는 해당 학년의 전체 교육과정에 포함된 서로 다른 수학 계산 기술의 문제들로 구성되어 있기 때문에 혼합수학 검사지라고 부르기도 한다.

검사지에 있는 문제들은 교육과정에 있는 순서대로(예를 들어, 받아올림이 없는 여러 자릿수 덧셈이 제일 처음, 곱셈이 제일 마지막) 나열된 것이 아님을 유의해야 한다. 문제의 순서는 임의로 나열되어 있으므로 순서에 따라 문제의 난이도나 복잡성이 증가하지 않지만 첫 번째 행 이후에는 체계적인 순서를 따른다. [그림 7-1]의 검사지를 보면 비슷한 유형의 문제들이 대각선으로 집단화되어 있음을 확인할 수 있을 것이다. 이는 특정 유형의 수학 문제에 대한 학생 반응의 패턴을 살펴보는 데 도움이 된다. 이 단계에서 검사지를 통해 유용한 정보를 얻어 수업 계

수학: 덧셈

이름: _____   날짜: _____

---

9 +3	1 +3	1 +6	3 +8	1 +6
2 +1	1 +8	4 +7	6 +8	5 +2
2 +6	8 +8	2 +7	3 +3	3 +4
1 +1	5 +2	8 +1	8 +7	9 +1
8 +2	1 +8	2 +3	6 +5	1 +5

[그림 7-2] 단일 기술 CBM 검사지의 예(학생용)

획을 세울 수 있는데, 이는 이 장의 후반부에서 좀 더 논의할 것이다.

수학 검사지를 제작하는 또 다른 방법은 하나의 기술만 평가하는 검사지를 만드는 것이다([그림 7-2]를 보세요). 단일 기술 수학 검사지는 한 가지 유형의 연산 문제만 포함한다. 단일 기술 검사지는 단순 연산에 해당되는 숫자만 사용하여 제작한다(예, [그림 7-2]에 나온 0~9 가수의 덧셈, 0~18의 총계). 단일 기술 검사지는 학생이 한 가지 기술을 배우기 시작했을 때 단기 계획을 세우는 데 도움을 줄 수 있다. 단일 기술 검사지는 수학 연산 기술을 조합하여 제작할 수도 있는데, 예를 들어 검사지를 단순 연산, 받아올림이 없는 두 자릿수 덧셈, 받아올림이 있는 두 자릿수 덧셈, 받아올림이 없는 세 자릿수 덧셈, 받아올림이 있는 세 자릿수 덧셈 문제들로 구성할 수 있다. 이러한 유형의 검사지는 한 가지 기술만 평가하기 때문에 선별이나 진전도 모니터링에 적절하지 않지만 진단적 정보를 얻거나 의사결정을 내리는 교육과정중심평가(curriculum-based evaluation: CBE) 접근방법에 있어서 현재의 수준(starting point)을 파악하는 데 사용할 수 있다.

수학 CBM을 실시할 때에는 2개의 수학 검사지 복사본이 필요하다. 한 사본은 학생들이 답을 쓰기 위한 것이고(예, [그림 7-1]) 다른 사본은 교사나 검사자를 위한 것인데, 교사 및 검사자를 위한 사본에는 정답과 각 문제에 대한 맞힌 자릿수(correct number of digits)가 나와 있다([그림 7-3]을 보세요). 맞힌 자릿수는 바른 자리에 있는 바른 숫자를 말한다(구체적인 지침을 알기 원한다면 다음에 나와 있는 '수학 CBM의 실시 및 채점방법'을 보세요).

처음 수학 CBM을 실시할 때에는 3개의 동등한 난이도의 수학 검사지를 사용한다. 한 번의 검사 회기에서 3개의 검사지를 모두 실시할 수도 있지만 필요하다면 서로 다른 날 연이어 실시할 수도 있다. 시험을 준비하는 시간을 절약하고 좀 더 정확한 점수를 얻기 위해 한 회기에서 실시할 것을 권한다. 3개의 검사지에서 나온 점수 중 중앙값은 학생의 그래프에서 첫 번째

수학: 3학년   검사지 1

이름: _____ 날짜: _____

---

6 ×7 **42** (2)	952 +768 **1720** (4)	614 − 44 **570** (3)	156 + 32 **188** (3)	141 −30 **111** (3) 15(15)
476 −143 **333** (3)	9 ×0 **0** (1)	156 +284 **440** (3)	982 − 97 **885** (3)	321 +147 **468** (3) 13(28)
241 +118 **359** (3)	829 −106 **723** (3)	6 ×0 **0** (1)	86 +78 **164** (3)	328 −142 **186** (3) 13(41)
41 −18 **23** (2)	564 +222 **786** (3)	98 −17 **81** (2)	9 ×5 **45** (2)	249 + 92 **341** (3) 12(53)
409 +292 **701** (3)	728 −260 **468** (3)	311 +188 **499** (3)	256 − 45 **211** (3)	4 ×1 **4** (1) 13(66)

[그림 7-3] 혼합수학 CBM 검사지의 예(교사용)

데이터로 사용된다. 이후에 20~30개의 서로 다르지만 동등한 수준의 수학 검사지는 1년 동안 학생의 수학 진전도를 모니터링하는 데 사용된다.

단어선택 CBM, 철자 쓰기 CBM 목록, 쓰기 CBM 이야기 제시와 마찬가지로, 수학 CBM도 개별 혹은 집단으로 실시할 수 있다. 학생들은 연필이나 펜, (답이 적혀있지 않은) 수학 검사지 복사본이 필요하고 교사나 검사자는 초시계와 검사 지침서가 필요하다.

수학 CBM의 실시 및 채점방법

편의를 위해 부록 B에 수학 CBM 검사의 실시 및 채점방법을 복사할 수 있는 데이터가 첨부되어 있다.

수학 CBM 실시방법 [2]

1. 학생들 앞에 학생용 검사지 복사본을 놓아둔다.
2. • 단일 기술 검사지의 경우, 다음과 같이 말한다. "책상 위에 있는 검사지는 [덧셈, 뺄셈, 곱셈, 나눗셈, 분수, 비례, 소수 등] 문제가 있습니다. 문제에 답하기 전에 각각의 문제를 자세히 보세요. '시작하세요.' 라고 말하면 문제에 답하세요. 첫 번째 문제에서 시작해서 첫 번째 행에 나와 있는 문제를 풀고 (손가락으로 가리키며) 다음 행으로 넘어가세요. 문제에 답할 수 없다면 해당 문제에 X 표시를 하고 다음 문제를 푸세요. 한 페이지를 다 마치면 페이지를 넘겨서 문제를 풀고 '수고하셨습니다.' 라고 말할 때까지 문제를 푸세요. 질문 있나요? 시작하세요."
   • 혼합수학 검사지의 경우, 다음과 같이 말한다. "책상 위에 있는 검사지에는 수학 문제들이 있습니다. 검사지마다 여러 가지 유형의 문제들이 있는데, (검사지에 나와 있는 문제의 유형 삽입) 문제들입니다. 문제에 답하기 전에 각각의 문제를 자세히 보세요. '시작

---
[2] Shinn (1989)에서 발췌 및 수정

하세요.' 라고 말하면 문제를 푸세요. 첫 번째 문제에서 시작해서 첫 번째 행에 나와 있는 문제를 풀고 (손가락으로 가리키며) 다음 행으로 넘어가세요. 문제에 답할 수 없다면 해당 문제에 X 표시를 하고 다음 문제를 푸세요. 한 페이지를 다 마치면 페이지를 넘겨서 문제를 풀고 '수고하셨습니다.' 라고 말할 때까지 문제를 푸세요. 질문 있나요? 시작하세요."

3. "시작하세요."라고 말하면 2분으로 미리 맞춰 둔 초시계를 작동시킨다. 2분 후에는 "수고하셨습니다."라고 말하고 학생들에게 연필을 내려놓고 문제 풀기를 중단하도록 한다.

수학 CBM 채점방법

1. 맞힌 자릿수(CD)의 수를 센다.
2. 각각의 학생마다 CD를 기록한다.

수학 CBM을 채점할 때는 정확하게 맞힌 문제의 수를 세기보다는 문제에 대한 답의 맞힌 자릿수의 수(정답만을 구하는 것이 아니라 정확한 과정을 포함하는)를 센다. 맞힌 자릿수의 수가 맞힌 문제의 수보다 성취도의 변화를 측정하는 데 더 민감하기 때문이다. 맞힌 자릿수의 수를 사용하여 채점하면 학생이 좀 더 복잡한 문제를 정확하게 풀었을 때 좀 더 많은 점수를 얻게 되므로 더욱 공정하게 채점할 수 있게 된다. 맞힌 자릿수의 수로 채점할 경우, 복잡한 문제는 기본적인 문제보다 해결하는 데 더 많은 시간이 걸리므로 더 많은 시간이 걸리는 문제에 더 많은 점수를 줄 수 있게 된다(이는 시간 제한이 있는 과제에서 중요한 측면이다).

어떤 수학 CBM 프로그램들은 정확한 자릿수의 총 수만 채점하는데, 이 또한 문제가 될 수 있다. 3 CD로 채점된 분수 문제는 분수 문제를 해결하는 데 필요한 추가적인 단계들을 수행했음에도 불구하고(예, 중요한 과정들) 3 CD로 채점된 덧셈 문제와 동일한 점수를 받게 되기 때문이다.

[그림 7-4]에는 2개의 수학 문제가 있다. 만일 바르게 맞힌 문제의 수를 센다면 각각의 문제는 1점으로 채점될 것이다. 맞힌 자릿수의 수를 센다면 첫 번째 문제의 점수는(A 참조) 2 CD가 된다. 왜냐하면 문제의 최종 자릿수가 점수이기 때문이다. 만약 학생이 자릿수들 중 하나를 틀린다면(예, 41 대신 40이라고 한 경우-C 참조) 한 자릿수에 대한 점수를 받게 될 것이다. 두

```
A                               B
                25                              1236
               +16                             ×148
                41                              9888
2 CD                                          49440
                                            123600
                                            182928
                               21 CD

C                               D
                25                              1236
               +16                             ×148
                4Ø                              9888
1 CD                                          49440
                                            123600
                                            182828
                               20 CD
```

[그림 7-4] 바른 자릿수가 표시된 수학 문제의 예

번째 예시에서는 문제를 푸는 긴 과정에 21개의 자릿수가 있다(B 참조). 만약 학생이 한 단계
를 제외한 모든 단계를 옳게 풀어서 (182928이 아니라) 182828이라는 답을 얻었다면 20 CD의
점수를 얻을 것이다(D 참조). 학생이 여러 단계의 문제해결 과정에서 한 단계의 오류를 범했
을 때, [예, [그림 7-4]에 있는 두 번째 문제는 정답에 필사 오류(transcription error)가 있다. 학생은 모
든 과정을 정확하게 수행했지만 9 대신 8이라고 썼다.] 맞힌 자릿수별로 채점을 실시할 경우 부정
확하게 쓴 한 자릿수에 대한 점수만 받지 못하게 된다. 맞힌 문제의 수로 채점할 경우 학생은
아무런 점수도 받지 못하게 될 것이다. 맞힌 자릿수로 채점할 때에는 각 수학 문제에 해당하
는 맞힌 자릿수의 수를 센 후 모두 더하여 CD의 총 개수를 산출한다. CD에 대한 점수를 얻기
위해서는 정확한 자리에 정확한 숫자를 써야 한다.

바른 답으로 채점되는 경우

• 학생이 바른 답을 쓴 경우, 문제를 푸는 데 사용한 모든 과정이 나타나 있지 않더라도 문제
  의 최종 정답 자릿수로 점수를 채점한다. 학생이 바른 답을 쓴 경우 문제를 해결하는 방법
  을 알고 있다는 것을 의미하기 때문에 전체 점수(full credit)를 준다.

```
      1236              1236
    ×  148            ×  146
      9888          182928
     49440
   123600
   182928

    21 CD             21 CD
```

• 문제가 X 표시되었거나 풀었지만 끝까지 풀지 않은 경우 학생은 바른 자릿수에 대한 점수를 받는다. 학생이 문제를 끝내지 않았더라도 바르게 푼 것은 바르게 푼 것이다.

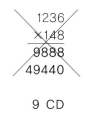

```
    9 CD
```

• 뒤집히거나 회전된 숫자는 6과 9를 제외하고 바른 것으로 채점한다. 다른 숫자들은 뒤집힘 또는 회전으로 다른 숫자가 되지 않지만 6과 9의 경우 학생이 무엇을 쓰려고 했는지 이야기하기가 불가능하다.

```
      25                25
    +16               +16
      41                �d1

    2 CD              2 CD
```

• 곱셈 문제에서 자리 인식 기호(place holder)를 위해 사용된 기호는 자리를 표시하기 위해 사용하는 한 바른 자릿수로 채점한다. 학생은 자리를 표시하기 위해 사용하는 한 0, X, ☺, 빈 자리, 다른 어떤 기호들도 사용할 수 있다.

```
         1236                    1236
       ×  148                  ×  148
         9888                    9888
        49440                    4944x
       123600                  123600
       182928                  182928
       ───────                 ───────
        21  CD                  21  CD
```

오류로 채점되는 경우

모든 오류는 '/' 표시한다. [그림 7-4]의 2개의 예시를 보라.

특별한 채점의 예시

• 받아올림이나 받아내림과 같이 선 위에 있는 답의 부분은 맞힌 자릿수로 채점하지 않는다. 이는 문제 해결을 위한 작업의 한 부분이지 문제 해결 자체가 아니므로 정확성은 선 아래에 있는 정답에 나와 있다.

```
                                   124
         1236                    1236
        ×148                    ×148
        ─────                   ─────
         9888                    9888
        49440                   49440
       123600                  123600
       182928                  182928

        21  CD                  21  CD
```

• 나눗셈에서 단순 연산이란 제수와 몫이 9 또는 9보다 작은 수일 때를 말한다. 총 CD는 항상 1이 된다. 나머지가 0일 경우 맞힌 자릿수나 자리 인식 기호로 채점하지 않는다.

```
         3                        3
      8)24                      3)9
```

수학 CBM 검사 실시 및 채점 시 고려사항

학생이 2분 이내에 끝냈을 경우 수학 검사지를 푸는 데 걸린 시간(초)을 적고 비례 산출하여 점수를 계산한다. 점수를 비례 산출하는 공식은 다음과 같다.

$$\frac{\text{바른 자릿수의 총 수}}{\text{끝내는 데 걸린 시간(초)}} \times 120 = \text{추정하여 산출한 2분 동안 맞힌 자릿수의 수}$$

예: 학생이 수학 검사지를 110초만에 모두 풀고 40개의 자릿수를 맞힌 경우

$$\frac{40}{110} \times 120 = 0.36 \times 120 = 43.6$$

만약 학생에게 더 많은 문제를 제공하고 2분의 시간을 준다면, 학생이 2분 동안 대략 44개의 자릿수를 맞힐 수 있을 것으로 추정한다.

수학 CBM은 얼마나 자주 측정되어야 하는가

3장에는 선별/벤치마킹, 진전도 모니터링, 현행 수준 조사 평가와 같이 서로 다른 목적을 위해 CBM 검사를 실시하는 시기와 빈도에 대해 자세히 나와 있다. 다음에서는 이러한 목적에 대한 개요만 제시했다. 다른 목적으로 실시하는 CBM의 측정 시기와 빈도에 대해 좀 더 자세한 정보를 알고 싶은 경우 3장을 참고할 것을 권장한다.

- 선별/벤치마킹 = 같은 학급이나 학년에 있는 모든 학생을 대상으로 1/4학기에 한 번 (1년에 3~4회) 실시한다. 보통 가을, 겨울, 봄학기에 실시한다.
- 진전도 모니터링 = 선별 평가 결과를 참조하여 하위 25%의 학생을 대상으로 적어도 일주일에 한 번 실시한다(1주일에 두 번 실시하면 더욱 좋다). 규준이나 기준점을 참조했을 때 위험군으로 고려되는 학생을 대상으로 실시한다.
- 모든 학생을 대상으로 실시하는 월별 진전도 모니터링 결과를 통해 교실에서 사용되는 교수전략의 효율성에 대한 정보를 알 수 있다.
- 현행 수준 조사 평가(survey-level assessment: SLA) = 진전도 모니터링이 필요한 학생을 대상으로 실시한다. SLA는 학년 초, 벤치마킹 기간이나 전체 학년 동안 어느 시기에든지 실

시할 수 있다. 이미 3개의 수학 검사지에 대한 학생의 점수를 알고 있기 때문에 SLA를 벤치마킹과 함께 실시할 수 있다면 더욱 능률적일 것이다. 교사가 벤치마킹 기간에 새롭게 학생을 받은 경우에도 유용할 것이다.

수학 CBM을 실시하고 채점하는 데 얼마나 많은 시간이 소요되는가

각 학생의 검사지를 채점하는 데 걸리는 시간은 단일 기술이나 혼합수학 CBM 모두 동일하다. 25명이 있는 학급에서 검사를 실시하든지 1명의 학생에게 실시하든지 검사를 하는 데 걸리는 시간은 2분이며, 검사를 실시하기 위해 학생을 준비시키는 데 걸리는 시간이나 다 푼 검사지를 제출하는 데 걸리는 시간은 따로 더하면 된다. 학생이 검사 진행에 익숙해질 경우, 검사를 실시하는 데 5~10분이 소요된다.

각 문제에 대한 CD의 수, 행의 수, 총 검사지의 수를 알면 채점하는 데 도움이 된다. 만약 모든 문제를 정확하게 계산했다면 각 문제에 대한 CD를 계산할 필요가 없을 것이다. 학생이 몇몇의 CD 만 틀렸다면 각 문제에 대한 CD를 더하는 대신 전체 CD의 수에서 틀린 CD의 개수만큼 빼어 점수를 산출할 수 있다. 연습을 하면 할수록 채점하는 데 더욱 능숙해질 것이다. 각 학생에 대한 CD를 채점하는 데 1~2분 이상은 걸리지 않을 것으로 추정된다.

수학 CBM에서 기대되는 성장률과 규준

수학에서 어느 정도 진전도를 기대할 수 있는가

각 문항에 대한 CD 점수를 더하고 나면, 주별 진전도를 어느 정도로 설정해야 할지 결정해야 한다. 1학년부터 6학년까지 수학 CBM에서 기대되는 진전도에 관한 정보가 〈표 7-1〉에 제시되어 있다. 진전도가 정해지면 해당 학생의 목표가 설정되고 그래프 위에 목표선을 그을 수 있다. 목표선 설정에서의 일반적인 유의사항들은 이 과정에도 적용된다. 진전도는 어떠한 한

표 7-1) 수학 CBM의 주별 성장률: 맞힌 자릿수(CD)

학년	주별 현실적인 성장률(CD)	주별 도전적인 성장률(CD)
1	0.30	0.50
2	0.30	0.50
3	0.30	0.50
4	0.70	1.15
5	0.75	1.20
6	0.45	1.00

주) Fuchs, Fuchs, Hamlett, Walz, & Germann (1993)에서 산출된 데이터.

도가 있는 것이 아니므로 매우 큰 진전도를 보일 수 있음을 기억해야 한다. 또한 학생이 적절한 진전도를 보이지 않는다고 해서 이것이 수학 학습능력이 떨어짐을 의미하는 것은 아니다. 오히려 이는 교수방법을 바꾸어야 할 시점임을 시사한다. 여기서 진단적 평가 또한 필요하게 된다. 이에 관한 내용은 8장에서 보다 자세히 논의될 것이다.

수학 CBM의 숙련도 수준 혹은 기준점

학생의 주별 진전도를 다른 학생들의 진전도와 비교할 기준과 더불어 이들의 수행 수준을 비교할 수 있는 기준 또한 중요하다. 흔히 이를 기준점(benchmark)이라 부른다. 읽기 및 초기 읽기 CBM의 기준점에 관한 연구들은 많이 수행된 반면, 수학 CBM은 상대적으로 그렇지 못하다. 〈표 7-2〉 상단부에 Deno와 Mirkin(1977)이 초기에 제안한 배치 수준이 제시되어 있다. 그러나 이 기준점들은 아직까지 경험적 연구에 의해 그 타당성이 입증되지는 않았다. Burns, VanDerHeyden, 그리고 Jiban(2006)은 최근 이 배치 수준을 타당화하는 연구를 수행한 바 있다. 〈표 7-2〉 하단부에 그 연구결과가 제시되어 있다.

수학 CBM의 규준

수행 수준에 대한 기준을 설정하는 또 다른 방법은 같은 학년 또는 교수적 수준에 있는 다른 학생들의 수행과 비교하는 것이다. 이러한 규준은 수년간에 걸쳐 다양한 데이터로부터 축적

표 7-2 수학 CBM의 기준점(CD)

학년	배치 수준	CD
Deno & Mirkin (1977)에서 산출된 데이터		
1~3	심각한 저성취 단계	< 20
	교수적 도움이 필요한 단계	21~40
	숙달 단계	> 41
4~12	심각한 저성취 단계	< 40
	교수적 도움이 필요한 단계	41~80
	숙달 단계	> 81
Burns, VanDerHeyden, & Jiban (2006)에서 산출된 데이터		
2~3	심각한 저성취 단계	< 14
	교수적 도움이 필요한 단계	14~31
	숙달 단계	> 31
4~5	심각한 저성취 단계	< 24
	교수적 도움이 필요한 단계	24~49
	숙달 단계	> 49

된 것으로서 전통적인 방식에 의한 것은 아니며, 규준 집단의 학생들은 미국 인구조사통계(U.S. Census)상 정의된 미국 학생들의 모집단(population) 특성과 유사했다. 여러 국가에서 수집된 학생들의 데이터를 살펴본 결과, 그 수치가 매우 유사한 수준이었다는 사실은 흥미로운 점이다. 이러한 사실은 학생들의 수행 수준을 보여 주는 좋은 지표를 제공해 준다는 측면에서 규준의 신뢰성을 더해 준다(〈표 7-3〉 참조).

수학 CBM을 활용한 현행 수준 조사 평가

3장에서 소개한 현행 수준 조사 평가를 기억하고 있을 것이다(잘 기억이 나지 않는다면 다시 한 번 상기해 보길 바란다). 수학 CBM은 SLA가 사용되어 온 또 다른 영역이다. 읽기 영역의 SLA가 GOM(구두 읽기 유창성 CBM 사용)을 사용하는 반면, 수학 CBM은 SBM을 사용한다는 점만 제외하면 그 절차 또한 유사하다. 수학 영역에서의 SLA는 어떤 수준의 교수가 필요한지를 확

표 7-3 수학 CBM 규준표: CD

학년	퍼센타일	AIMSweb (2008)[a]		
		가을(CD)	겨울(CD)	봄(CD)
1	90%	11	22	28
	75%	8	16	20
	50%	5	11	15
	25%	2	7	10
	10%	0	4	6
2	90%	19	35	41
	75%	14	29	31
	50%	10	22	22
	25%	7	15	16
	10%	5	10	11
3	90%	27	39	46
	75%	21	31	37
	50%	15	24	28
	25%	11	18	21
	10%	9	12	15
4	90%	60	76	87
	75%	45	60	70
	50%	33	44	52
	25%	24	33	38
	10%	16	23	27
5	90%	48	60	71
	75%	39	49	60
	50%	30	38	47
	25%	23	28	35
	10%	16	19	25
6	90%	51	65	66
	75%	38	49	50
	50%	28	36	34
	25%	21	26	26
	10%	16	20	20

[a]3판에서 갱신된 2008년 데이터

인하기 위해 교육과정의 어떤 시점 전후로 검사(예를 들어, 학생이 전학을 왔고 교사는 학생의 이전 수행에 대하여 전혀 기록이 없을 경우 이러한 방법으로 수학 CBM을 사용할 수 있다)를 실시하는 것과는 다소 상이한 방법으로 사용된다.

첫 번째 단계는 학생의 적절한 교육과정 수준(일반적으로 학년 수준)에 적합한 세 가지 검사를 실시하는 것이다. SLA 수학 검사지의 '혼합수학'이라는 표에 학생의 점수와 학년을 기입한다. 반복 사용이 가능한 이 기록지는 부록 B에서 살펴볼 수 있다. 다음으로 CD 중앙값을 찾아서 수행 준거와 비교한다. 만일 학생의 현재 수준이 교수가 가능한 범위라면 좋은 신호다. 만약 심각한 저성취 수준의 범위에 있다면 방금 실시한 혼합수학 검사 기록지에 포함된 기술에 해당하는 개별 검사를 실시해야 한다. 이 검사결과들이 기초적인 수준의 진단적 정보를 제공하게 된다면 교사는 어떤 특정 영역에 집중해야 할지 알게 될 것이다.

수학 영역의 개별화교육계획 목표 작성을 위한 검사결과 활용 방법

3장에서 소개했던 같은 형식의 기록지를 사용하여 여기서는 수학 CBM 데이터를 기반으로 어떻게 개별화교육계획(IEP)상의 목표를 설정하고 기술할지에 관한 예시를 제시하고자 한다. 원리는 동일하다. 시간, 학습자, 행동(예, 계산, 덧셈, 뺄셈), 수준(예, 학년), 내용(예, 수학), 데이터(수학 CBM 진전도 모니터링 데이터), 그리고 준거(소요시간과 정확도 개념을 포함하는 학업 기술에 대한 규준 또는 기준점을 반영)에 대한 기본적인 원칙은 동일하다.

최종 도달 목표의 예시

• 수학 CBM 최종 도달 목표(goal)
   −30주 뒤, Larry는 2학년 혼합수학 CBM 진전도 모니터링 검사에서 도출된 덧셈과 뺄셈의 문제를 2분 동안 95%의 정확도와 함께 45 CD 점수를 얻을 것이다.

세부 도달 목표를 기술할 때에도 이와 동일한 원칙이 적용되지만 보다 짧은 시간에 달성할 수 있는 목표들로 구성해야 한다.

세부 도달 목표의 예시

• 수학 CBM 세부 도달 목표(objective)
  -10주 뒤, Larry는 2학년 혼합수학 CBM 진전도 모니터링 검사에서 도출된 덧셈과 뺄셈
  의 문제를 2분 동안 95% 정확도와 함께 20 CD 점수를 얻을 수 있다.

수학 CBM에서 특별히 고려할 사항

교사/검사자용 검사지의 정확도

교사용 또는 검사자용 검사지는 수학 CBM 실시에 있어 매우 중요하기 때문에 정확성이 요
구된다. 당연한 것처럼 들릴 수 있을지 모르나, 설령 이미 제작된 정답용지를 가지고 있다고 하더
라도 각 문항들에 대한 정답과 그 정답에 해당하는 CD 숫자의 정확도를 확인하는 일은 매우
중요하다. 우리 저자들 가운데 한 사람이 이미 제작된 검사지 한 세트를 무료로 다운로드 받아
사용하고 있었고, 그 가운데 한 개의 검사지에서 오류를 발견하기도 전에 이미 5~6회 사용되
었다. 결국 그 오류는 한 문항에 대한 2개의 CD를 감소시켰다. 큰 문제가 아닌 것처럼 보일 수
도 있으나 진전도 모니터링에서 사용되었다고 했을 때, 이는 학생의 수행을 저평가하는 결과
로 이어질 것이다.

수학 CBM 검사지가 잠재적인 진단정보 제공의 역할을 할 수 있도록 제작

읽기나 쓰기와는 다르게 수학은 구별된 기술들로 나누기가 용이하다. 그러므로 검사지를
만들 때 검사결과가 진단정보로 사용될 수 있도록 신중하게 개발되어야 한다. 교육과정과의
연계를 시도한 예시를 살펴보도록 하자. 우리는 반드시 포함되어야 할 다섯 가지 기술을 알아
낼 수 있었다. 5개의 열과 5개의 행에 총 25개의 문제를 포함하는 검사지가 제작되었다. 그런
다음 다섯 가지 하위 기술 중 하나씩을 각 대각선에 배치하였다([그림 7-5] 참조). 이렇게 하면

채점 시 학생이 한 대각선 내에서 어떤 문제를 틀렸는지 그 패턴을 확인할 수 있다. 만약 하나의 대각선에 있는 문제를 모두 틀렸다면 그 대각선에 있는 하위 기술을 아직 배우지 않았는지를 확인해야 한다. 그런 경우라면 추가적인 교수 또는 문제풀이 연습이 필요하다고 보아야 한다. 또한 어떤 하위 기술 혹은 복합적인 수학 기술 적용을 위한 기초 연산지식에 어려움을 갖고 있는지 여부를 판단해 볼 수 있다. 이 문제는 보통 받아올림이나 받아내림 등 여러 자릿수 문제를 풀 때의 어려움과 관련된다(물론 자릿수나 받아올림/받아내림 과정의 문제일 수도 있을 것이다). 기억해야 할 것은 이러한 패턴의 결과를 마치 학생이 지닌 특정 영역의 결함을 증명하는 신뢰로운 증거로 간주하기보다는 오히려 더욱 구체적이고 심도 있는 검사를 통해 결함 여

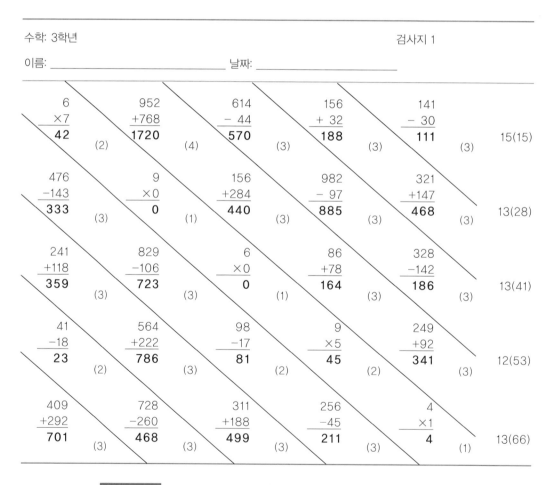

[그림 7-5] 진단적 의사결정을 위해 고안된 혼합수학 CBM 검사지의 예

부를 확인할 필요가 있는 가설(예를 들어, 하나의 하위 영역 기술을 집중적으로 다루는 검사지) 혹은 추가적인 교수/검토가 요구되는 하위 기술 영역임을 보여 주는 증거로 여겨야 할 것이다[여기서 '의심이 들면, 가르쳐라(When in doubt, teach).'는 격언이 적합할 것 같다].

초기 수학

초기 문해(early literacy)가 읽기 평가에 있어 중요한 의미를 갖는 것(이후의 읽기 문제를 예방하기 위한 목적으로)과 마찬가지로, 초기 수학 기술의 중요성에 대한 인식 또한 증가하고 있다. 초기 수학 CBM에 관한 연구는 아직 초기 단계이나, 몇몇 유망한 검사들이 있다. 이 장에서 간략히 소개하겠지만 추가적인 정보는 '추가 정보 및 읽기자료'에서 찾아볼 수 있다. [그림 7-6]은 초기 수학 CBM의 예시를 보여 준다.

빠진 숫자

이 검사에서는 학생에게 3개의 숫자와 하나의 공란이 있는 상자가 주어지는데 이 숫자들에는 모종의 패턴(1씩, 2씩, 5씩, 또는 10씩 커지는 숫자들로 이루어짐)이 있다. 학생은 교사/검사자에게 이 패턴을 완성하는 숫자(즉, 빈칸에 들어갈 수)를 말해야 한다. 반드시 개별 검사를 실시해야 하며 1분이 소요된다.

수 인식

이 검사에서는 학생에게 숫자들이 적힌 한 장의 종이(0~100 또는 0~20)를 무작위로 보여 주고 학생은 교사/검사자에게 적힌 각 숫자들을 말한다. 반드시 개별 검사를 실시해야 하며 역시 1분이 소요된다.

소리 내어 수 세기

이 검사에서 학생은 1부터 시작하여 소리 내어 수를 세기 시작한다. 교사/검사자는 1에서 100까지 적힌 기록지에 학생의 점수를 기록한다. 반드시 개별 검사를 실시해야 하며 역시 1분이 소요된다.

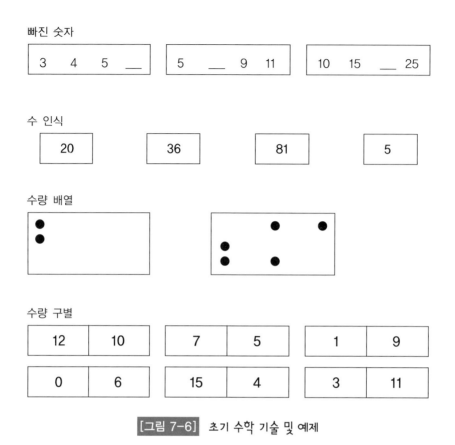

[그림 7-6] 초기 수학 기술 및 예제

수량 배열

이 검사에서 학생은 점이 표시되어 있는 상자를 보게 되고, 각각의 네모 안에 몇 개의 점이 있는지 확인한다. 그리고 교사/검사자에게 말한다. 반드시 개별 검사를 실시해야 하며 1분이 소요된다.

수량 구별

이 검사에서는 인접하여 붙어 있는 2개의 상자 안에 서로 다른 숫자가 적혀 있고 두 숫자의 상대적 크기를 구별하는 문항들을 제시하면 학생은 두 숫자 가운데 무엇이 더 큰지 구별하고 그것을 교사/검사자에게 이야기한다. 반드시 개별 검사를 실시해야 하며 1분이 소요된다.

개념 및 적용

많은 학생들은 수학 CBM으로 측정된 개별 능력인 계산 영역에서 어려움을 나타내고 있지만, 특히 고학년일 경우 계산 영역 이외의 더 많은 영역에서 어려움을 나타내고 있다. 그런 이유로 수학 CBM은 계산 이외의 다른 수학 기술 영역으로 확장되어 왔다. 국립 진전도 모니터링 센터(National Center on Progress Monitoring)에서 사용하는 개념 및 적용 영역에는 측정, 시간, 그래프 해석, 그리고 기타 수학 교육과정에 수록된 많은 수학 기술이 포함된다. 이러한 하위 검사들은 전통적인 CBM과 몇 가지 점에서 구별된다. 첫째로 응답 형식이 다양한데, 어떤 문항들은 빈칸을 채우는 것이고 선다형인 문항들도 있다. 둘째로 1학년 대상 검사들은 학생들에게 검사자가 문제를 읽어 주는 반면, 다른 모든 학년에서는 스스로 읽고 문제를 해결한다. 수학 평가에 읽기가 포함되므로, 학생에게 문항을 읽어 주는 것은 학생의 성취에 영향을 미치는 읽기의 효과를 줄이기 위한 측면이 있다. 셋째로 개별 검사를 완료하는 데 걸리는 시간은 6~8분인데, 계산 검사는 2분이고 초기 수학은 1분이 소요된다는 점에서 상이하다. 평가 영역 기술이 더 복잡하고 다양하기 때문에 추가 시간을 필요로 하는데, 이는 결국 검사에 보다 많은 시간을 들이게 한다.

추 정

개념 및 적용 검사에 포함되는 것 가운데 하나는 추정이라는 개념이다. 이는 유용한 준거 검사(criterion measure)로서 연구되고 있는 중요 개념으로 수감각 검사에 대한 좋은 지표가 된다고 여겨지기 때문이다. 일반적으로 추정 검사는 40개의 문항들(언어 및 계산 형식 두 가지)로 구성되며 세 가지 보기가 주어진다. 이 중 하나가 정답과 근접(얼마나 근접한지는 그 정도의 차이가 있음)한 것이지만 완벽히 일치하지는 않으며, 나머지 2개는 더 거리가 먼 것들이다. 학생은 정답에 가장 가까운 것을 골라야 하는데 3분 내에 최대한 많은 문항에 답해야 한다.

수학 CBM에 대해 자주 묻는 질문

1. 교사들은 수학 CBM을 주로 개별 학생에게 적용하나요? 아니면 집단으로 실시하나요?

    교사 및 검사 목적에 따라 달라집니다. 학급을 대상으로 선별을 하고자 할 때에는 전체를 대상으로 하는 게 보다 적절합니다. 반면, 주별 진전도 모니터링을 할 때에는 개별 혹은 2~3명의 소집단으로 검사를 실시하면 될 것입니다.

2. 진전도를 모니터링했는데 학생의 수학 성취가 향상되었습니다. 그런데 어떤 수학 교수도 받지 않았습니다. CBM을 사용하는 것만으로도 향상을 가져오는 게 가능한가요?

    학생이 참여한 주당 2분의 추가 연습시간으로는 향상을 이끌어 내기에 충분하지 않을 것입니다. 아마도 다른 곳에서 연습시간을 가졌거나 추가적인 교수를 받았을지도 모릅니다.

3. 현재 20개의 수학 CBM 검사지밖에 없는데 35주 동안 모니터링을 해야 합니다. 한 번 사용했던 같은 검사지를 다시 써도 괜찮은가요?

    네. 가지고 있는 20개의 검사지를 다 썼다면 처음으로 돌아가 다시 사용하십시오. 학생은 20주 전에 보았던 특정한 문항을 기억하지는 못할 것입니다. 하지만 숙제나 추가 연습용으로 사용하지 말아야 한다.

4. 학생에게 문제의 정답 유/무가 아니라 계산의 각 부분에 대해 점수를 얻는다고 이야기해야 하나요?

    아닙니다. 가장 중요한 것은 정답이기 때문입니다. 만약 학생이 복잡한 계산 문제를 암산으로 할 수 있다고 해도 중간 풀이과정에 집중해야 하는 상황이라면 아마도 굳이 필요하지 않은 계산과정을 보여 줘야 할 수도 있습니다. 이것은 필요하지 않은 단계를 추가함으로써 풀이를 지연시킬 것입니다. 그러나 당신은 학생의 성취를 가장 확실하게 측정해 줄 수 있는 검사를 원할 것입니다.

5. 수학 CBM은 유창성을 측정하기 때문에 시간이 많이 걸리는 문제를 건너뛰는 것은 보다 빨리 풀 수 있는 문제로 이동하기 위한 고의적인 선택일 수 있습니다. 특정 문제에 답하지 않고 넘어가는 것을 논리적인 전략으로 봐야 하나요? 아니면 수학 기술의 부족함을 드러내는 것으로 봐야 하나요?

복잡한 문제일수록 더 많은 CD를 갖게 되기 때문에 건너뛰는 것은 잘못된 전략입니다. 만약 학생이 특정 유형의 문제를 건너뛰었다고 한다면, 단일 기술 검사를 시행하여 그 학생이 해당 유형의 문제를 해결할 수 있는지 확인해 봐야 합니다. 때로는 학생에게 "왜 이 문제들을 건너뛰었나요?"라고 물으면 간단하게 해결될 수도 있습니다. 만약 "쉬운 문제를 많이 풀어서 더 많이 풀려고요."라고 대답한다면, 학생에게 모든 문제를 풀려고 해야 함을 상기시켜 주고 다른 검사지를 줘서 풀게 해야 합니다.

6. 학생을 교수적 그룹에 배정하기 위하여 기준점 점수를 사용해도 될까요?

유사한 교수적 필요를 가지고 있는 학생들이 있을 경우에는 사용해도 됩니다. 교수를 받는 대상인 이 집단은 유연하게 관리되어야 하며, 학생들은 6~8주마다 평가를 받고 그 결과에 따라 조정될 필요가 있습니다.

7. 학급의 모든 학생들이 동일한 교수적 수준에 있지 않습니다. 그럼에도 불구하고 여전히 같은 수학 CBM 검사를 실시해야 하나요?

모든 학생을 대상으로 그들의 학년 수준에서 선별 및 기준점 수집이 이루어져야 하지만, 진전도 모니터링은 그들의 교수 수준에서 이루어져야 합니다. 현재 어떠한 특정 수준의 교수를 받고 있다면 더욱 그렇습니다. 가장 좋은 방법은 매주 학년 수준 검사지와 교수적 수준 검사지를 모두 실시하는 것입니다. 이를 통해 현재 받고 있는 교수방법 하에서 학생들이 어떻게 수행하는지에 대한 정보(교수 수준)를 얻을 수 있을 뿐 아니라 난이도가 더 높은 문제들로(학년 수준) 얼마나 수월하게 이동해 가는지 알 수 있습니다.

8. 채점을 마친 검사지는 어떻게 해야 하나요?

한 해 동안의 학생의 진전도를 확인하기 위해서 데이터를 그래프로 표시해야 하며, 이와 함께 포트폴리오로 저장해 둘 수 있습니다.

● 추가 정보 및 읽기자료

Clarke, B., & Shinn, M. (2004). A preliminary investigation into the identification and development of early mathematics curriculum-based measurement. *School Psychology Review, 33,* 234-248.

Foegen, A. (2000). Technical adequacy for general outcome measures for middle school mathematics.

Diagnostique, 25, 175-203.

Foegen, A., & Deno, S. L. (2001). Identifying growth indicators for low-achieving students in middle school mathematics. *The Journal of Special Education, 35*, 4-16.

Fuchs, L. S., Fuchs, D., Hamlett, C. L., Philips, N. B., & Bentz, J. (1994). Classwide curriculum-based measurement: Helping general educators meet the challenge of student diversity. *Exceptional Children, 60*, 518-537.

Fuchs, L. S., Fuchs, D., Hamlett, C. L., & Stecker, P. M. (1990). The role of skills analysis in curriculum-based measurement in math. *School Psychology Review, 19*, 6-22.

Fuchs, L. S., Fuchs, D., Hamlett, C. L., Thompson, A., Roberts, P. H., Kubek, P., et al. (1994). Technical features of a mathematics concepts and applications curriculum-based measurement system. *Diagnostique, 19*(4), 23-49.

Thurber, R. S., Shinn, M. R., & Smolkowski, K. (2002). What is measured in mathematics tests? Construct validity of curriculum-based mathematics measures. *School Psychology Review, 31*, 498-513.

VanDerHeyden, A. M., & Burns, M. K. (2005). Using curriculum-based assessment and curriculum-based measurement to guide elementary mathematics instruction: Effect on individual and group accountability scores. *Assessment for Effective Intervention, 30*, 15-31.

8 의사결정을 돕기 위한 목적으로 데이터를 도표 및 그래프로 나타내기

검사결과를 해석하고 사용하기 쉬운 형태로 바꾸는 것은 가장 중요하게 고려해야 사항 중 하나다. 수집한 데이터가 사용이 어려운 상황이면 쉽게 사용하지 못할 것이고, 또 그것을 사용하지 않는다면 굳이 데이터를 모으는 수고를 할 필요가 없을 것이다. CBM의 가장 큰 장점 가운데 하나가 바로 데이터를 그래프나 도표(숫자들로 가득 찬 종이보다 훨씬 읽고 해석하기에 쉬운 형태)로 표시할 수 있다는 것이다. 다양한 형태의 그래프들이 다양한 방식으로 데이터를 분석하는 데 사용될 수 있다. 이번 장에서는 CBM 데이터를 나타내는 데 일반적으로 사용되는 그래프의 종류와 그것들을 활용한 몇 가지 의사결정 규칙들에 대하여 살펴보고자 한다.

CBM 데이터를 도표화하기 위해 필요한 도구 및 절차

CBM에 사용되는 기본적인 그래프는 [그림 8-1]에 제시된 것과 같은 전형적인 선 그래프다. 그래프 세로축('바르게 읽은 단어 수'라고 적힌)은 CBM 검사에서 바르게 읽은 단어의 수를 가리킨다. 실제 단위는 내용 영역[예, 읽기 CBM에서 바르게 읽은 단어 수는 구두 읽기 유창성(Oral Reading

Fluency: ORF)으로]에 따라 다를 수 있다. 학생의 진전도를 정확히 파악하기 위해서는 점수 상승의 단위가 적절한 크기로 설정되어야 한다. 상승폭이 지나치게 크게 설정되면 진전도를 과소추정하게 되고 반대로 상승폭을 아주 작게 잡으면 원래의 진전도보다 부풀려 보이게 될 것이다. 가로축('주(week)'라고 표시된)은 학생이 모니터링될 주의 숫자를 나타내며 일주일에 한 번 또는 두 번 기입하게 되어 있다.

그래프에 시간축(주의 수)과 기술축(바르게 읽은 단어 수)이 모두 포함되어 있기 때문에 시간의 변화에 따른 학습 진전도의 변화를 기록할 수 있게 된다. 학습 진전도(혹은 부진)는 우리가 일련의 데이터를 모으기 시작하면서 볼 수 있게 되는데, 이는 그래프를 통해 우리가 두 가지 종류의 데이터(학생의 현재 수행점수, 그리고 진전도)를 얻게 된다는 점에서 중요하다. 수행점수는 학생이 해당 영역을 얼마나 잘 수행할 수 있는가를 말해 주며 진전도 점수는 해당 영역에서의 학습이 얼마나 빠르게 진행되어 가는지를 보여 준다.

각 학생에게는 하나의 영역에 대하여 같은 그래프가 사용되어야 한다. [그림 8-2]를 보면 그이유를 알 수 있는데 2개의 선은 한 학생의 동일한 데이터를 사용한 것이다. 오른쪽에 있는 그래프의 세로축은 0에서 30까지 점수만을 나타내고 있기 때문에 이 학생은 좋은 진전도를 보이

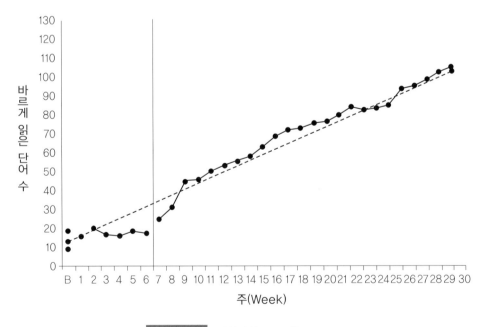

[그림 8-1] 전형적인 CBM 선 그래프 예시

는 것처럼(즉, 진전도의 경향성이 꽤 가파른) 보인다. 그러나 왼쪽에 있는 그래프에서처럼 세로축이 0에서 130까지 점수를 표시하게 되면 진전도가 그리 좋아 보이지 않는다. 사실상 이 학생의 진전도는 또래들보다 낮으며 그렇기 때문에 적절한 진전도를 보이지 않고 있다는 의사

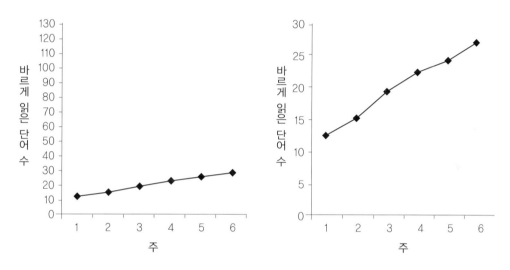

[그림 8-2] 학생의 동일한 데이터를 상이한 세로축을 사용하여 나타낸 그래프

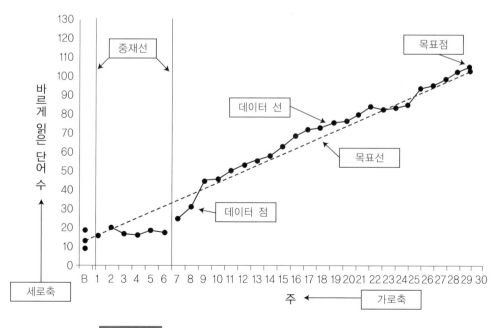

[그림 8-3] 그래프 각 영역에 이름을 붙인 CBM 그래프 예시

결정을 내려야 하는 것이다.

　[그림 8-3]은 그래프의 각 부분에 이름을 붙인 CBM 그래프 예시다. 가장 먼저 그래프에 입력하는 것은 학생의 기초선 데이터(그래프의 왼쪽 첫 칸 B로 표시된 부분)다. 이 데이터는 학생의 수행 수준이 어디서 시작되는지 알려 준다. 이 기초선 점수를 알기 위해 3개의 개별 검사를 실시하고 그 3개의 점수를 첫 번째 세로선에 입력한다. 3개의 점수 가운데 중간값이 기초선 점수가 된다(만약 2개의 점수가 같으면 그 점수가 기초선 값이 됨). [그림 8-3]에는 10, 13, 그리고 19 이렇게 3개의 기초선 데이터가 기입되어 있다. 따라서 이 학생의 기초선 점수는 13이 되며 이 점수가 시작 지점이 된다.

목표를 설정하고 그래프로 나타내기

　이제 학생의 기초선 점수를 그래표에 표시했으므로 목표를 설정해야 한다. 목표 설정에는 연말 기준점(benchmark), 규준(국가 또는 지역), 그리고 개인 내(intraindividual) 설정법 등 세 가지 방법이 있다. 어떤 방법을 사용하느냐는 정보의 사용 가능 여부(국가 규준이 있는가?), 학생의 수행 수준(평균적인 수행을 보이는지 위험군에 속하는지), 그리고 교사가 원하는 비교대상이 무엇인지(수행 수준 준거나 동일 연령집단의 평균적인 수행 수준인지)에 따라 달라진다.

연말 기준점 점수

　수행의 표준이 되는 점수(즉, 기준점)를 사용하는 것은 목표를 정하는 한 가지 방법이다. 3장의 〈표 3-4〉는 구두 읽기 유창성(ORF) CBM에 대한 1학년에서 6학년까지의 기준점을 보여 준다. 연말이 되었을 때 모든 학생이 이 기준점만큼 또는 그 이상으로 수행하기를 바란다. 예를 들어, 3학년 학생에 대하여 연말 목표점을 바르게 읽은 단어 수(WRC) 110개로 정했다고 하자. 이는 어떤 학생이 이후 학업성취에서 실패할 위험군에 속하지 않는지를 나타내 주는 기준으로 사용될 수 있는 가장 낮은 점수다. 만일 학생들이 연초에(선별/학급 내 비교 등에서) 적절한 수준의 수행을 보이지 않는다 하더라도, 그들이 연말까지 해당 영역을 숙달할 만큼의 수준으로 진전도를 보이는 이상, 교사들은 결국 이들의 수행이 나아질 것이며 읽기 위험군에 속하게 되지 않을 것이라 확신할 수 있다.

규 준

목표를 설정하는 또 다른 방법은 모종의 규준 비교 집단을 활용하는 것이다. 대부분의 내용 교과 영역에서 국가 수준의 CBM 규준을 파악하려는 노력이 있어 왔는데, 국가 수준 규준이 마련될 경우 매우 유용하게 쓰일 수 있다. 그렇지 못할 경우에는 지역 규준을 개발할 수 있는 데, 이때에는 한 학교 혹은 교육청(또는 각 학년당 100개의 표본을 무선으로 뽑아)의 모든 학생을 대상으로 검사를 실시하게 된다. 이 결과가 지역 규준을 만드는 데 사용되며 한번 설정된 지역 규준은 3~5년 주기로 갱신되어야 한다. 물론 많은 시간이 소요되는 과정이기 때문에 국가 수준 규준이 사용 가능할 경우 국가 수준 규준 사용을 권한다.

2장에서 언급했듯이, 소집단으로 구성된 학생들을 무선으로 뽑아 그들의 점수를 기존의 타당화된 규준과 비교하는 것은 적절한 방법이 될 수 있다. 만일 이 두 가지가 비슷하다면 지역 규준을 따로 만들어 사용하지 않아도 된다. 또한 학교 수준 규준이 국가 규준보다 낮을 경우, 교사들은 지역 규준 사용을 원하지 않을 텐데, 이는 학생들의 능력에 대한 잘못된 기대를 야기할 수 있기 때문이다.

규준은 수행 수준 그리고 진전도의 두 가지 형태로 제시될 수 있다. 25년이 넘는 CBM의 역사를 통하여, 그동안 미국의 학령기 인구를 대표하는 대규모 표집의 점수를 확보하기 위한 노력이 많이 이루어져 왔다. 또 다른 쪽에서는 실제로 CBM을 사용하는 사람들의 자료수집에 기반하여 이 작업이 진행되어 왔다. 후자는 완벽한 대표성을 띤 표집이라고 보기 어려울 수 있지만 결과적으로는 꽤 유사한 규준을 얻을 수 있었다. 이러한 유형의 규준을 사용한 목표 수준 설정 또한 앞서 언급한 연말 기준점을 설정하는 절차와 동일하다. 차이점은, 이후의 성취를 예측하는 어떠한 점수(기준점처럼)에 기반하는 것이 아니라 같은 학년 또래들의 일반적인 성취점수에 근거한다는 점이다. 해당 학생이 속한 학년점수를 찾고, 봄학기를 기준으로 전체 50퍼센타일에 해당하는 점수를 확인하여 연말 목표점수를 설정한다. 내용 영역을 다룬 장에서 읽기 CBM(〈표 3-5〉와 〈표 3-6〉), 초기 수학 CBM(〈표 4-3〉), 철자 쓰기 CBM(〈표 5-2〉),

쓰기 CBM(〈표 6-1〉), 그리고 수학 CBM(〈표 7-3〉)에 대한 국가 수준 규준 정보를 확인할 수 있다.

규준의 또 다른 유형으로 진전도가 있다. 국가 규준으로 수행 수준을 확인하는 것 외에, 일부 연구자들은 대단위 표집을 대상으로 한 진전도를 파악하는 연구를 수행해 왔다. 이 진전도는 일반적으로 주당(weekly) 평균 진전도를 가리킨다. 이 주별 진전도를 목표점(학생이 목표점에 달성할 것이라고 예상되는 시기)까지 남은 주와 곱한 다음 기초선 점수에 더해 주면 된다. 〈표 3-2〉, 〈표 3-3〉, 〈표 5-1〉, 〈표 7-1〉은 각각 읽기(구두 읽기 유창성 및 단어선택), 철자 쓰기, 그리고 수학 CBM에 대한 주별 진전도 정보를 담고 있다. 예를 들어, 구두 읽기 유창성 CBM의 기초선 점수가 28이고 현재 학년 말까지 20주가 남아 있는 2학년 학생이 있다고 하자. 주별 진전도가 바르게 읽은 단어 수 기준 2라고 했을 때, 이 학생의 도달 목표(〈Box 8-1〉 참조)는 20(남은 주 수) × 2(주별 진전도) = 40 + 28(기초선 점수) = 68로 계산될 수 있다. 즉, 이 학생의 20주 후 목표는 바르게 읽은 단어 수 68개가 된다. 이는 우리가 학생에게 바라는 수준, 즉 숙달 범위 내에 있는 수행에 도달하기에 충분한 점수다.

진전도 규준에 대하여 다음의 몇 가지를 강조하고자 한다. 첫째, 진전도 규준은 교수의 질을 반영한다. 즉, 보다 집중적인 교수는 더 나은 수준의 진전도로 이어진다고 볼 수 있다. 국가 수준 규준에 대하여 우리가 인지하지 못하는 것 가운데 하나는 학생들이 받은 교수가 얼마나 양질의 것이고 어느 정도로 집중적인 것이었는가 하는 점이다. 둘째, 매우 심각하게 뒤처져 있는 학생들의 경우 기대되는 진전도 수준을 따라잡기 위해서는 빠른 진전도를 보여야 한다. 즉, 가장 집중적이고도 효과적인 교수가 이들에게 필요함을 의미한다.

개인 내 설정법

개인 내적 비교에 의한 연말 목표 설정에 있어서는 학생의 현재 수행 수준과 진전도가 모두 사용된다. 최소 여덟 번의 데이터를 수집한 후, 가장 높은 점수에서 가장 낮은 점수를 뺀다. 예를 들어, 구두 읽기 유창성 CBM 검사지에서 2학년 학생의 진전도가 12, 16, 15, 19, 16, 21, 26, 24라고 하자. 여기서 26에서 12를 뺀 값, 즉 14를 얻는다. 이 값을 주의 수, 즉 8(데이터를 수집한 주)로 나눈다(14 / 8 = 1.75). 이 기초선 성장률에 주별 진전도 목표를 설정하기 위하여 1.5를 곱한다(1.75 × 1.5 = 2.625). 그리고 이 숫자에 연말까지 남은 주 수(또는 계획된 교수 주의 수)를 곱한다(2.625 × 16주 = 42). 여기에 기초선 성장률을 계산할 때 사용했던 처음 8개 데이터의 중앙값 점수(즉, 16과 19의 중간값인 17.5)를 더한다(42 + 17.5 = 59.5). 이 값이 이 학생에 대한 연말 성취 목표가 된다(즉, 바르게 읽은 단어 수(WRC) 기준 60개 목표를 설정하여 학생이 목표점수를 달성했는지의 여부를 확인할 수 있다).

이 방법을 사용할 때 유의할 점은 학생의 학습 진전도를 과소평가할 수 있다는 것과 처음부터 한번 뒤처지기 시작하면 만회하기가 어려울 수 있다는 것이다(처음에 기대한 만큼 학생이 성취하지 못할 경우처럼). 만약 좋은 교수전략이 제공되고 학생이 적극적으로 교수전략에 반응한다면, 기준점이나 규준을 사용하는 것이 보다 나은 목표를 제공할 수 있는데, 그 이유는 미래의 학업성취를 예측(즉, 기준점)하거나, 같은 학년 수준의 다른 학생들이 어떻게 수행하는지에 대한 지표를 나타내 주는 점수이기 때문이다. 우리가 보기에 학생의 과거 수행 수준을 미래에 도달할 수행목표로 사용할 수 있는 유일한 경우는 그 이전의 수행 수준이 평균 혹은 그 이상의 수준이었을 때뿐이다.

Box 8-1

도전적인 목표와 현실적인 목표 가운데 어떤 것을 사용해야 하는가?

도전적 그리고 현실적이라는 용어는 다소 잘못 쓰일 수 있다. 현실적이라는 용어는 해당 표본의 일반적인 진전도를 지칭할 때 쓰이고 도전적이라는 용어는 그 일반적인 진전도에 1 표준편차를 합산한 진전도를 지칭할 때 사용된다(즉, 당신이 각 학생의 기울기를 단일 숫자로 나타냈다고 했을때 일반적인 진전도는 50퍼센타일에, 도전적인 진전도는 84퍼센타일에 해당될 것이다). 그러나 이 숫자들이 최대의 가능성을 의미하지는 않는다. 또한 학생의 진전도를 훨씬 더 높게 예상하는것 역시 현실적이지 않은데, 특히 출발점에서 일반적인 수행 수준 이하로 시작했을 경우 더욱 그렇다. 이럴 경우에는 동료들의 수행을 따라가기 위해 더 큰 진전도를 반드시 보여야만 한다. 이것이 도전적이라는 말의 의미인데, 때로는 현실적이기도 하고 때로는 도전적이기도 하다.

목표를 그래프에 표시하기

목표 설정을 마친 이후 그래프에 목표를 나타내야 한다. 목표를 설정하는 데 어떤 방법을 사용했든, 나아가야 할 구체적인 목표 지점과 그에 도달하는 데 걸릴 것이라고 예상되는 주의 수를 가지고 있어야 한다. 이 두 가지가 목표를 그래프로 나타내는 데 요구되는 정보다. 또한 그래프를 그리는 데 사용할 종이는 모든 주가 표시될 정도로 가로가 넓고 동시에 목표점을 향한 학생의 수행을 기록하기에 충분한 세로 길이를 가진 것인지 확인해야 한다.

[그림 8-3]을 다시 보도록 하자. 우리는 이미 기초선 데이터를 표시하고 기초선 점수가 13이라는 것을 확인하였다. 규준을 사용하기로 했고 주당 바르게 읽은 단어 수 기준 3개의 도전적인 진전도를 설정했다고 하자. 해당 학년의 전 기간에 걸쳐 진전도 모니터링을 하기로 계획했으므로 30주가 더 남았다고 하면, 이 주의 수에 진전도 3을 곱한 결과인 90을 얻는다. 30주 후에 이 학생이 바르게 읽은 단어 수가 90개로 증가하기를 기대한다. 즉, 기초선 점수에 더해진다는 의미다. 그래프 위에 30주가 되는 때에 X라고 표시를 하거나 또는 103(90 + 13)을 목표점으로 잡는다. 이제 기초선 점수와 이 목표점을 이으면, 이것이 바로 학생의 최종 도달 목표선 (goal line, 종종 aimline이라고도 불림)이 된다.

매주 한 개 이상의 검사를 실시할 때마다 점수를 기입하고 이전 점수가 찍혀 있는 점과 연결하면 된다. 각 점수들이 데이터 점 및 선이 된다. 이렇게 하면 모든 학생들이 자신의 데이터베이스를 갖게 되며 이 데이터베이스가 그들이 받는 교수의 효과성을 평가할 때 사용된다.

데이터는 얼마나 자주 수집되어야 하는가

얼마나 자주 데이터를 모으고 그래프로 나타내어야 하느냐는 다음 세 가지에 의해서 좌우된다. 첫째, 목표에 따라 데이터의 수집 주기는 달라질 수 있다. 즉, 목표가 선별/벤치마킹과 진전도 모니터링 중 무엇인가? 만약 선별이나 또래들과의 비교가 주된 목적이라면 일반적으로 1년에 3회 또는 4회에 걸쳐 CBM을 사용한다. 이는 학생이 지닌 잠재적인 어려움들을 찾아내는 '활력 징후 체크(checking vital signs)' 기능으로서, 문제를 어떻게 바로잡을 것인가에 대한 정보는 많이 제공해 주지 못한다. 이러한 종류의 검사는 자주 시행될 필요가 없다. 반면, 교수방법을 위한 진전도 측정 시에는 데이터를 기반으로 한 피드백이 필요하기 때문에 보다 빈번한 검사가 요구된다.

둘째, 과제의 중요성에 따라 좌우된다. 해당 목표 영역이 학생에게 매우 중요한 것이면 빈번한 모니터링이 필요할 것이다. 특히 핵심적인 세부 기술들의 습득이 요구될 경우 그렇지 않은 기술들에 비해 보다 직접적이고도 더 빈번한 주기로 모니터링해야 할 것이다(이는 마치 보호펜스가 마련된 마당에서 놀고 있을 때보다 길가에서 놀고 있는 아이들에게 보다 세심한 주의를 기울여야 하는 것과 같은 이치). 읽기나 언어 기술은 학생이 뒤처지게 놔둘 여유가 없는 영역이다. 반면, 로마숫자를 읽는 것은 중요성 측면에서 이와 동일하지는 않을 것이다.

셋째, 문제의 심각성에 따라 좌우된다. 해당 영역에서 학생의 어려움이 커지고 보다 효과적인 교수를 긴급하게 필요로 할 경우에는 모니터링의 주기 역시 짧아져야 한다. 학생이 갖는 어려움의 정도는 진전도뿐만 아니라 실제 수행 수준과 기대되는 수행 수준 사이의 차이 크기로 나타낼 수 있다. 많이 뒤처져 있으나 높은 진전도 수준을 보이는 학생은 실제로 그러한 진전도 없이 단순히 수행 수준이 뒤처져 있는 다른 학생들에 비해 덜 심각한 문제를 지니는 것으로 드러날 것이다.

이상의 논의를 종합해 본다면, 진전도 모니터링의 주기에 대한 하나의 정해진 법칙이 있는 것은 아니지만 해당 영역이 중요하고 이후 학업 문제에 위험을 초래할 가능성이 보이는 경우에 더 자주 모니터링이 이루어져야 하는 것만은 분명하다. 일반적으로 선별/벤치마킹 목적으로는 1년에 3~4회 CBM 실시를 제안하고 있다. 만약 학생이 매우 심각한 문제를 보인다면 일주일에 1~2회 모니터링이 이루어져야 하고, 그렇게 큰 문제가 없는 경우라면 월 1~2회 정도면 적절할 것이다. 수행 수준과 진전도 모두에서 양호한 학생들의 경우, 선별/벤치마킹 검사만으로 그들의 진전도를 확인하기에 충분할 것이다.

교수에 도움을 줄 수 있는 데이터 활용을 위한 의사결정 규칙

[그림 8-3]에는 데이터를 중간에 가르는 세로선이 그어져 있는 것을 볼 수 있다. 이 선들을

중재선(intervention lines)이라고 부른다. 중재선이 그어지면 이 선을 기준으로 양쪽에 있는 데이터들은 선으로 연결되지 않는데, 이는 그 시점에 무엇인가 변화가 있었는지 기억할 수 있게 도와주고 데이터들을 보다 쉽게 집단화할 수 있게 해 준다. 즉, 각각의 중재선은 학생의 진전도에 대한 의사결정이 만들어진 시점을 보여 준다.

교수에 대한 학생의 반응이 적절한가 그렇지 않은가(즉, 학생의 진전도가 예정하고 있는 기간 내 목표를 달성하는 데 적합한 수준인지 아닌지)에 대한 의사결정을 하는 데에는 두 가지 방법이 있다. 첫 번째는 데이터 점 분석이고 두 번째는 경향선(trend line) 분석이다. 두 방법 모두에서 목표선은 참조점(reference point)으로 사용된다.

데이터 점 분석을 사용할 때 그래프 위의 각 주별 데이터들이 분석의 대상이 된다. 처음 6~8개의 데이터를 수집한 후 **연속으로** 4회 이상 목표선 밑으로 떨어질 경우 의사결정이 이루어지게 된다. 이 의사결정은 보통 교수전략에 모종의 변화를 가져오는데, "이 아이를 일과 시작 전에 좀 일찍 만날 필요가 있겠군."과 같은 간단한 것일 수도 있다. 그렇다고 해서 목표 자체를 하향 조정하는 것은 적절한 선택이 아니다. 반면, 목표선 이상으로 연속 4개의 데이터가 형성되면 목표는 상향 조정된다(Fuchs et al., 1989 참조). 이렇게 데이터를 활용하는 것은 교사로 하여금 학생이 적절한 진전도를 만들어 가고 있는지, 또한 교수전략상의 변화가 타당한 것인지 결정하게 해 준다. 데이터가 많지 않은 경우에는 이러한 의사결정 규칙들을 적용하기 전까지 수 주의 시간을 거쳐 데이터를 더 수집해야 할 것이다.

두 번째 방법인 경향선 분석은 학생의 **관찰된** 성장률, 즉 진전도를 활용하는데, 이때는 목표선에 기반하여 설정된 **예측된** 진전도와 비교를 하게 된다. 경향선 분석을 위해 5단계로 이루어진 Tukey 방법을 다음에 제시한다.

1. 최소 7~8회의 CBM 점수를 수집한다.
2. 가능한 균등하게 3개의 묶음으로 데이터를 분할한다. 예를 들어, 8개의 데이터를 수집했다면 처음 3개, 그다음 2개, 나머지 3개로 나눌 수 있을 것이다.
3. 나눈 세 묶음 가운데 첫 번째 묶음의 중앙값과 마지막 묶음의 중앙값(중앙에 위치한 값)을 찾아 그 두 점수에 X로 표시한다.
4. 두 X를 선으로 연결한다.

5. 이렇게 만들어진 경향선과 목표선을 비교한다.

[그림 8-4]는 이 과정이 어떻게 이루어지는지 보여 준다. 주 1회씩 8주간 진전도 모니터링이 이루어지고 나면 경향선을 그리기에 충분한 데이터가 확보된다. 첫 3개의 데이터를 묶음으로 만들고, 그다음 2개, 그리고 마지막 3개를 하나로 묶는다. 그다음 첫 3개 그리고 마지막 3개의 데이터에서 각각 중앙값에 해당하는 데이터에 X로 표시한다. 이 X는 가로축 (데이터 수집 시기상 중간에 해당하는) 및 세로축(중간에 위치한 CBM 점수) 모두에서 중간 지점임을 기억하자. 처음과 마지막 데이터 집단에서 중간값을 뽑을 때, 이들이 데이터 수집 시간상으로 중간 지점이 아닐 경우 그 값에 정확히 X를 표기할 수 없다. 마지막으로 2개의 X를 선으로 연결하고 이미 설정된 목표선과 비교한다.

X를 이어서 만들어진 경향선이 목표선과 비슷할 경우 이 학생은 적절한 수준의 진전도를 보인다고 할 수 있다. 만일 경향선이 그래프 위에 표시된 기간 내에 목표 수준에 도달할 수 없음을 보여 준다면 교수방법의 변화가 고려되어야만 한다. 학생의 수행이 정상궤도로 진행되어 가고 있는지 확인하기 위해서는 최소 7~8회의 데이터가 모일 때마다 이 과정을 반복하여 교수방법 변화의 필요성 유무를 확인해야 한다. 만약 이 선이 목표선에 비해 지속적으로 위쪽에 형성된다면 목표 자체를 향상하는 방법을 고려해야 한다.

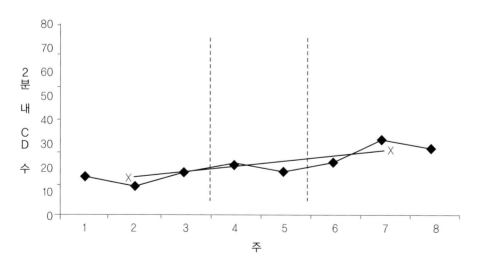

[그림 8-4] Tukey 방법을 통한 경향선 그리기 예시

각 기술 영역의 데이터를 그래프로 만들 때 고려할 사항

그래프를 그리는 절차는 어떤 영역의 기술을 모니터링했느냐와 상관없이 동일하게 이루어진다. 상이한 기술 영역과 학년에 따른 기대되는 수행 수준 및 진전도가 다음 각 장의 표에 제시되어 있다.

- 3장: 읽기 - 〈표 3-2〉~〈표 3-6〉
- 4장: 초기 읽기 - 〈표 4-2〉와 〈표 4-3〉
- 5장: 철자 쓰기 - 〈표 5-1〉과 〈표 5-2〉
- 6장: 쓰기 - 〈표 6-1〉
- 7장: 수학 - 〈표 7-1〉~〈표 7-3〉

물론 서로 다른 기술 영역에 대해서는 그래프 위에서 다른 척도(scale)를 쓸 수 있지만, 만일 각 영역 간 비교를 하고자 할 경우 자칫 혼란스러울 수도 있다. 예컨대, [그림 8-2]의 두 그래프는 다른 기술 영역의 그래프를 나타낼 수도 있다. 이렇게 서로 다른 척도를 쓴 두 그래프를 비교하다 보면 서로 다른 영역에서의 학생 진전도에 대하여 상이한 해석을 할 가능성이 크다. 그렇지만 이때 각 그래프에 학생의 목표선이 그어져 있으면(물론 그어져 있어야 하지만) 우리는 일종의 참조점을 갖게 된다. 그렇게 되면 서로 다른 영역에 대하여 세로축에 다른 척도를 적용한 것이 큰 문제가 되지 않는다. 하나의 동일한 기술 영역에 있어, 학생 간, 그리고 해당 학년 간 정확한 비교가 용이하게 이루어지기 위해서는 모든 학생들에 대하여 동일한 척도의 세로축을 쓰는 것을 추천한다.

중재반응모형에서 CBM 사용하기

중재반응모형(response to intervention 혹은 RTI)이라는 용어를 접해 본 적이 있을 것이다. 아니 최소한 1장에서 이에 대한 간략한 소개를 읽었을 것이다. RTI 내에서도 상이한 접근법들이 존재하나, 그 모든 접근들은 공통적으로 교수전략의 효과성에 대한 의사결정을 위한 데이터의 사용을 포함하고 있다.

RTI는 교수에 대한 위계적 접근(tiered approach)을 취한다. 단계 I은 모든 학생들에게 제공되는 일반적인 교수를 가리킨다. 단계 II는 단계 I 교수에 적절한 진전도를 보이지 않는 학생들을 위한 추가적인 보충 교수를 더한다. 단계 III은 가장 큰 어려움을 보이는 학생들을 위한 가장 높은 강도의 교수를 제공한다. 모든 단계에서 모든 학생들에게 동일한 CBM 검사가 사용된다. 유일한 변화는 검사의 빈도(frequency of assessment)다. 가장 집중적인 교수를 필요로 하는 학생들(단계 III)의 경우, 가장 빈번한 진전도 모니터링을 필요로 한다(선별/벤치마킹 검사에 추가적으로 주 1~2회 이상의 모니터링). 보충 교수를 받는 학생들(단계 II)에게는 단계 III 학생들보다는 덜 빈번한 모니터링(월 1~2회)이 필요할 것이다. 일반적인 교수(단계 I)에서 적절한 진전도를 보이는 학생들은 보다 덜 빈번하게 모니터링이 이루어지는데, 보통 월 1회 실시하거나 연간 3~4회 정도의 선별/벤치마킹 검사결과만을 사용하기도 한다. 이 데이터가 교수적 의사결정에 사용된다.

교수적 의사결정에 있어 가장 중요한 부분은 학생의 성취와 비교할 적절한 기준(standard)을 찾는 일이다. 적절한 비교 기준을 찾았다면 의사결정을 내리기 위한 기초가 마련된 셈이다. CBM을 가지고 어떻게 수행 수준 및 진전도에 대한 기준을 설정하는지 앞서 설명하였다. 이 두 가지에 대한 규준이 마련되어 있고, 기준들(즉, 기준점)도 활용 가능하다. 이 동일한 기준들이 RTI 내에서 두 가지 유형의 의사결정을 만드는 데 사용된다.

첫 번째 의사결정 유형은 학생이 받고 있는 교수 프로그램의 효과성에 관한 것이다. 만약 학생의 수행 수준 또는 진전도가 기준점보다 아래에 있다면 현재의 교수는 원하는 만큼 효과적이지 못함을 보여 주는 것이다. 따라서 이 학생의 수행 수준 또는 진전도를 향상시키기 위하여 현재의 교수를 어떻게 변화시키느냐 하는 것이 의사결정의 핵심이 된다. CBM(혹은 다른 평가도구)은 어떤 교수적 접근을 사용해야 하는지 혹은 현재의 교수를 어떻게 바꾸어 나가야 할지에 대한 구체적 정보를 충분히 제공하지는 않는데, 이 시점이 바로 교사, 전문가들의 전문가적 판단이 요구되는 때다. 검사도구는 그것이 얼마만큼 잘 제작되었는지에 관계없이 교사만큼 학생에 대한 정보를 가지고 있지 못하다. 의사결정을 위한 다소 구조화된 접근(이번 장의 '추가

정보 및 읽기자료' 참조)이 있지만, 이것들이 당신이 무엇을 해야 하는지 말해 주지는 않으며 단지 의사결정을 위한 모종의 지침을 제공해 줄 뿐이다.

RTI 체계 내에서 이루어지는 의사결정의 두 번째 유형은 특수교육과 같은 보충적인 프로그램(remedial program)에 대한 적격성(eligibility) 판단에 관련된 것이다. 이것은 학습장애(Learning Disability: LD) 범주에 대한 적격성 논의와 관련하여 가장 자주 언급되지만 일반적으로 어떠한 기준에 적격한지 그렇지 않은지를 결정할 때도 유용하다. 이러한 결정은 특수교육의 비범주적인 접근이라고 불리는데, 이는 한 학생에게 서비스를 제공하기 전 어떠한 장애 범주에 넣어야 할지 결정할 필요가 없기 때문이다.

이 적격성 판단에 있어 가장 일반적인 접근법은 소위 **이중불일치**(dual discrepancy method)라고 불리는 것이다. CBM은 수행 수준(학생의 현재 수행하고 있는 수준) 데이터와 더불어 진전도 데이터(성장 속도)를 제공하기 때문에 교사들은 이 두 가지 데이터를 여러 기준치(이 장의 전반부에서 다루었던)들과 비교해 볼 수 있다.

이 책이 RTI에 대한 책이 아니기 때문에 그에 대해 구체적인 부분까지 다룰 수는 없다. 아마도 CBM이 RTI 체계의 근간을 이루는 핵심요소라는 것을 말해 두는 것만으로 충분할 것이다. RTI에 대하여 궁금한 독자들은 이 장 뒤에 소개된 '추가 정보 및 읽기자료'를 찾아 읽어 보기를 권한다.

컴퓨터를 활용한 그래프 및 데이터 관리 시스템

컴퓨터를 활용한 데이터 관리 및 그래프 프로그램은 많은 종류가 있다. 그중 어떤 것은 특정 회사의 프로그램에 맞게 고안된 것도 있는 반면, 사용자들의 의견을 반영하여 다른 검사들을 통합할 수 있게 만들어진 것들도 있다. 다음에 제시된 모든 프로그램이 데이터 입력과 그래프를 그릴 수 있는 환경을 제공한다. 이 가운데 몇 가지는 웹기반이고 어떤 것들은 별도의 프로그램(즉, 컴퓨터에 설치를 하거나 로컬네트워크 기반에서 사용할 수 있는)이다. 이 중 어떤 프로그램들은 데이터를 지속적으로 저장하고 관리하게 함으로써 다른 연도의 데이터와 비교 분석 및 해석을 가능케 하기도 한다. 또 다른 프로그램은 수집된 데이터를 채점해 주기도 한다. 물론 가격은 프로그램을 구입하는 라이센스(예, 개인, 학교) 수준이나 제공되는 서비스의 범위에 따라 다양하다. 이들 프로그램은 일반적으로 세 가지 유형으로 구분할 수 있다. 특정 검사만을 사용하는 프로그램, 다양한 검사를 지원하는 프로그램, 일반적으로 사용되는 스프레드시트(spreadsheet)나 데이터 관리 프로그램들이 그것이다. 구체적인 필요에 따라 가장 적합한 프로그램을 선택하는 것이 중요한데, 다음의 용어들은 각 프로그램을 특징짓는 기준이 된다.

- 유형: 웹기반(데이터가 원격서버에 저장되고 인터넷을 통해 접근 가능한 방식) 프로그램인가? 아니면 별도 설치(특정 컴퓨터에 설치해서 그 컴퓨터로만 접근이 가능한 방식) 프로그램인가?
- 데이터: 특정 연도 내의 데이터만 다룰 수 있는가? 아니면 서로 다른 연도의 데이터를 교차 비교 분석할 수 있는 프로그램인가?
- 비용: 프로그램을 사용하는 데 추가적인 비용이 발생하는가? 그렇다면 한 번만 내면 되는가? 아니면 사용할 때마다 추가비용이 발생하는가?
- 자동성: 컴퓨터화된 검사절차와 채점이 가능한가? 아니면 데이터 관리 및 해석만이 가능한가?
- 기술 영역: 이 책에서 다룬 기술 영역들 가운데 어떤 것들을 다루고 있는가?
- 기타: 추가적으로 제공되는 정보가 있는가?

특정 검사를 사용하는 프로그램

DIEBELS 데이터 시스템(dibels.uoregon.edu)
- 유형: 웹기반
- 데이터: 연도별 교차 비교 분석 가능
- 비용: 사용에 따른 지속적인 비용 발생
- 자동성: 데이터 관리 및 저장
- 기술 영역: 읽기(구두 읽기 유창성에 한함), 초기 읽기(DIBELS에 한함)
- 기타: 스페인어판 검사 이용 가능

DIBELS 모니터링 도구(DiMonD; e-mail: cdormanl@cfl.rr.com)

• 유형: 별도 설치

• 데이터: 연도별 교차 비교 분석 가능

• 비용: 없음

• 자동성: 데이터 관리 및 저장

• 기술 영역: 읽기(구두 읽기 유창성에 한함), 초기 읽기(DIBELS에 한함)

Edcheckup(www.edcheckup.com)

• 유형: 웹기반

• 데이터: 연도별 교차 비교 분석 가능

• 비용: 사용에 따른 지속적인 비용 발생

• 자동성: 컴퓨터 자동 채점(구두 읽기 유창성에 한함), 데이터 관리 및 저장

• 기술 영역: 읽기(구두 읽기 유창성에 한함), 초기 읽기(DIBELS에 한함)

• 기타: 스페인어판 검사 이용 가능

Yearly Progress Pro(YPP; CTB/McGraw-Hill; www.ctb.com)

• 유형: 웹기반

• 데이터: 연도별 교차 비교 분석 가능

• 비용: 사용에 따른 지속적인 비용 발생

• 자동성: 컴퓨터 자동 관리, 채점, 데이터 관리 및 저장

• 기술 영역: 읽기(단어선택), 수학(계산, 개념 및 적용)

• 기타: 수학 영역 검사들은 전통적인 CBM 절차를 따르지 않으며 산출된 답변만을 요구함

다양한 검사를 지원하는 프로그램

AIMSweb(Pearson; Harcourt Assessment: www.aimsweb.com)

- 유형: 웹기반
- 데이터: 연도별 교차 비교 분석 가능
- 비용: 사용에 따른 지속적인 비용 발생
- 자동성: 데이터 관리 및 저장
- 기술 영역: 읽기, 초기 읽기(DIBELS, LSF), 철자 쓰기, 쓰기, 수학(초기 수학, 계산)
- 기타: 초기 읽기의 경우 스페인어판 검사도 이용 가능. 대부분의 기술 영역이 AIMSweb 특정 검사들과 연결되어 있지만 DIBELS 검사도 포함 가능함

Intervention Central(Chart Dog: www.interventioncental.org)

- 유형: 웹기반
- 데이터: 특정 연도 내 분석만 가능
- 비용: 없음
- 자동성: 데이터 관리 및 저장
- 기술 영역: 읽기, 초기 읽기(DIBELS, LSF, WIF), 철자 쓰기, 쓰기, 수학(초기 수학, 계산, 개념 및 적용)
- 기타: 진전도 모니터링용으로만 사용 가능. 모든 CBM 검사를 추가할 수 있도록 변경 가능

스프레드시트 및 데이터 관리 프로그램

Excel

- 유형: 별도 설치
- 데이터: 연도별 교차 비교 분석 가능
- 비용: 1회만 지불(마이크로소프트 오피스 패키지에서 제공됨)
- 자동성: 데이터 관리 및 저장

- 기타: 엑셀이 만들어 내지 못하는 몇몇 그래프가 있지만 다른 프로그램에서 불러오기가 용이함. 시스템 구축에 시간이 소요되지만, 특정 경우에 있어서는 보다 유연한 프로그램임

FileMaker Pro
- 유형: 별도 설치(웹기반 버전도 사용 가능)
- 데이터: 연도별 교차 비교 분석 가능
- 비용: 1회 지불
- 자동성: 데이터 관리 및 저장
- 기타: 시스템 구축에 시간이 소요되지만, 특정 필요에 있어서는 보다 유연한 프로그램임. 엑셀만큼 범용성이 뛰어나지는 않음(프로그램 접근성 문제)

CBM 데이터를 도표 및 그래프로 나타내기에 관해 자주 묻는 질문

1. CBM 사용이 학생의 교육과정에 영향을 미치나요?

교육과정은 주(state)의 기준과 학생의 개별화교육계획(IEP)에 따라 결정되기 때문에 CBM 자체가 교육과정에 변화를 가져오지는 않습니다. 오히려 CBM은 교수전략의 빈번한 변화를 야기하며 그러한 변화들은 학생들의 성취 향상과 관련되는 것으로 알려지고 있습니다. 기억할 것은 CBM이 교육과정도 아니며 교수도 아니라는 점입니다. 그러나 CBM은 교육과정 또는 교수에 대한 학생의 반응이 어떤지를 보여 주는 데이터를 제공합니다.

2. 중앙값 점수가 학생의 기초선 수준을 신뢰할 만하게 예측하나요?

일반적으로 중앙값 점수를 기초선으로 생각합니다. 행동 평가나 단일대상연구와 정확히 일치하지는 않지만, 그 점수는 학생 수행의 시작점 또는 중재 제공 이전의 점수라고 할 수 있습니다. 실제로 우리가 측정하는 것이 본질적으로 안정적인 것이 아니기 때문에, 안정적인 기초선 점수를 찾을 때까지 마냥 기다릴 수는 없습니다. 학생의 수행 수준이 3주 혹은 그 이상 계속 지체되어 있다면 중재 투입을 더이상 기다려서는 안 됩니다.

3. 학생이 목표점에 일찍 도달했을 경우, 그 목표를 뛰어넘는지 확인하기 위해 진전도 모니터링

을 계속해야 하나요?

물론입니다! 당신은 만일 학생이 네 시점 연속으로 목표선 이상의 수행을 보일 경우 이전보다 향상된 목표를 설정해야 합니다. 만약 목표가 또래의 기준점에 도달하거나 그들을 따라잡는 것이었고 그 목표에 도달했다면, 진전도 모니터링은 이전에 비해 조금 덜 빈번하게 실시해도 될 것입니다. 그 대신 또 다른 어려움을 지닌 학생에게 관심을 돌려 집중하기를 권합니다.

4. 중재선을 만드는 것이 왜 중요한가요?

중재선은 그래프 위에서 별개의 다른 중재 혹은 교수 단계를 보다 쉽게 구분할 수 있게 해 줍니다. 이를 통하여 교수과정에서 어떤 변화가 있었으며 학생의 진전도에 영향을 가져온 원인이 무엇인지 판단하는 데 도움을 줍니다.

5. 진전도 모니터링 시, 학생의 성취가 목표선 밑으로 몇 번이나 떨어져야 학생의 교수적 수준을 재평가할 수 있나요?

네 번 연속으로 목표선 밑으로 떨어질 경우, 학생의 현재 교수적 수준이 적절하지 않다고 가정하기보다는, 교수방법에 변화를 가져와야 하는 것은 아닌지 고려해 보아야 합니다. 학생의 수행 수준은 아마도 꽤 일정할 수 있지만 진전도는 생각만큼 일정하지 않을 수 있다.

6. 학생의 수행이 목표선 밑으로 떨어져 있다 하더라도 그래프를 학생에게 보여 주는 것이 바람직한 것인가요?

네. 학생들은 자신들이 어떤 진전을 만들고 있는지 알고 싶어 합니다. 그들이 아주 잘하고 있다는 것을 또는 썩 잘하고 있지 못하다는 것을 볼 때, 두 경우 모두 학생들에게는 큰 동기부여가 될 수 있습니다. 학생들에게 단순히 잘하지 못하고 있다거나 떨어지고 있다고 말해 주는 것보다 그래프를 보여 주는 것이, 이후에 제공되는 교수에 어떤 변화가 있을 것인지에 대해 함께 이야기하고 의견을 나눠 보는 데(논의가 진행될 방향은 학생과 학생의 학년 수준에 따라 다를 것이다.) 유용하게 쓰일 수 있습니다. 예를 들어, 이렇게 운을 띄울 수 있을 것입니다. "그래. 너의 현재 수행이 선생님이 기대하고 있는 만큼 좋지는 않아 보이는구나. 읽기를 어떻게 배우는 게 더 좋은 방법이 될지 함께 고민해 보면 좋을 것 같다."

7. 학생의 목표를 상향 조정하기에 적절한 시기는 언제인가요?

최소 6~8회 이상의 데이터를 모은 후, 네 번 연속으로 목표선 이상으로 데이터가 형성되면 목표를 상향 조정해야 합니다.

● 추가 정보 및 읽기자료

Conte, K. L., & Hintze, J. M. (2000). The effects of performance feedback and goal setting on oral reading fluency within curriculum-based measurement. *Diagnostique, 25*(2), 85-98.

Deno, S. L. (1987). Curriculum-based measurement, program development, graphing performance and increading efficiency. *Teaching Exceptional Children, 20*(1), 41-47.

Howell, K. W., Hosp, J. L., Hosp, M. K., & Macconell, K. (in press). *Curriculum-based evaluation: Linking assessment and instruction.* New York: Sage.

Jimerson, S., Burns, M., & VanDerHeyden, A. (2007). *The handbook of Response to Intervention: The science and practice of assessment and intervention.* New York: Springer.

Marston, D. B., Diment, K., Allen, D., & Allen, L. (1992). Monitoring pupil progress in reading. *Preventing School Failure, 36*(2), 21-25.

National Association of School Psychologists (2006). *Assessment alternatives under IDEA 2004* (CD Rom Toolkit). Bethesda, MD: Author.

Salvia, J., Ysseldyke, J., & Bolt, S. (2007). *Assessment* (10th edition). Boston: Houghton-Mifflin. (Paticularly see Chapter 30, "Assessing Response to Intervention")

9 CBM 사용을 계획하고 지속적으로 활용하기

아무리 좋은 의도라도 그것을 실행에 옮기기 위한 확고한 계획이 없다면 오래 가지 못하게 된다. 그러한 면에서 CBM을 성공적으로 실행에 옮기기 위하여 할애하는 시간과 노력은 그럴 만한 가치가 있다. 단순히 시작하는 것만으로도 절반의 성공이라고 볼 수 있으며 지속적으로 어떻게 유지할 것인가에 대해 계획하는 것은 또 다른 중요성을 갖는다. 이 장에서는 CBM을 실행하기 전, 실행하는 동안, 그리고 그 이후의 사용을 위해 도움을 줄 수 있는 방법들을 살펴 보고자 한다.

CBM을 사용하기 위한 계획 수립

당신은 CBM을 사용하기로 결정하였다. 축하한다! 잘 수립된 계획이 있다면 CBM이 당신의 학생들을 어떻게 보다 나은 성취로 이끌 수 있는지 머지 않아 확인할 수 있게 될 것이다. 이는 CBM이 학생들이 받는 교수의 효과성을 평가할 수 있게 함으로써 학생 개개인에 대한 데이터 베이스를 제공해 주기 때문에 가능해진다. 당신이 CBM을 학급, 학년, 학교, 또는 교육청 등 어느 수준에서 적용하느냐와 상관없이 고려해야 할 요소는 유사하다고 볼 수 있다.

　여기서는 CBM 사용을 위한 계획을 10개의 단계로 세분화하였다. 처음 시작 시 필요한 체크리스트가 부록 B에 제시되어 있다. 하단에는 당신이 체크리스트에 따라 올바른 의사결정을 내리고 있는지 확인하기 위해 필요한 사항들을 제시하였다.

CBM 시행 전, 시행 중, 그리고 첫 번째 시행 이후 고려해야 할 10단계

시행 전

1단계: 누가 사용할 것인가?

이는 CBM이 어떤 수준에서 사용되느냐에 따라 달라진다. 각 수준에 따라 고려해야 할 사항들이 다음에 제시되어 있다.

- 학급: 단 한 사람의 교사만이 관심 있다면? 그렇다면 이 교사가 자신의 학급 학생들에 대하여 선별/벤치마킹, 그리고 진전도 점검 등을 할 수 있을 것이다. 그렇지만 자신의 학생들을 다른 학교 또는 교육청에 있는 학생들과 비교할 수는 없을 것이다.

- 학년: 단 하나의 학년에만 관심이 있다면? 만약 그렇다면 해당 학년 교사들이 학생들에 대하여 선별/벤치마킹, 그리고 진전도 점검 등을 할 수 있을 것이다. 그렇지만 그 학년 학생들의 점수를 다른 학교나 교육청에 있는 학생들 점수와 비교할 수는 없을 것이다.

- 학교: 단 하나의 학교만이 관심 있다면? 만약 그렇다면 해당 학교 교사들이 모든 학생들에 대하여 선별/벤치마킹, 그리고 진전도 점검 등을 할 수 있을 것이다. 이는 매년 학생들의 성취를 점검하는 데 도움을 줄 것이고 학생들이 어떻게 성장해 가는가를 전반적으로 보여 주는 좋은 지표가 될 것이다. 그렇지만 단 한두 개의 학교만이 CBM을 사용한다고 했을 경우 어떤 학교 학생들의 성취를 다른 교육청의 학생들과 비교할 수는 없다.

- 교육청: 교육청에 속한 모든 학교에 CBM을 도입하기로 하였는가? 그렇다면 해당 교육청의 교사들은 등록된 모든 학생들에 대하여 선별/벤치마킹, 그리고 진전도 점검 등을 할 수 있을 것이다. 또한 학생이 만일 다른 학교로 전학을 가게 된다고 하더라도 진전도를 계속 점검해 나갈 수 있을 것이다. 그러나 만일 모든 학교가 각기 다른 프로그램 혹은 서로 다른

평가도구를 사용하게 된다면 그 데이터들은 학교 간 비교에 사용될 수 없을 것이다.

2단계: 어떤 교과의 CBM이 사용될 것인가?

당신이 만일 모든 영역의 CBM에 관심을 가지고 있다면 이는 답하기 어려운 질문일 수 있다. 그러나 대부분의 학생들이 가지고 있는 문제 영역이 읽기이기 때문에 논의의 출발을 읽기에서 시작하는 것이 좋을 것이다. 고려해야 할 사항들을 제시하면 다음과 같다.

- 초기 읽기(LSF, WIF, DIBELS): 이 영역들에서 학생들의 읽기 수준은 중요하게 고려되어야 할 것들이다. 어떤 초기 읽기 기술들은 한번 습득이 되면 그 이후에는 별도의 습득을 필요로 하지 않는다.
- 읽기(ORF, Mazes): 적합한 단어선택(Maze) 검사만이 집단으로 실시될 수 있는데, 읽기는 매우 중요한 영역이고 이 검사들은 특히 선별/벤치마킹, 그리고 진전도 모니터링에 적합하다.
- 철자 쓰기(CLS, WSC): 집단검사가 가능하며 시간을 절약할 수 있는 장점이 있다.
- 쓰기(TWW, WSC, CWS): 시간이 가장 많이 소요되는 CBM 검사이지만 집단검사가 가능하다. 다른 영역에서 강점을 보일 경우 추가로 시행하기에 적합한 검사 영역이다.
- 수학(초기 수학, 연산, 개념 그리고 적용): 역시 집단검사가 가능하며 시간이 절약된다.

3단계: 어떤 CBM 검사를 사용할 것인가?

이것은 매우 중요한 의사결정 사항으로 이후의 절차가 쉬울지 그렇지 않을지를 결정짓게 된다. 각 영역별로 고려해야 할 사항들은 다음과 같다.

- 그래핑 프로그램이 탑재된 상업용 검사도구: 시간을 많이 절약시켜 주는 검사도구인 동시에 양질의 결과물들을 제공해 준다. 이 프로그램들은 보통 웹기반 형식으로 어디서나 데이터를 입력하고 찾아볼 수 있다. 데이터는 학생 개인, 교사, 교장, 그리고 행정업무 담당자에 의해 열람될 수 있다. 경우에 따라 부모들이 온라인으로 자녀들의 데이터에 접속할 수도 있다.

- 제작된 검사도구 구입 후 그래프를 교사가 직접 제작하여 사용하는 방식: 만일 한 명 또는 두 명의 교사만이 CBM을 사용하고자 한다고 했을 때 가장 적합한 선택이 될 것이다. 단점은 교사가 검사지의 복사본을 만들고 직접 관리해야 하며, 동시에 그래프도 직접 제작해서 사용해야 한다는 것이다. 이 검사지들을 구입하는 방법은 각 내용 영역의 텍스트 상자 안에 설명해 놓았다.
- 제작된 검사도구 및 수작업(종이) 그래프 구입: 한 명의 교사가 자신의 학급에 있는 몇 명의 학생들을 대상으로 CBM을 사용할 경우에 한하여 적합한 방법이다.

4단계: 언제 시작할 것인가?

시작 시점에 관해서는 가능한 한 빠른 시기에 계획을 수립하는 것이 좋다. 기억해야 할 것은 검사 실시를 위한 사전교육, 검사지 사전 준비, 검사 시행, 연습 등에 적어도 몇 주가 소요될 것이라는 점이다. 시기별로 고려해야 할 사항은 다음과 같다.

- 가을: 선별/벤치마킹 그리고 진전도 모니터링을 시작하기에 가장 좋은 시기다. 이는 학생들이 새 학년을 시작하기 전(미국의 경우 가을학기부터 시작되므로), 즉 이전 해 또는 학기가 시작되기 전 여름에 계획이 이루어짐을 의미한다.
- 겨울: 만약 사전교육, 검사지 등 전반적인 준비가 가을까지 안 되었을 경우 서두르기보다는 겨울까지 여유를 갖고 기다리는 게 나을 수도 있다. 물론 선별/벤치마킹 그리고 진전도 모니터링을 겨울에 하는 것도 가능은 하지만 해당 연도의 가을 데이터는 사용할 수 없다는 단점이 있다.
- 봄: 마지막 대안이다. 그러나 이 시기는 CBM 소개, 사전 교육, 그리고 검사 시행 연습을 위해 사용될 수도 있다. 이 경우 가을학기를 대비하여 검사를 미처 사용해 보지 못한 검사자가 있을 수 있으므로 가을학기에 연습을 위한 리뷰 회기를 포함시킬 필요가 있다.

5단계: 누가 검사자를 연습시킬 것인가?

메시지는 때때로 그것을 전달하는 사람에 의해 좋고 나쁨이 결정되기도 하는데 이와 마찬가지로 잘못된 훈련(연습)으로 인해 양질의 교수 프로그램이 잘못 적용되는 경우를 본다. 그런 이유로 양질의 훈련에 투자되는 비용은 가치가 있으며, 검사자의 필요에 따라 충분히, 자세한 부분까지 준비시킬 필요가 있다. 이에 관해 고려할 사항들이 다음에 제시되어 있다.

- 전문가를 고용하여 검사자를 교육하는 방법: 모든 전문가가 다 동일하지는 않으므로 주변에 조언을 구하여 CBM에 전문 식견을 가지고 있으며 양질의 교육을 제공해 줄 수 있는 사람을 찾는다. 정보의 부재가 문제라면 주변 학교 또는 인근 교육청과 협력하는 방법이 있을 것이다. 양질의 교육은 모든 것을 바꿀 힘이 있다. 이 교육을 계획하는 데 있어 후속 교육은 반드시 포함되어야 한다. 전문가를 다시 초빙하여 문제가 되었던 것들에 대해 조언을 받고 해석에 대한 도움을 받는 것 또한 중요하다.

- 몇몇 검사자에게 전문 교육을 받게 하고 그들이 나머지 검사자를 교육하는 방법: 시간과 경비를 동시에 절약할 수 있으며 사전에 교육받은 스태프들이 CBM에 대한 높은 수준의 지식을 가지고 있다면 매우 효과적으로 작용할 것이다. 그러나 그 지식이 바르지 못한 것일 경우 공유된 지식은 CBM 실시에 대한 올바른 정보가 되지 않을 것이다.

- 시판된 검사도구를 가지고 직접 연습해 보고 집단으로도 함께 연습하는 방법: 전문가를 활용한 교육이 용이하지 않을 경우 집단으로 함께 모여 검사 실시방법을 익히고 연습하는 것이 대안이 될 수 있다. 다만 이 경우 구성원들이 이미 평가에 대한 일정 수준의 지식을 가지고 있어야 하고 표준화된 검사 지침의 중요성을 이해하고 있어야 한다. CBM이 올바르게 실시되기 위해서는 시행절차에 대한 학습 및 연습에 더 많은 시간을 할애할 필요가 있다.

시행 중

6단계: 누가 검사도구를 관리할 것인가?

이것은 조직 및 시간관리에 관한 문제다. 검사도구의 관리는 도구의 구입, 인쇄와 정리, 분배 및 학생 이름 기입 등을 포괄한다. 검사도구 관리 책임을 맡은 사람은 이 일에 배정된 별도의 시간을 가지고 있어야 한다. 검사도구의 구입과 인쇄, 배분을 모든 학생 및 교사 대상으로 하는 데는 시간이 요구된다. 특히 모든 검사도구는 사용하기 전에 미리 오류가 없는지 재확인 절차를 거치는 것이 좋다. 이 과정은 데이터 수집에 앞서 검사의 실시 및 채점 과정 또한 포함한다. 이에 관하여 다음 사항들을 고려할 필요가 있다.

- 교사(일반교사, 타이틀 I, ESL(제2외국어), 특수교사): 교사가 검사도구를 관리하는 것은 교사들이 학생들을 검사하는 데 있어 필요한 세세한 부분까지 이미 알고 있다는 점에서 영리한 선택이다. 그들은 검사도구의 제작, 수집, 저장 등의 효율성을 향상시킬 수 있는 전략들을 매우 잘 알고 있다.
- 학교 행정가(교장, 교감): 학교 행정가가 검사도구를 직접 관리하게 되면 이 과정에 참여시킬 수 있다는 장점이 있다. 그렇지만 대개 이들은 매일매일 관리해야 하는 이 일을 감당할 만한 시간적 여유가 없다. 따라서 관리보다는 데이터 수집이나 교육과정에 참여시키는 편이 나을 것이다.
- 보조교사/전문가(언어치료사, 읽기전담교사, 학교심리학자): 이들 또한 검사도구 관리에 참여시키는 동시에 다른 교사들과 직접적으로 협력할 수 있다는 측면에서 좋은 선택이 될 수 있다. 그러나 한 가지 문제는 이 보조교사나 전문가들이 학교에 없을 수도 있다는 점이다.
- 보조인력(행정보조, 학부모 자원봉사자): 시간이 충분히 있고 관리기술이 있다면 이들에게 맡기는 것도 괜찮은 선택일 수 있다. 그러나 어떤 자원봉사자가 되었든, 학생들의 검사점수와 관련된 보안 문제에 각별히 주의할 필요가 있다.

7단계: 누가 데이터를 수집할 것인가?

데이터를 모으는 시점과 더불어 누가 모으는가 하는 것은 매우 중요하다. 데이터에 대한 소유권과 시간에 대한 문제는 계획 수립 시 중요한 두 가지다. 더불어 적합한 절차에 따른 자료수집이 절대적으로 요구된다. 부록 B에 있는 'CBM 시행을 위한 일반적인 절차적 충실도 체크리스트(General Fidelity Checklist)'를 참고한다. 영역별로 고려해야 할 사항을 정리하면 다음과 같다.

- 교사: 교사에게 자료수집 업무를 맡기게 되면 CBM에 대하여 알게 되고 구체적으로는 CBM 시행에 관련되는 업무, 학생들에게 부여될 과제, 그리고 그 결과가 의미하는 바 등에 대하여 이해하게 된다. 우리의 경험상, 교사가 자신의 학생에 대한 데이터를 직접 모으

지 않으면 그 데이터는 그저 '다른 누군가의 데이터'로 볼 수밖에 없게 된다. 초점이 진전도 모니터링에 있다면 더더욱 학생들의 데이터를 직접 수집해야 할 것이다. 선별/벤치마킹이 초점이라면 팀을 구성하는 것이 효율적일 수 있는데, 교사가 자신의 학급 데이터 전부를 수집하는 대신 팀이 일정 부분 도움을 줄 수 있다.

- 팀(예, 일반/특수교사, 교육 보조인력, 교장, 학교심리학자, 읽기전담교사, 언어치료사): 이 방법은 자료수집의 초점이 선별/벤치마킹에 있을 때 훌륭한 대안이 된다. 학교나 교육청에 훈련된 인력이 더 많아질수록 자료수집은 더 신속하게 진행될 수 있다. 사람들은 참여하고 도와주는 일에 가치를 느낀다. 학교장이 이 팀에 참여한다면 이는 전적으로 사실이 된다. 그러나 학부모 자원봉사자나 상급학년 학생들을 자료수집에 활용하는 것은 각별히 주의해야 한다. 우리는 학교가 직접적으로 고용하지 않은 사람을 포함시킴으로써 보안 위험에 노출된 경우를 보았다. 이들은 데이터가 올바르게 수집되었는지 확인해야 하는 측면에서의 전문성을 결여하고 있다.

8단계: 어디서 데이터를 수집할 것인가?

이 단계 역시 시간관리와 관련된다. 이는 데이터를 빠른 시간 내 수집하는 동안 교수과정의 중단을 최소화하는 가장 효율적인 방법으로 이루어져야 한다.

- 학급 내: 교사가 자신의 학급 내 모든 학생들을 검사한다. 이와 같이 교수에 할애되는 시간을 빼앗아 가며 데이터를 수집하는 것이 가장 빠른 방법은 아니다. 검사팀이 해당 학급에 투입되어 검사를 도울 수 있는데 이 방법은 교사가 많은 시간을 검사에 할애하지 않아도 되지만 이 또한 데이터를 수집하는 가장 빠른 방법은 아니다. 왜냐하면 검사팀이 각각의 학급을 따로 검사해야 하고 모든 검사도구를 해당 학급으로 가져와야 하는 불편이 있기 때문이다.
- 학급 외 주요 장소(도서관, 카페테리아, 다목적실): 이 방법은 교수 이외에 할애해야 하는 시간을 최소화하기 때문에 데이터를 빠르게 수집하는 데 최선의 전략일 수 있다. 검사팀은 한곳에 검사도구를 모아 둘 수 있는 공간을 확보하고 개별 학급으로의 이동 시간을 최소화해야 한다. 이 과정을 보다 신속하게 하는 한 가지 방법은 학생들을 집단으로 만들어 교

내 주요 공간으로 모으는 것이다. 일부 학생들이 검사를 받는 동안 다른 학생들은 교사의 지도하에 조용히 책을 읽을 수 있다. 이때 학부모 자원봉사자나 다른 스태프들이 책을 읽으며 검사를 기다리고 있는 학생들을 관리감독하거나 검사팀이 준비되는 동안 다음 학생들을 데려오는 등의 도움을 줄 수 있다.

시행 후

9단계: 수집된 데이터를 누가 관리할 것인가?

CBM 자료수집에 드는 시간과 노력을 보다 효율적으로 만들어 줄 수 있는 데이터 관리방법들이 있다. 이 단계 역시 검사의 종류와 관계없이 검사의 성공적인 사용을 위해 매우 중요하다. 이와 관련된 고려해야 할 사항들은 다음과 같다.

- 교사 개개인이 학생들의 데이터 입력 및 그래프 제작을 맡는 방법: 교사의 일정상 가능한 계획이라면 나쁘지 않은 생각이다. 검사를 마치고 그래프가 산출되기까지 시간이 짧아지는 장점이 있다. 여기서 중요한 점은 교사가 데이터를 입력하고 그래프화할 수 있는 시간을 갖고 있어야 한다는 것이다. 학교에서 이러한 업무를 담당할 수 있는 한두 명의 사람이 있다면 시간을 단축시킬 수 있을 것이다.
- 각 학년 또는 학교에서 한 사람이 데이터 입력 및 그래프 제작을 맡는 방법: 개별 학교에서 이러한 업무를 담당하고 있는 담당자가 있다면 이 방법은 효율적이다. 이러한 방법을 사용하기 위해서는 먼저 데이터를 입력하고 그래프를 그릴 수 있는 시간을 담당자에게 제공해야만 한다. 개별 학교에서 이러한 업무를 담당하게 될 사람을 한두 명 정도 임명할 수 있다면 학생을 측정하는 것부터 시작하여 데이터를 입력하고 그래프화하는 데 소요되는 시간을 절약할 수 있다.
- 교육청 내에서 한 사람이 데이터 입력 및 그래프 제작을 맡는 방법: 교육청 단위에서 이 일의 담당자를 확보하는 것은 가장 마지막으로 고려할 수 있는 방안이 될 것이다. 데이터 입력을 위해 다른 장소로 옮겨야 하고 또 그 결과인 그래프를 각 학교로 되가져와야 한다면 검사 시기와 결과를 받는 시기와의 간격이 커지게 될 것이다. 그럼에도 불구하고 교육청 단위에서 평가를 잘 이해하며 데이터를 해석하는 데 도움을 제공할 수 있는 사람을 확

보해 두는 것은 좋은 옵션이다.

10단계: 데이터를 어떻게 공유할 것인가?

데이터를 수집하고 입력하여 그래프로 나타내고 결과물을 출력했지만 그것을 서랍에 넣어 두다면 아예 데이터를 수집하지 않은 것만 못하다. 식견 있는 한 교장선생님이 이렇게 말한 적이 있다. "눈에서 멀어지면 마음에서도 멀어진다고 하지 않습니까? 저는 선생님들이 매일매일 학생들의 데이터를 들여다보기를 원합니다." 이 마지막 단계야말로 지금까지의 모든 과정을 완성시킨다. 고려해야 할 사항은 아래와 같다.

- 각 교사는 해당 학급의 데이터만 볼 권리를 지님: 만약 학교에 한 명의 교사만이 CBM을 사용한다고 했을 때, 이 방법은 괜찮을 수 있다. 그러나 데이터가 의미하는 게 무엇이고 데이터에 기반해서 어떤 중재방법을 사용해야 할지 함께 고민할 수 있는 교사들이 있다면 보다 더 효율적이고 효과적일 수 있다.
- 해당 학년 수준에서 해당 학년의 모든 교사들이 모든 학생들의 데이터를 볼 권리를 지님: 각 학년의 교사들에게 해당 학년 학생들의 데이터를 확인하여 추가적인 교수가 필요한 학생들을 선별해 내는 과정이 중요하다. 데이터를 보고 해석할 때 개인적 접근보다 팀 접근이 선호될 필요가 있다.
- 학교 수준에서 검사팀이 모든 학생들의 데이터를 볼 권리를 지님: 물론 시간을 절약할 수는 있다. 그러나 해당 팀이 특정 학생을 잘 알지 못한다면 그들은 개별 학생에게 무엇을 제공해야 할지 파악하는 데 어려움을 겪게 될 것이다. 학년 수준 내에서 학생들의 진전도 경향을 파악하고 교육과정상의 취약한 영역을 살펴보는 것이 이 단계에서 요구되는 일이다.

성공적인 CBM 시작을 위한 팁

학급, 학년, 학교, 교육청 수준에서 CBM을 시작하는 다양한 접근방법들이 있다. 가장 효과적인 방안은 다양한 구성원들로 이루어진 팀을 구성하는 것인데, 우선 학교장이나 해당 교육청의 평가 또는 특수교육 서비스 담당 장학사와 같은 행정전문가를 포함할 수 있을 것이다. 그밖에 다른 구성원으로는 일반교육 또는 특수교육 교사, 읽기코치, 언어치료사, 학교심리학자, 또는 학교 상담가와 같은 전문인력이 포함될 수 있다. 공통의 목표를 위해 팀으로 함께 일할 때 CBM 시행은 물론이고 이후 지속되는 힘도 커지게 될 것이다.

동시에 이 팀은 CBM의 사용 이유에 대해 모르는 사람들에게 CBM을 소개할 수도 있다. 이와 관련하여 강조할 만한 몇 가지 아이디어는 다음과 같다.

- 분배 및 채점이 빠르고 효율적이다.
- 읽기, 철자 쓰기, 쓰기, 그리고 수학 영역에서 학생들의 전반적인 기술에 대한 훌륭한 정보들을 제공한다.
- 유창성 기반이다.
- 더 많은 시간을 교수에 할애하고 평가에는 적은 시간을 들이게 해 준다.
- 집단으로 시행할 수 있고 교수 계획에 도움을 준다.
- 1년에 최소 3회에 걸쳐 모든 학생을 대상으로 선별/벤치마킹에 사용할 수 있다.
- 연간 지속적인 진전도 모니터링을 쉽고 빠르게 실시할 수 있다.
- 학업 기술 측정을 위한 신뢰할 수 있고 타당한 검사로서 25년 이상 축적된 연구에 기반한다.
- 많은 시간이 걸리는 고비용 검사를 대체할 수 있다.

성공적인 CBM 지속을 위한 팁

향후 제기될 질문들에 답변을 미리 준비하는 것은 CBM이 학교 혹은 교육청에서 표준으로 자리 잡을 수 있는 하나의 방안이 된다. CBM을 성공적으로 지속시키기 위해서는 요구되는 일들이 있다. 무엇을 어떻게 해야 할 것인가에 대한 아이디어들을 제시한다.

- 다음 1년을 위한 검사 관련 물품들을 미리 준비한다. 여기에는 선별/벤치마킹, 그리고 진전도 모니터링을 위한 검사도구가 포함된다. 하나의 팁을 예로 들면, 여러 학년을 검사할

때 학년별로 색상코드를 다르게 하면 분류가 용이할 수 있다. 또 학생들의 이름을 라벨지에 인쇄하여 검사지 위에 부착하면 시간을 절약할 수 있다. 재검사 또는 학생이 다른 교육청으로 전학 갈 경우를 대비하여 학생용 검사지 추가 복사본을 준비해 놓는다. 또 다른 팁은 교사용/학생용 검사지를 보호필름(용지)으로 씌우거나 포켓 바인더 같은 것에 넣어 놓는 것인데, 이렇게 하면 보관도 용이할 뿐 아니라 오래 보관할 수 있는 장점이 있다.

- 새 학년도가 시작되기 전에 계획을 미리 세워 놓는다. 연간 계획을 달력에 모두 표시해 두면 언제 선별/벤치마킹 검사를 실시하는지, 진전도 모니터링 일정은 어떻게 되는지, 그리고 그래프는 언제 인쇄할 수 있는지 미리 예측하여 준비할 수 있다. 월별 일정이 기입되어 있는 달력을 해당 월에 관련된 CBM 정보와 함께 배포하면(또는 이미 학교에서 사용하고 있는 월간 계획표에 표시하거나) 향후 어떤 일이 예정되어 있는지 모든 구성원들에게 쉽게 알릴 수 있다. 하나의 팁은 어떤 종류의 검사를 실시하든지(특히 선별/벤치마킹 검사) 최소 2주를 기다려 보는 것이다. 어떤 학생들의 경우에는 방학처럼 휴지기간을 가진 뒤에 원래 상태로 돌아오는 데 얼마간의 시간이 필요한데, 만일 지나치게 이른 시기에 검사가 시행되면 그 학생들은 최상의 수행을 보여 줄 기회를 갖지 못하게 된다.
- 데이터를 매일 사용할 수 있도록 준비해 둔다. 주간 학년별 회의에 데이터를 가져와 어려움을 보이고 있는 학생들에 대해 토의할 수 있다. 데이터를 활용하는 다른 방법은 학생들의 주별 진전도 모니터링 결과를 학부모에게 보내는 것인데, 자녀들이 어떤 진전을 보이고 있는지 부모에게 알려 줄 수 있다. 이러한 결과는 학부모-교사 컨퍼런스에서 공유될 수도 있는데 이때 학생들의 점수는 학생기록카드(students' report cards)에 기입할 수 있다.
- 성공적인 사례는 동료들과 정기적으로 공유하라. 주 단위 혹은 월 단위로 직원 또는 학년별 회의에서 공유가 이루어질 수 있다. 이것을 보다 공식적으로 나눌 수 있는 방안으로는 CBM 활용의 성공담을 다룬 뉴스레터(소식지) 등을 교내 또는 교육청에 배포하는 것이다.
- 필요할 경우 추후 리뷰 회기를 시행한다. 특히 CBM 시행 첫해의 경우 리뷰 회기를 통해 학교 스태프들이 검사절차에 익숙해져 가고 있는지 여부를 점검하는 좋은 기회로 삼을 수 있다. 이 질문에 대하여 답을 충분히 해 줄 수 있는 자격을 갖추거나 경험이 있는 사람이 없을 경우 외부 컨설턴트를 섭외할 수도 있을 것이다.
- 자료수집은 매우 어려운 일이기 때문에 지치지 않으려면 돌아가며 담당자를 맡도록 하는

것이 좋다. 이렇게 하면 다른 사람들에게 CBM 데이터의 사용과 수집 시 요구되는 추가적인 것들을 배울 수 있는 기회를 제공하게 된다. 하나의 방법으로 매 학기, 반 년에 한번, 또는 1년에 한 번씩 각기 다른 학년에서 돌아가며 담당업무를 맡을 수 있을 것이다.

CBM의 계획 및 사용에 관해 자주 묻는 질문

1. 특수교사입니다. 학교에서는 CBM을 사용하지 않는데 혼자서도 사용할 수 있을까요?

   네. 당신이 CBM 데이터를 가지고 개별화교육계획(IEP)의 목표를 기술한다면 CBM을 사용할 수 있고 또 사용해야만 합니다. 특수교사들은 모든 학생을 대상으로 세밀한 모니터링을 해야 할 필요가 있고, 그런 측면에서 CBM은 당신의 교수방법에 학생들이 잘 반응하고 있는지 그렇지 않은지 여부를 적절한 시기에 효율적으로 확인할 수 있도록 도와줄 것입니다.

2. 학교가 CBM을 사용하도록 또는 최소한 나만이라도 사용할 수 있게 허용하도록 어떻게 설득할 수 있을까요?

   우리는 "저희가 신뢰도와 타당도를 갖추고 있고 시간도 3~5분밖에 걸리지 않는 검사를 활용하여 학생들의 학업 진전도를 매주 측정하고자 하는데 괜찮으신가요?"라고 물었을 때 "안 돼."라고 말하는 학교장을 한 번도 만나 본 적이 없습니다. 설득을 위한 또 다른 좋은 방법은 그들에게 CBM 그래프를 보여 주면서 당신이 학생의 목표점을 향해 어떻게 진전도를 점검해 나갈 것인지, 그리고 그것이 교사인 당신과 학교장, 그리고 학부모들에게 무엇을 말해 줄 것인지를 설명해 주는 것입니다.

3. 누구라도 CBM 검사를 실시할 수 있나요? 준전문가도 가능합니까?

   CBM 실시를 위해 우리가 추천하는 사람들과 그렇지 않은 사람들은 분명히 있습니다. 그러나 학교에 근무하는 누구라도 CBM 자료수집에 도움을 줄 수 있도록 교육을 받을 필요가 있습니다. 우리가 추천하지 않는 사람들로는 학부모 자원봉사자와 학생들인데 그 이유는 보안 문제를 비롯하여 검사 실시 및 채점의 신뢰도 문제 때문입니다.

4. 위험군 학생의 부모가 집에서 CBM을 실시할 수 있게 하는 게 좋은 생각인가요? 아니면 학

급 내에서만 사용되어야 하나요? 자료수집은 수집된 데이터의 신뢰도와 정확성을 위하여 한 사람에 의해서만 이루어져야 합니다. 따라서 교사만 시행할 것을 권장합니다. 다만 그 래프 등 주 단위 결과를 학부모에게 보내어 아이들에게 소리 내어 읽도록 하여서 학부모 를 격려하는 것은 좋은 생각입니다. 부모가 집에서도 CBM 데이터를 별도로 수집하게 하 려면, 교사가 학교에서 사용하는 그래프와는 별개로 제공해 주는 것이 좋습니다.

● 추가 정보 및 읽기자료

Allinder, R. M. (1996). When some is not better than none: Effects of differential implementation of curriculum-based measurement. *Exceptional Children, 62*, 525-535.

Allinder, R. M., & BeckBest, M. A. (1995). Differential effects of two approaches to supporting teachers' use of curriculum-based measurement. *School Psychology Review, 24*, 287-298.

Burns, M. K. (2002). Comprehensive system of assessment to intervention using curriculum-based assessments. *Intervention in School and Clinic, 38*(1), 8-13.

Fucsh, L. S., & Fuchs, D. (1993). Effects of systematic observation and feedback on teachers' implementation of curriculum-based measurement. *Teacher Education and Special Education, 16*, 178-187.

Hasbrouck, J. E., Woldbeck, T., Ihnot, C., & Parker, R. I. (1999). One teacher's use of curriculum-based measurement: A changed opinion. *Learning Disabilities Research and Practice, 14*, 118-126.

Howe, K. B., Scierka, B. J., Gibbons, K. A., & Silberglitt, B. (2003). A schoolwide organization system for raising reading achievement using general outcome measures and evidence-based instruction: One education district's experience. *Assessment for Effective Intervention, 28*(3/4), 59-71.

Marston, D. B., & Magnusson, D. (1985). Implementing curriculum-based measurement in special and regular education settings. *Exceptional Children, 52*, 266-276.

Whinnery, K. W., & Fuchs, L. S. (1992). Implementing effective teaching strategies with learning disabled students through curriculum-based measurement. *Learning Disabilities Research and Practice, 7*(1), 25-30.

Yell, M. L., Deno, S. L., & Marston, D. B. (1992). Barriers to implementing curriculum-based measurement. *Diagnostique, 18*(1), 99-112.

부록

A

CBM 타당도 및 신뢰도 연구 요약

여기에 제시된 것은 CBM의 모든 영역에서 수행된 타당도 및 신뢰도 연구를 요약한 것이다. 사실상 수백 편의 연구가 있기 때문에 각 영역에서 최근 수행된 세 편의 연구만을 선정하여 제시하였다. 각 영역에 대한 보다 완성도 있는 리뷰는 AIMSweb(2006), Good & Jefferson(1998), 그리고 Marston(1989)을 참고하기 바란다.

타당도 연구

기술 영역	연구자	대상	준거 검사	상관
읽기(WRC)	Jenkins, Fuchs et al. (2000)	4학년 113명	Iowa Test of Basic Skills (ITBS)	.83
읽기(WRC)	Hintze, Shapiro, Conte, & Basile (1997)	2~4학년 57명	Degrees of Reading Power Test(DRP)	.66
읽기(WRC)	Madelaine & Wheldall (1998)	1~5학년 50명	Neale Analysis of Reading −Revised	.71
철자 쓰기 (WSC, CLS)	Marston (1982)	4~6학년 37명	Stanford Achievement Spelling subtest	.87(WSC) .81(CLS)
철자 쓰기 (WSC, CLS)	Deno, Mirkin, Lowry, & Kuehnle (1980)	2~6학년 45명	Peabody Individual Achievement Tests	.88(WSC) .81(CLS)
철자 쓰기 (WSC, CLS)	Deno, Mirkin, Lowry, & Kuehnle (1980)	2~6학년 42명	Test of Written Spelling	.95(WSC) .98(CLS)
쓰기(TWW, WSC, CWS)	Fewster & MacMillan (2002)	6~7학년 465명	School grade in grades 8~10	.31−.50(WSC)
쓰기(TWW, WSC, CWS)	Espin, Shin, Deno, Skare, Robinson, & Benner (2000)	7~8학년 121명	District Writing Test	.43−.47(TWW) .46−.51(WSC) .61−.65(CWS)

쓰기(TWW, WSC, CWS)	Espin, Scierka, Skare, & Halverson (1999)	10학년 147명	California Achievement Test–Language Arts Total	.13(TWW) .17(WSC) .29(CWS)
수학(CD)	Thurber & Shinn (2002)	4학년 207명	Stanford Diagnostic Math Computation; California Achievement Test Computation; Latent Construct of Math Computation	.58 .62 .64
수학(CD)	Skiba et al. (1986)	5~6학년 58명	MAT Problem Solving; District CRT Basic Math Concepts	.52 / .67(5학년) .65 / .58(6학년)
수학(CD)	Skiba et al. (1986)	3~4학년 65명	MAT Problem Solving; District CRT Basic Math Concepts	.37 / .29(3학년) .45 / .37(4학년)

신뢰도 연구

기술 영역	연구자	대상	신뢰도 유형	상관
읽기(WRC)	Tindal, Germann, et al. (1983)	4학년 110명	동시 평행검사 (Two parallel forms at same time)	.94
읽기(WRC)	Marston (1982)	3~6학년 83명	검사–재검사(1주 간격) 검사–재검사(10주 간격)	.90 .82
읽기(WRC)	Shinn (1981)	5학년 71명	검사–재검사(5주 간격)	.90
철자 쓰기 (WSC, CLS)	Tindal, Germann, et al. (1988)	1~6학년 566명	검사–재검사(20주 간격) 동시 평행검사 평정자 간 점수	.91, .96, .99(WSC) .86, .97, .91(CLS)
철자 쓰기 (WSC, CLS)	Marston (1982)	3~6학년 83명	검사–재검사(10주 간격)	.87(WSC) .92(CLS)
철자 쓰기 (WSC, CLS)	Shinn (1981)	5학년 71명	검사–재검사(5주 간격)	.85(WSC) .83(CLS)
쓰기(TWW, WSC, CWS)	Maleki & Jewell (2003)	1~6학년 946명	평정자 간 점수	> 99%(TWW) > 99%(WSC) > 98%(CWS)

쓰기(TWW, WSC, CWS)	Gansle, Noell, VanDerHeyden, Naquin, & Slider (2002)	3~4학년 179명	평정자 간 일치도 및 동형검사	96%(TWW) 95%(WSC) 86%(CWS) .62(TWW) .53(WSC) .46(CWS)
쓰기(TWW, WSC, CWS)	Espin, Shin, Deno, Skare, Robinson, & Benner (2000)	10학년 147명	평정자 간 일치도	100%(TWW) 99.5%(WSC) 97.4%(CWS)
수학(CD)	Thurber & Shinn (2002)	4학년 207명	평정자 간 일치도 및 동형검사	.83 .91
수학(CD)	Fuchs, Fuchs, & Hamlett (1989)	3~9학년 62명	내적 일치도 및 평정자 간 일치도	.93 .93
수학(CD)	Tindal, Germann et al. (1983)	5학년 30명	검사-재검사(1주 간격)	.93

부록

CBM 시행을 위한 검사지 및 가이드

3장

ORF CBM 간편 검사 실시 가이드   225

ORF CBM 간편 채점 가이드   226

단어선택 CBM 간편 검사 실시 가이드(연습문항 포함)   227

단어선택 CBM 간편 검사 실시 가이드(연습문항 미포함)   228

ORF 현행 수준 조사 평가 기록지   229

4장

LSF CBM 간편 검사 실시 가이드   231

LSF CBM 간편 채점 가이드   231

WIF CBM 간편 검사 실시 가이드   232

WIF CBM 간편 채점 가이드   232

5장

철자 쓰기 CBM 간편 검사 실시 가이드(1학년 및 2학년)   233

철자 쓰기 CBM 간편 검사 실시 가이드(3학년 이상)   234

철자 쓰기 CBM 간편 채점 가이드   234

6장

쓰기 CBM 간편 검사 실시 가이드   235

쓰기(WSC) CBM 간편 채점 가이드   235

쓰기(CWS) CBM 간편 채점 가이드   236

7장

수학 CBM 간편 검사 실시 가이드(혼합수학)   237

수학 CBM 간편 검사 실시 가이드(단일 기술)   237

수학 CBM 간편 채점 가이드   238

수학 현행 수준 조사 평가 기록지   239

8장

진전도 모니터링 데이터 그래프   241

9장

CBM 시행 전, 시행 중, 첫 시행 이후 체크리스트   242

CBM 시행을 위한 일반적인 절차적 충실도 체크리스트   244

ORF CBM 간편 검사 실시 가이드

1. 학생용 검사지를 학생 앞에 놓아둔다.
2. 교사용 검사지를 클립보드에 끼운 후 학생이 볼 수 없도록 놓아둔다.
3. 다음과 같이 말한다. "시작이라고 말하면 그때부터 지문의 맨 처음부터 소리 내어 읽기 시작하면 됩니다. 전체 지문을 읽어야 하며(지문의 첫 번째 문장을 손으로 가리키면서), 각각의 단어를 읽 어야 합니다. 만약 모르는 단어가 있을 경우 나중에 그 단어가 무엇인지 선생님이 알려 줄게요. 명심할 사항은 최선을 다해서 읽어야 한다는 점이에요. 혹시 질문이 있나요? 시작하세요." (1분 동안 시간을 측정한다.)
4. 학생이 글을 읽을 때 교사는 교사용 지문을 따라서 읽어야 하며 학생이 잘못 읽은 단어가 있을 경우 '/' 표시를 한다.
5. 1분이 다 되면, "수고했습니다."라는 말을 하고 마지막 읽은 단어에 꺽쇠(])로 표시한다.

Shinn (1989)에서 발췌 및 수정

ORF CBM 간편 검사 실시 가이드

1. 학생용 검사지를 학생 앞에 놓아둔다.
2. 교사용 검사지를 클립보드에 끼운 후 학생이 볼 수 없도록 놓아둔다.
3. 다음과 같이 말한다. "나에게 이 글을 소리 내어 읽어 주었으면 좋겠습니다(학생용 검사지의 처 음 단어를 지목하면서). 책을 읽는 것은 시합은 아니며, 각각의 단어를 또박또박 읽어 보세요. 만 약 모르는 단어가 있을 경우에는 그냥 지나가고 다음 단어를 읽으면 됩니다. 내가 '시작!' 하면 그때 읽기 시작하면 됩니다. 내가 '그만!' 하면 그때 읽기를 멈추면 됩니다. 혹시 질문 있나요? 없으면 시작하세요."
4. 학생이 글을 읽을 때 교사는 교사용 지문의 단어를 함께 음독해야 하며 학생이 잘못 읽은 단어 가 있을 경우 'X' 표시를 한다.
5. 1분이 다 되면, "그만!"이라고 말하고 마지막으로 읽은 단어에 '/' 표시를 한다.

Edcheckup (2005)에서 발췌 및 수정

ORF CBM 간편 채점 가이드

정확하게 읽은 단어로 채점되는 경우

• 문장 속에서 정확한 발음으로 단어를 읽어야 한다.

• 반복: 여러 번 반복해서 읽은 단어는 무시한다.

• 자기 교정: 처음에는 잘못 읽었지만 3초 안에 다시 정확히 단어를 읽은 것은 정확하게 읽은 것으로 간주한다.

• 삽입: 만약 추가적인 단어를 포함해서 글을 읽을 경우 추가적인 단어는 맞거나 틀린 단어로 포함되지 않는다.

• 방언/조음: 해당되는 단어를 방언 수준에서 평가했을 때 적합한 발음이라면 맞는 단어로 채점한다.

틀리게 읽은 단어로 채점되는 경우

• 틀린 발음/단어의 대치: 단어를 잘못 읽거나 다른 단어로 대치하여 삽입한 경우는 틀린 단어로 채점한다.

• 생략: 생략된 각각의 단어는 모두 틀리게 읽은 단어로 채점한다.

• 주저함: 3초 동안 단어를 정확하게 읽는 것을 머뭇거릴 경우 해당되는 단어를 읽어 주며, 그 단어는 틀리게 읽은 단어로 채점한다.

• 순서를 바꿔서 읽음: 2개 이상의 단어를 바꾸어서 읽을 경우 그러한 단어는 틀리게 간주한다.

채점에 있어서 특별한 경우

• 숫자 읽기: 문장 안에서 숫자를 정확히 읽은 경우 단어와 동일하게 채점한다.

• 하이픈으로 연결된 단어: 하이픈으로 구분되는 각각의 형태소가 독립된 단어라면 개별 단어로 채점한다.

• 축약: 축약된 것도 단어로 간주하며 문장의 문맥에 비추어 올바르게 읽어야 한다(예, Mrs., Dr.).

단어선택 CBM 간편 검사 실시 가이드(연습문항 포함)

1. 학생 개인에게 연습문항이 있는 검사를 나눠 주기(연습문항에 대한 예는 [그림 3–5]를 보세요.)

2. 다음과 같이 말한다. "오늘 한 편의 짧은 글을 읽을 거예요. 읽을 이야기에서 문맥에 맞게 정확한 단어를 선택해야 합니다. 이야기를 읽어 보세요. 굵은 글씨로 인쇄된 3개의 단어를 보게 되면, 문장에 적합한 1개의 단어를 선택해야 합니다. 먼저 첫 페이지를 보고, 첫 번째 문장을 읽어 보세요. 그 문장은 다음과 같이 표기되어 있습니다. 'Bill threw the ball to Jane. Jane caught the (dog, bat, ball).' 3개의 단어 중에서 어떤 단어가 문장에 들어갈 수 있을까요?"

3. 학생이 응답한 후 다음과 같이 말한다. "ball이라는 단어가 문장에 들어가서 'Bill threw the ball to Jane. Jane caught the ball.'이라는 문장이 완성되며, 해당되는 단어에 동그라미 표시를 해야 합니다."

4. "그럼 두 번째 문장을 풀어 보세요. 그 문장을 읽어 보세요. 그 문장은 'Tom said, "Now you (jump, throw, talk) the ball to me."'라고 쓰여 있어요. 3개의 단어 중 어떤 단어가 문장에 포함될 수 있을까요?"

5. 학생이 응답한 후 다음과 같이 말한다. "throw라는 단어가 문장에 포함되어 'Now you throw the ball to me.'라는 문장이 완성되며, 해당되는 단어에 동그라미 표시를 하면 됩니다."

6. 학생 개개인에게 학생용 검사지를 나눠 준다.

7. 다음과 같이 말한다. "이제 연습문제에서 풀어 봤던 검사를 다시 치르게 될 거예요. 1분 동안 글을 읽게 될 거예요. 내가 '그만!' 하면 글을 읽는 것을 멈춰야 해요. 내가 시작이란 말을 하기 전까지는 글을 읽으면 안 됩니다. 글을 읽다가 굵은 글씨들을 보게 된다면 문맥에 맞는 단어에 동그라미 표시를 하세요. 정답을 확실히 모를 때도 1개의 단어에 동그라미 표시를 해야 합니다. 1분이 다 되면 내가 '그만!'이라고 얘기해 줄 거예요. 만약 너무 빨리 끝났다면 답을 다시 한 번 확인해 보세요. 그다음 페이지로 넘어가서는 안 됩니다. 내가 '시작!'이라고 다시 말하게 되면 그때 필기도구를 들고 다시 문제를 풀면 됩니다. 혹시 질문 있나요? 기억해야 할 사항은 반드시 최선을 다해야 한다는 사실입니다. 그럼 연필을 쥐고, 준비되었나요? 시작하세요." (초시계로 1분을 측정한다.)

8. 교사는 학생들이 정확하게 문제를 이해하면서 1개의 단어에 동그라미 표시를 하는지와 페이지를 그냥 넘어가고 있지는 않은지를 점검하기 위해서 교실을 돌아다녀야 한다.

9. 1분이 지나면, 다음과 같이 말한다. "그만, 필기도구를 내려놓으세요."

10. 동일한 방법으로 2개의 검사를 실시하기

11. 다음과 같이 말한다. "지금 동일한 검사를 다시 실시하게 될 거예요. 다시 한 번 기억해야 할 것은 문장에 맞는 단어를 선택해야 하고 정답을 확실히 모르더라도 1개의 단어에 동그라미 표시를 해야 한다는 거예요. 내가 시작이라고 하면 시작하게 될 거예요." (초시계로 1분간 시간 재기)

12. 1분이 끝나면, 다음과 같이 말한다. "그만, 필기도구를 내려놓으세요."

13. 학생의 검사지를 회수한다.

Edcheckup (2005)에서 발췌 및 수정

단어선택 CBM 간편 검사 실시 가이드(연습문항 미포함)

1. 학생 앞에 시험지를 놓아둔다(시작하기 전에 미리 검사지에 학생의 이름을 기재하면 편리할 수 있다).

2. 다음과 같이 말한다. "내가 '시작!'이라고 말하면 첫 번째 글의 이야기를 소리 내지 않고 읽으세요. 만약 3개의 단어가 함께 있는 괄호를 만나게 된다면 가장 적합한 단어를 1개 선택하여 동그라미 표시를 하면 됩니다. 실수 없이 최선을 다하는 것이 중요해요. 만약 해당되는 글을 모두 읽었으면 그다음 페이지로 넘어가서 계속 문제를 풀면 됩니다. 혹시 질문 있나요? 없으면 시작하세요." (초시계로 3분을 측정한다.)

3. 교사는 학생들이 정확하게 문제를 이해하면서 1개의 단어에 동그라미 표시를 하는지와 페이지를 그냥 넘어가고 있지는 않은지를 점검하기 위해서 교실을 돌아다녀야 한다.

4. 3분이 지나면 다음과 같이 말한다. "그만, 필기도구를 내려놓으세요. 그리고 시험지를 덮어 놓으세요."

5. 시험지를 회수한다.

AIMSweb (2002)에서 발췌 및 수정

ORF 현행 수준 조사 평가 기록지

학생 이름: _____ 학년: _____ 날짜: _____

검사자: _____

검사 지침: 학생의 해당 학년 수준에서 시작하여 3개의 지문을 선정한다. 1분간 소리 내어 읽게 하고 정확하게 읽은 단어(WRC) 수와 틀리게 읽은 단어 수를 기록한다. 학생이 해당 학년의 수행 준거(아래 참조)를 충족할 때까지 읽기 수준을 낮춰서 검사를 지속해 나간다.

각각의 읽기 수준이 평가되면 다음 표에 아래의 항목들을 기록한다.

- 지문의 읽기 수준(예, 2)
- WRC 중앙값(3개 점수의 중간값)
- 틀리게 읽은 단어 수
- 오류 중앙값(3개 오류점수의 중간값)
- 정확하게 읽은 단어 수(학생이 읽은 전체 단어 수에서 틀리게 읽은 단어 수를 뺀 값)

점수 기록표

읽기 수준	지문 1 WRC/오류	지문 2 WRC/오류	지문 3 WRC/오류	중앙값 WRC/오류
	/	/	/	/
	/	/	/	/
	/	/	/	/
	/	/	/	/

학생의 교수적 수준 결정을 위한 준거

교수적 수준	정확하게 읽은 단어 수 (기대 범위)	틀리게 읽은 단어 수 (기대 범위)
1~2	40~60	4 또는 그 미만
3~6	70~100	6 또는 그 미만

학생 수행 그래프

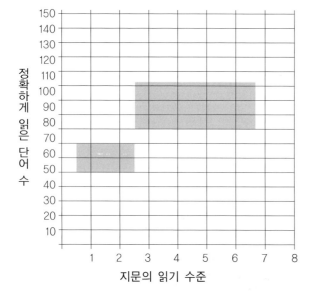

교수적 수준: _____

WRC 중앙값: _____

오류 중앙값: _____

진전도 모니터링 검사도구 수준	
교수적 수준	모니터링 수준
1	1
2	2
3	4
4	5
5	6
6	7
7	8

■ = 교수적 수준 범위

LSF CBM 간편 검사 실시 가이드

1. 학생용 검사지를 학생 앞에 놓아둔다.
2. 교사용 검사지를 클립보드에 끼운 후 학생이 볼 수 없도록 놓아둔다.
3. 다음과 같이 말한다. "(학생용 검사지를 가리키며) 여기 몇 개의 철자들이 있습니다. (첫 번째 철자를 가리키며) 이 철자에서 시작해서 할 수 있는 한 많은 철자의 소리를 말해 주세요. 모르는 철자가 있을 경우 선생님이 알려 줄게요. 질문 있나요? 자, 손가락을 첫 번째 철자 밑에 두세요. 준비되었나요? 시작하세요." (초시계로 1분 동안 측정한다.)
4. 학생이 읽는 동안 교사용 검사지를 보면서 부정확하게 읽는 철자에 '/' 표시를 한다.
5. 1분이 다 되었을 때 "수고했습니다."라고 이야기하고 가장 마지막으로 낸 소리 뒤에 꺾쇠(])로 표시한다.

AIMSweb (2002)에서 발췌 및 수정

LSF CBM 간편 채점 가이드

맞는 것으로 채점

• 철자의 가장 일반적인 소리로 철자 소리를 정확하게 발음해야 한다.
• 단모음(장모음은 제외) 소리는 바르게 발음했다고 간주한다.
• 자기 교정: 처음에는 소리를 잘못 발음했다가 3초 이내에 정확하게 발음한 경우 정확하게 발음한 것으로 채점하고 해당하는 철자 위에 sc를 적는다.
• 방언/조음: 방언 규준이나 발화의 차이로 다르게 발음하는 경우 정확하게 발음한 것으로 간주한다.
• 모음이나 중성모음 소리 추가: 'uh' 소리를 더해서 소리 내는 경우 정확하게 발음한 것으로 간주한다.

틀린 것으로 채점

• 잘못된 발음/철자 소리 대치: 철자 소리를 부정확하게 발음하거나 다른 철자 소리로 대치하는 경우 오류로 간주한다.

- 생략: 각각의 철자 소리를 생략한 경우 오류로 간주한다.
- 주저함: 학생이 3초 이내에 철자 소리를 정확하게 발음하지 못하고 머뭇거리는 경우, 학생에게 철자 소리를 알려 주고 오류로 채점한다.
- 순서를 바꿔서 읽음: 학생이 2개 이상의 소리를 바꾸어 발음하는 경우, 바른 순서로 읽지 않은 소리들은 오류로 채점한다.

WIF CBM 간편 검사 실시 가이드

1. 학생용 검사지를 학생 앞에 놓아둔다.
2. 교사용 검사지를 클립보드에 끼운 후 학생이 볼 수 없는 곳에 놓아둔다.
3. 다음과 같이 말한다. "'시작 하세요'라고 말하면 여기에 나열되어 있는 단어들을 가능한 한 빠르고 정확하게 읽어 주세요. (첫 단어를 가리키며) 이 단어부터 읽기 시작해서 (첫 번째 행에 나온 단어 목록을 손가락으로 가리키며) 이 페이지에 있는 단어들을 처음부터 끝까지 읽어 주세요. 모르는 단어가 나오면 건너뛰고 다음 단어를 읽으면 됩니다. '그만하세요'라고 이야기할 때까지 계속 읽으세요. 질문 있습니까? (초시계를 1분 동안 맞춘 후) 시작하세요."
4. 학생이 읽는 동안 교사용 검사지를 보면서 부정확하게 읽는 단어에 '/' 표시를 한다.
5. 1분이 다 되었을 때 "그만하세요."라고 말하고 마지막으로 읽은 단어 뒤에 꺾쇠(])로 표시한다.

Fuchs & Fuchs (2004)에서 발췌 및 수정

CBM WIF 간편 채점 가이드

맞는 것으로 채점

- 단어를 정확하게 발음한 경우에만 점수를 준다.
- 자기 교정: 처음에 단어를 잘못 발음했다가 3초 이내에 바르게 발음한 경우 읽은 것으로 간주한다.
- 방언/조음: 방언 규준이나 발화의 차이로 다르게 발음하는 경우 바르게 읽은 것으로 간주한다.

틀린 것으로 채점

- 잘못된 발음/단어 대치: 단어를 잘못 읽거나 다른 단어로 대치한 경우 오류로 간주한다.
- 생략: 각 단어를 생략하고 읽은 경우 오류로 간주한다.
- 단어 읽기를 시도하지 않고 주저함: 학생이 2초 이상 머뭇거리며 읽지 않을 경우 다음 단어를 가리키며 "이 단어를 읽어 보세요."라고 말한다.
- 단어를 소리 내어 읽을 때 주저함: 학생이 단어를 5초 동안 소리 내어 읽을 때, 다음 단어를 가리키며 "이 단어를 읽어 보세요."라고 말한다.
- 순서를 바꿔서 읽음: 두 개 또는 그 이상의 단어를 바꾸어 읽으면 순서를 바꾸어 읽은 해당 단어들은 모두 틀린 것으로 간주한다.

철자 쓰기 CBM 간편 검사 실시 가이드
(1학년 및 2학년)

1. 학년 수준에 맞는 철자 쓰기 목록을 선택한다.
2. 1~12까지의 숫자를 종이에 적게 한다.
3. 다음과 같이 말한다. "지금부터 단어를 읽겠습니다. 부르는 단어를 앞에 놓여 있는 종이에 적어 주세요. 첫 번째 단어는 첫 번째 줄에, 두 번째 단어는 두 번째 줄에 적으면 됩니다. 각 단어를 적는 데 10초의 시간을 주겠습니다. (3학년 이상의 경우 7초를 허용한다.) 이전 단어를 모두 쓰지 못했더라도 다음 단어가 나오면 그 단어를 써 주세요. 질문 있나요?"
4. 첫 번째 단어를 읽은 후 2분으로 맞추어 놓은 초시계의 버튼을 누른다.
5. 각 단어를 두 번씩 읽는다. 동음이의어의 경우 해당 단어가 포함된 문장을 읽어 준다.
6. 다음에 나오는 단어를 (1, 2학년의 경우) 10초, 혹은 (3학년 이상의 경우) 7초마다 읽는다.
7. 2분 후에 "수고했습니다. 연필을 내려 놓으세요."라고 말한다.

Shinn (1989)에서 발췌 및 수정

철자 쓰기 CBM 간편 검사 실시 가이드(3학년 이상)

1. 학년 수준에 맞는 철자 쓰기 목록을 선택한다.
2. 1∼17까지의 숫자를 종이에 적게 한다.
3. 다음과 같이 말한다. "지금부터 단어를 읽겠습니다. 부르는 단어를 앞에 놓여 있는 종이에 적어 주세요. 첫 번째 단어는 첫 번째 줄에, 두 번째 단어는 두 번째 줄에 적으면 됩니다. 각 단어를 적는 데 10초의 시간을 주겠습니다. (3학년 이상의 경우 7초를 허용한다.) 이전 단어를 모두 쓰지 못했더라도 다음 단어가 나오면 그 단어를 써 주세요. 질문 있나요?"
4. 첫 번째 단어를 읽은 후 2분으로 맞추어 놓은 초시계의 버튼을 누른다.
5. 각 단어를 두 번씩 읽는다. 동음이의어의 경우 해당 단어가 포함된 문장을 읽어 준다.
6. 다음에 나오는 단어를 (1, 2학년의 경우) 10초, 혹은 (3학년 이상의 경우) 7초마다 읽는다.
7. 2분 후에 "수고했습니다. 연필을 내려놓으세요."라고 말한다.

Shinn (1989)에서 발췌 및 수정

철자 쓰기 CBM 간편 채점 가이드

맞는 것으로 채점

• CLS는 철자, 단어의 전후 사이의 공간, 철자와 구두점 전후 사이를 고려하여 바르게 쓴 철자의 순서 수를 나타낸다.
• CLS로 채점할 경우, 채점자는 캐럿 기호(∧)를 사용하여 각각의 바르게 쓴 순서를 나타낸다.
• 합성어: 단어 사이에 공간 없이 써야 한다.
• 생략기호: 생략기호 전후의 공간을 채점 영역에 포함시킨다.
• 하이픈 기호: 하이픈 기호 전후의 공간을 채점 영역에 포함시킨다.
• 대소문자 표기 원칙: 처음 시작하는 단어의 첫 번째 철자는 대문자로 표기한다.
• 순서에서 반복되는 철자: 반복된 글자가 포함된 단어는 단어 안의 글자들이 다른 것처럼 간주하여 계산된다.
• 철자 첨가: 첨가된 철자는 두 번 채점하지 않는다.
• 삽입: 처음과 마지막에 추가된 철자는 채점하지 않는다.

쓰기 CBM 간편 검사 실시 가이드

1. 학생들에게 연필, 줄이 그려진 종이나 쓰기 공책을 나누어 준다.

2. 알맞은 이야기 제시 검사의 검사지를 선택한다.

3. 다음과 같이 말한다. "여러분, 오늘은 이야기 쓰기를 하겠습니다. 먼저 제가 여러분에게 한 문장을 읽어 주면, 그 문장을 듣고 어떤 일이 일어났는지 짧은 이야기를 쓰면 됩니다. 1분 동안 무엇을 쓸 것인지 생각하고 3분 동안 이야기를 쓰면 됩니다. 최선을 다하십시오. 단어의 철자를 모르는 경우 짐작해서 쓰면 됩니다. 질문 있나요? (잠시 쉼) 연필을 내려놓고 집중하십시오. 자, 1분 동안… (이야기 제시 삽입)에 대해 생각해 보세요."

4. 이야기 제시 문장을 읽은 후 초시계를 누르고 학생들에게 1분 동안 생각할 시간을 준다. (학생들이 먼저 쓰기를 시작하지 않도록 모니터한다.) 30초 후에 "여러분 지금… (이야기 제시 삽입)에 대해 생각하고 있어야 합니다." 1분 후에 초시계를 3분으로 맞춘 후 "이제 쓰기를 시작하십시오."라고 말한다.

5. 학생들이 과제에 집중하고 있는지 모니터한다. 학생이 쓰지 않고 있을 경우 쓰기를 장려한다.

6. 90초가 지난 후 "여러분은 지금… (이야기 제시 삽입)에 대해 쓰고 있어야 합니다."라고 말한다.

7. 3분 후에 "수고하셨습니다. 연필을 내려놓으세요."라고 말한다.

AIMSweb (2004)에서 발췌 및 수정

쓰기(WSC) CBM 간편 채점 가이드

맞는 것으로 채점

- WSC는 문맥에 상관 없이 철자에 맞게 쓴 단어의 수를 나타낸다. 영어에서 찾을 수 있는 단어의 경우 WSC로 간주한다. 철자가 틀린 단어에는 동그라미를 친다.

- WSC는 학생이 쓴 단어의 총수에서 동그라미 친 단어의 수를 빼어 계산한다.

- 약어: 약어는 반드시 철자를 바르게 써야 한다.

- 하이픈으로 연결된 단어: 개개의 단어로 계산된 각 형태소는 철자를 바르게 써야 한다. 형태소가 홀로 의미를 갖지 못하거나(예, 접두사) 단어 일부의 철자를 잘못 쓴 경우, 전체 단어는 철자가 틀린 것으로 계산한다.

- 제목과 마무리 글: 바르게 쓴 단어 수로 포함한다.
- 대소문자 표기: 고유명사는 이름이 일반명사가 아닌 경우, 대문자로 표기해야 한다. 한 문장에서 첫 번째 단어의 대문자 표기는 WSC의 채점 조건을 만족시키는 의무적인 조건은 아니다. 대문자로 표기되어야 할 단어가 문장에서 대문자로 표기되지 않더라도 바르게 쓴 철자로 인정한다.
- 역으로 된 철자: 단어의 철자가 역으로 쓰여졌을 경우, 역으로 쓰여진 철자로 단어가 부정확하지 않는 한 오류로 계산하지 않는다. 이 규칙은 일반적으로 p, q, g, d, b, n, u에 적용된다.
- 축약: 축약을 사용했을 경우, 소유격 부호를 적절한 위치에 사용해야 바르게 쓴 것으로 채점한다. 해당 단어가 소유격 부호 없이 그 자체로 고유의 의미를 가질 경우에도 바른 것으로 인정한다.

쓰기(CWS) CBM 간편 채점 가이드

맞는 것으로 채점

- 연속적으로 맞게 쓴 단어(Correct writing sequence: CWS)는 "쓰인 구문에 문맥 내에서 영어를 모국어로 하는 원어민에게 받아들여질 수 있는 바른 철자로 2개의 단어가 연속해서 쓰인 수"를 나타낸다. CWS는 구두점 표기, 구문, 의미, 철자 쓰기, 대소문자 표기를 모두 고려한다. CWS로 채점할 때 캐럿 기호(∧)를 사용하여 각각 맞힌 단어의 순서를 표시한다. 문장 시작 시에는 보통 공백을 사용한다.
- 철자 쓰기: 철자를 맞게 쓴 단어만 CWS로 계산한다. WSC로 인정되지 않거나 동그라미 친 단어는 CWS로 계산하지 않는다.
- 대문자 표기: 문장을 시작할 때 대문자 표기를 해야 한다. 고유명사는 주어진 문맥 내에서 보통명사로 사용되지 않을 경우 대문자 표기를 해야 한다. 대문자가 부정확하게 표기된 단어들은 부정확한 CWS로 표기한다.
- 구두점: 문장의 마지막에는 올바른 구두점을 사용해야 한다. 일반적으로 쉼표는 연속해서 사용하지 않을 경우 계산에 포함하지 않는다. 다른 구두점은 일반적으로 CWS로 계산하지 않는다.
- 구문: 구문론적으로 바르게 사용된 단어를 CWS로 계산한다. 접속사로 시작하는 문장들은 구문적으로 바른 것으로 간주한다.
- 의미: 의미론적으로 바르게 사용된 단어를 CWS로 계산한다.
- 이야기 제목과 마무리 글: CWS를 채점할 때 이야기 제목과 마무리 글에 있는 단어를 포함시키고 철자 쓰기, 구두점, 대문자 표기, 구문, 의미에 대한 채점 준거를 만족시키는 경우에만 CWS로 계산한다.

수학 CBM 간편 검사 실시 가이드(혼합수학)

1. 학생들 앞에 학생용 검사지 복사본을 놓아둔다.
2. 다음과 같이 말한다. 혼합수학 검사지의 경우, 다음과 같이 말한다. "책상 위에 있는 검사지에는 수학 문제들이 있습니다. 검사지마다 여러 가지 유형의 문제들이 있는데, (검사지에 나와 있는 문제의 유형 삽입) 문제들입니다. 문제에 답하기 전에 각각의 문제를 자세히 보세요. '시작하세요.' 라고 말하면 문제에 답하세요. 첫 번째 문제에서 시작해서 첫 번째 행에 나와 있는 문제를 풀고 (손가락으로 가리키며) 다음 행으로 넘어가세요. 문제에 답할 수 없다면 해당 문제에 'X' 표시를 하고 다음 문제를 푸세요. 한 페이지를 다 마치면 페이지를 넘겨서 문제를 풀고 '수고하셨습니다.' 라고 말할 때까지 문제를 푸세요. 질문 있나요? 시작하세요."라고 말한다.
3. "시작하세요."라고 말하면 2분으로 미리 맞춰 둔 초시계를 작동시킨다. 2분 후에는 "수고하셨습니다."라고 말하고 학생들에게 연필을 내려놓고 문제 풀기를 중단하도록 한다.

Shinn (1989)에서 발췌 및 수정

수학 CBM 간편 검사 실시 가이드(단일 기술)

1. 학생들 앞에 학생용 검사지 복사본을 놓아둔다.
2. 단일 기술 검사지의 경우, 다음과 같이 말한다. "책상 위에 있는 검사지는 [덧셈, 뺄셈, 곱셈, 나눗셈, 분수, 비례, 소수 등] 문제가 있습니다. 문제에 답하기 전에 각각의 문제를 자세히 보세요. '시작하세요.' 라고 말하면 문제에 답하세요. 첫 번째 문제에서 시작해서 첫 번째 행에 나와 있는 문제를 풀고 (손가락으로 가리키며) 다음 행으로 넘어가세요. 문제에 답할 수 없다면 해당 문제에 'X' 표시를 하고 다음 문제를 푸세요. 한 페이지를 다 마치면 페이지를 넘겨서 문제를 풀고 '수고하셨습니다.' 라고 말할 때까지 문제를 푸세요. 질문 있나요? 시작하세요."
3. "시작하세요."라고 말하면 2분으로 미리 맞춰 둔 초시계를 작동시킨다. 2분 후에는 "수고하셨습니다."라고 말하고 학생들에게 연필을 내려놓고 문제 풀기를 중단하도록 한다.

Shinn (1989)에서 발췌 및 수정

수학 CBM 간편 채점 가이드

맞는 것으로 채점

- 학생이 바른 답을 쓴 경우, 문제를 푸는 데 사용한 모든 과정이 나타나 있지 않더라도 문제를 해결하는 데 사용한 가장 긴 방법에 대한 점수를 준다.
- 문제가 'X' 표시 되었거나 풀었지만 끝까지 풀지 않은 경우 학생은 바른 자릿수에 대한 점수를 받는다. 학생이 문제를 끝내지 않았더라도 바르게 푼 것은 바르게 푼 것이다.
- 뒤집히거나 회전된 숫자는 6과 9를 제외하고 바른 것으로 채점한다. 다른 숫자들은 뒤집힘 또는 회전으로 다른 숫자가 되지 않지만 6과 9의 경우 학생이 무엇을 쓰려고 했는지 이야기하기가 불가능하다.
- 곱셈 문제에서 자리 인식 기호(place holder)를 위해 사용된 기호는 자리를 표시하기 위해 사용하는 한 바른 자릿수로 채점한다. 학생은 자리를 표시하기 위해 사용하는 한 0, X, ☺, 빈 자리, 다른 어떤 기호들도 사용할 수 있다.
- 받아올림이나 받아내림과 같이 선 위에 있는 답의 부분은 맞힌 자릿수로 채점하지 않는다. 이는 문제해결을 위한 작업의 한 부분이지 문제해결 자체가 아니므로 정확성은 선 아래에 있는 정답에 나와 있다.
- 나눗셈에서 단순 연산이란 제수와 몫이 9 또는 9보다 작은 수일 때를 말한다. 총 CD는 항상 1이 된다. 나머지가 0일 경우 맞힌 자릿수나 자리 인식 기호로 채점하지 않는다.

수학 현행 수준 조사 평가 기록지

학생 이름: _____ 학년: _____ 날짜: _____

검사자: _____

검사 지침: 학생의 해당 학년 수준에 맞는 수학 검사지로 시작을 하며 학생은 3개의 검사지별로 2분 동안 각각 풀게 된다. 각각의 검사지에서 바르게 답변한 자릿수를 세며, 중간값을 찾아 기록하여 수행 수준 준거와 비교한다. 혼합수학 검사지에서는 학년 수준에서 맞는 검사를 먼저 실시하고 특정한 영역에서의 어려움이 확인되면 그 영역만을 측정할 수 있는 특정영역(수 인지) 검사지를 사용하여 검사한다. 또한 학생에게 기대되는 수행 준거를 성공적으로 충족시킬 때까지 학년을 낮춰서 검사를 지속할 수 있다.

각각의 수학 검사를 시행한 뒤 다음 표에 점수를 기록한다.

혼합수학					
수학 수준	바르게 답변한 자릿수(CD)				범위 (아래 참조)
	#1	#2	#3	Mdn	

수학 사칙연산					
사칙 연산	바르게 답변한 자릿수(CD)				범위 (아래 참조)
	#1	#2	#3	Mdn	
+					
−					
×					
÷					

학생의 교수적 수준 결정을 위한 준거

교수적 수준	바르게 답변한 자릿수 (좌절 범위)	바르게 답변한 자릿수 (교수 범위)	바르게 답변한 자릿수 (숙달 범위)
1~3	0~13	14~31	32+
4+	0~23	24~49	50+

학생 수행 그래프

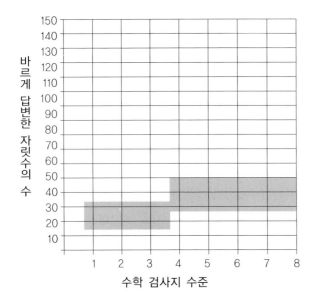

각 학년별 평가 기술 목록

1학년: 덧셈, 뺄셈

2학년: 덧셈, 뺄셈

3학년: 덧셈, 뺄셈, 곱셈, 나눗셈

4학년 이상: 곱셈, 나눗셈

전 학년: 혼합수학 기술

진전도 모니터링을 위한 검사지 수준은 학생의
교수적 수준과 동일함

▓ = 교수적 수준 범위

진전도 모니터링 데이터 그래프

학생 이름: _____   교사: _____   학년: _____   수준: _____

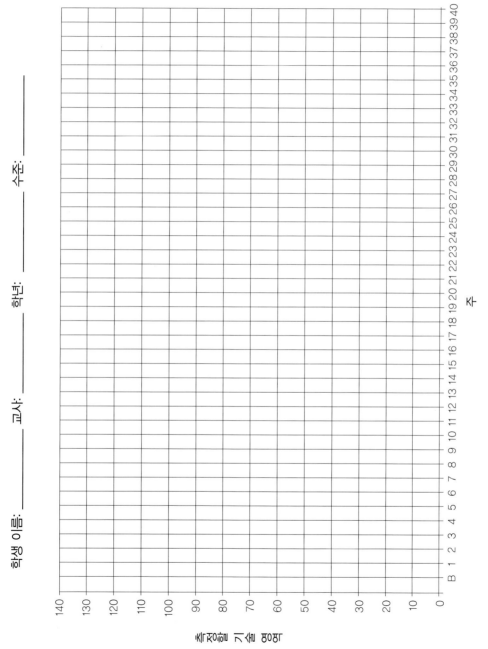

주

초당 바른 글자 평균

CBM 시행 전, 시행 중, 첫 시행 이후 체크리스트

시행 전

1단계: 누가 사용할 것인가? (해당되는 것에 모두 표시)

_____ 학급 _____ 학년 _____ 학교 _____ 교육청

2단계: 어떤 종류의 CBM이 사용될 것인가? (해당되는 것에 모두 표시)

초기 읽기	_____ LSF(철자와 소리 협응 유창성)
	_____ WIF(단어 구별 유창성)
	_____ DIBELS
읽기	_____ ORF(구두 읽기 유창성)
	_____ Maze(단어선택)
철자 쓰기	_____ CLS(연속적으로 맞게 쓴 철자)
	_____ WSC(철자를 맞게 쓴 단어)
쓰기	_____ TWW(쓴 단어의 총 수)
	_____ WSC(철자를 맞게 쓴 단어)
	_____ CWS(연속적으로 맞게 쓴 단어)
수학	_____ 초기 수학
	_____ 계산
	_____ 개념 및 적용

3단계: 어떤 CBM 검사를 사용할 것인가?

_____ 그래핑(프로그램)이 탑재된 상업용 검사도구

_____ 제작된 검사도구(즉, 검사지문, 목록, 검사지, 이야기 제시문장)를 구입하되 그래프를 교사가 직접 제작하여 사용하는 방식

_____ 제작된 검사도구(예, 검사지문, 검사지, 쓰기 제시문장) 및 수작업(종이) 그래프 구입

4단계: 언제 시작할 것인가?

_____ 가을 _____ 겨울 _____ 봄

5단계: 누가 검사자를 연습시킬 것인가?

_____ 전문가를 고용하여 검사자를 교육하는 방법

_____ 몇몇 검사자에게 전문 교육을 받게 하고 그들이 나머지 검사자를 교육하는 방법

_____ 시판된 검사도구를 가지고 직접 연습해 보고 집단으로도 함께 연습하는 방법

CBM 시행 전, 시행 중, 첫 시행 이후 체크리스트
(2페이지 중 2페이지)

시행 중

6단계: 누가 검사도구를 관리할 것인가?

_____ 교사(일반교사, 타이틀 I, ESL, 특수교사)

_____ 학교 행정가(교장, 교감)

_____ 보조교사/전문가(언어치료사, 읽기전담교사, 학교심리학자)

_____ 보조인력(행정보조, 학부모 자원봉사자)

7단계: 누가 데이터를 수집할 것인가?

_____ 교사

_____ 팀(예, 일반/특수교사, 교육 보조인력, 교장, 학교심리학자, 읽기전담교사, 언어치료사 등)

8단계: 어디서 데이터를 수집할 것인가?

_____ 학급 내

_____ 학급 외 주요 장소(도서관, 카페테리아, 다목적실)

시행 후

9단계: 수집된 데이터를 누가 관리할 것인가?

_____ 교사 개개인이 학생들의 데이터 입력 및 그래프 제작을 맡는 방법

_____ 각 학년 또는 학교에서 한 사람이 데이터 입력 및 그래프 제작을 맡는 방법

_____ 교육청 내에서 한 사람이 데이터 입력 및 그래프 제작을 맡는 방법

10단계: 데이터를 어떻게 공유할 것인가?

_____ 각 교사는 해당 학급이 데이터만 볼 권리를 가짐

_____ 해당 학년 수준에서 해당 학년의 모든 교사들이 모든 학생들의 데이터를 볼 권리를 가짐

_____ 학교에서 검사팀이 모든 학생들의 데이터를 볼 권리를 가짐

CBM 시행을 위한 일반적인 절차적 충실도 체크리스트

시행 전

예	아니요	
☐	☐	1. 학생용 및 교사/검사자용 검사도구를 제대로 준비하였는가.
☐	☐	2. 교사/검사자용 기록지 기입 시 사용할 펜 또는 연필을 준비하였는가.
☐	☐	3. 초시계를 준비하였는가.
☐	☐	4. 교사/검사자용 검사도구를 학생들에게 안 보이게 클립보드에 잘 고정시켰는가.

시행 중

예	아니요	
☐	☐	5. 표준화된 검사 지침서를 있는 그대로 읽었는가.
☐	☐	6. 검사 지침서에 따라 초시계를 제대로 작동시켰는가.
☐	☐	7. 각 문항에 배당된 시간에 적절하게 절차를 진행시켰는가.
☐	☐	8. 학생의 오류를 교사/검사자용 기록지에 표시하였는가.
☐	☐	9. 오류 기록 시 학생의 오류를 바로잡지 않는가(예시문항 연습할 때는 예외).
☐	☐	10. 검사중지 규칙을 준수하였는가.
☐	☐	11. 정확한 시간을 지켜 각 과제를 시행하였는가.
☐	☐	12. 주어진 시간 종료 시 학생의 수행을 중지시키고 멈춘 곳에 표시해 두었는가.

시행 후

예	아니요	
☐	☐	13. 오류 개수를 정확히 합산하였는가.
☐	☐	14. 학생이 시도한 문항의 총 개수를 파악하였는가.
☐	☐	15. 시도한 총 문항 수에서 오류 개수를 뺀 점수를 기록하였는가.
☐	☐	16. 제한시간 내에 학생이 모든 문항을 끝낸 경우 비례점수를 적용하였는가.

참고문헌 | The ABCs of CBM

AIMSweb. (2003, April 1). AIMSweb training workbook: Administration and scoring of early literacy measures for use with AiMSweb. Retrieved from http://aimsweb.edformation.com/downloads/ AdminandScoringEarlyLiteracy04012003.pdf

AIMSweb. (2006). Oral reading fluency norms [Data file]. Available at http://www.aimsweb.com

Burns, M. K., VanDerHeyden, A. M., & Jiban, C. (2006). Assessing the instruction level for mathematics: A comparison of methods. *School Psychology Review, 35*, 401-418.

Conte, K. L., & Hintze, J. M. (2000). The effects of performance feedback and goal setting on oral reading fluency within curriculum-based measurement. *Diagnostique, 25*, 85-98.

Deno, S. L., (1985). Curriculum-based measurement; The emerging alternative. *Exceptional Children, 52*, 219-232.

Deno, S. L., Fuchs, L. S., Marston, D., & Shin, J. (2001). Using curriculum-based Measurement to establish growth standards for students with learning disabilities. *School Psychology Review, 30*, 507-524.

Deno, S. L., Marston, D., & Mirkin, P. K. (1982). Valid measurement procedures for continuous evaluation of written expression. *Exceptional Children, 48*, 368-371.

Deno, S. L., & Mirkin, P. K. (1977). *Data-based program modification: A manual.* Reston, VA: Council for Exceptional Children.

Deno, S. L., Mirkin, P. K., Lowry, L., & Kuehnle, K. (1980). *Relationships among simple and performance on standardized tests* (Research Report No. 21). Minneapolis: University of Minnesota, Institute for Research on Learning Disabilities.

DIBELS. (2006). Benchmark goals [Data file]. Available at http://dibels.uoregon.edu/

Edcheckup. (2005). *Administering the oral reading CBM assessment* [section 2]. Minneapolis, MN: Author.

Espin, C. A., Scierka, B. J., Skare, S., & Halverson, N. (1999). Criterion-related validity of curriculum-based measures in writing for secondary school students. *Reading and Writing Quarterly: Overcoming Learning Difficulties, 15*, 5-27.

Espin, C. A., Shin, J., Deno, S. L., Skare, S., Robinson, S., & Benner, B. (2000). Identifying indicators of written expression proficiency for middle school students. *Journal of Special Education, 34*, 140-153.

Fewster, S., & Macmillan, P. D. (2002). School-based evidence for the validity of curriculum-based measurement of reading and writing. *Remedial and Special Education, 23*, 149-156.

Fuchs, L. S., Butterworth, J. R., & Fuchs, D. (1989). Effects of ongoing curriculum-based measurement on student awareness of goals and progress. *Education and Treatment of Children, 12*, 63-72.

Fuchs, L. S., & Fuchs, D. (1991). Curriculum-based measurements: Current applications and future directions. *Preventing School Failure, 35*(3), 6-11.

Fuchs, L. S., & Fuchs, D. (2004). *Using CBM for progress monitoring.* Retrieved from http://www.studentprogress.org

Fuchs, L. S., Fuchs, D., & Hamlett, C. L. (1988). *Computer applications to curriculum-based measurement: Effects of teacher feedback systems.* Unpublished manuscript, Peabody College, Vanderbilt University, Nashville, TN.

Fuchs, L. S., Fuchs, D., & Hamlett, C. L. (1989). Computers and curriculum-based measurement: Effects of teacher feedback systems. *School Psychology Review, 18*, 112-125.

Fuchs, L. S., Fuchs, D., Hamlett, C. L., & Allinder, R. M. (1991). The contribution of skills analysis within curriculum-based measurement in spelling. *Exceptional Children, 5*, 443-452.

Fuchs, L. S., Fuchs, D., Hamlett, C. L., Walz, L., & Germann, G. (1993). Formative evaluation of academic progress: How much growth can we expect? *School Psychology Review, 22*, 27-49.

Fuchs, L. S., Fuchs, D., Hamlett, C. L., & Whinnery, K. (1991). Effects of goal line feedback on level, slope, and stability of performance within curriculum-based measurement. *Learning Disabilities Research and Practice, 6*(2), 66-74.

Gansle, K. A., Noell, G. H., VanDerHeyden, A. M., Naquin, G. M., & Slider, N. J. (2002). Moving Beyond total words written: The reliability, criterion validity, and time cost of alternate measures for curriculum-based measurement in writing. *School Psychology Review, 31*, 477-497.

Gansle, K. A., Noell, G. H., VanDerHeyden, A. M., Slider, N. J., Hoffpauir, L. D., Whitmarsh, E. L., et al. (2004). An examination of the criterion validity and sensitivity to brief intervention of alternate curriculum-based measures of writing skill. *Psychology in the schools, 41*, 291-300.

Good, R. H., III, & Jefferson, G. (1998). Contemporary perspectives on curriculum-based measurement validity. In M. R. Shinn (Ed.), Advanced applications of curriculum-based measurement (pp. 61-88). New York: Guilford Press.

Good, R. H., Gruba, J., & Kaminski, R. A. (2002). Best practices in using dynamic indicators of basic early literacy skills (DIBELS) in an outcomes-driven model. In A. Thomas & J. Grimes (Eds.), *Best practices in school psychology IV* (pp. 679-700). Bethesda, MD: National Association of School Psychologists.

Hasbrouck, J., & Tindal, G. A. (2006). Oral reading fluency norms: A valuable assessment tool for reading teachers. *The Reading Teacher, 59,* 636-644.

Hintze, J. M., Shapiro, E. S., Conte, K. L., & Basile, I. M. (1997). Oral fluency and authentic reading material: Criterion validity of the technical features of CBM survey-level assessment. *School Psychology Review, 26,* 535-553.

Howell, K. W., Hosp, J. L., Hosp, M. K., & Macconell, K. (in press). Curriculum-based evaluation: Linking assessment and instruction. New York: Sage.

Hutton, J. B., Dubes, R., & Muir, S. (1992). Estimating trend progress in monitoring data: A comparison of simple line-fitting methods. *School Psychology Review, 21,* 300-312.

Jenkins, J. R., Fuchs, L. S., van den Broek, P., Espin, C. A., & Deno, S. L. (2003). Sources of individual differences in reading comprehension and reading fluency. *Journal of Educational Psychology, 95,* 719-729.

Jewell, J., & Malecki, C. K. (2003). The utility of written language indices: An investigation production dependent, production independent, and accurate production scores. *School Psychology Review, 34,* 27-44.

Loeffer, K. A., (2005). No more Friday spelling test? *Teaching Exceptional Children, 37*(4), 24-27.

Madelaine, A., & Wheldall, K. (1998). Towards a curriculum-based passages: A validity study. *Educational Psychology, 18,* 471-478.

Malecki, C. K., & Jewell, J. (2003). Developmental, gender, and practical considerations in scoring curriculum-based writing probes. *Psychology in the schools, 40,* 379-390.

Marston, D. B. (1982). The technical adequacy of direct, repeated measurement of academic skills in low achieving elementary students. (Doctoral dissertation, University of Minnesota, 1982). *Dissertation Abstracts International, 43,* AAT 8301966.

Marston, D. B. (1983). *A comparison of standardized achievement tests and direct measurement techniques in measuring pupil progress* (Research Report No. 50). Minneapolis: University of Minnesota, Institute for Research on Learning Disabilities.

Marston, D. B. (1989). A curriculum-based measurement approach to assessing academic performance: What it is and why do it. In M. R. Shinn (Ed.), *Curriculum-based measurement: Assessing special children* (pp. 17-78). New York: Guildford Press.

Marston, D. B., Mirkin, P., & Deno, S. (1984). Curriculum-based measurement: An alternative to traditional screening, referral, and identification. *The Journal of Special Education, 18,* 109-117.

National Institute Child Health & Human Development. (2000, April). Report of the National Reading Panel: Teaching Children to Read. Washington, DC: Author.

Powell-Smith, K. A., & Shinn, M. R. (2004). *Administration and scoring of written expression curriculum-based measurement for use in general outcome measurement.* Eden Prairie, MN. Edformation.

Shapiro, E. S. (2004). *Academic skills problems: Direct assessment and intervention* (3rd ed.). New York: Guilford Press.

Shinn, M. R. (1981). A comparison of psychometric and functional differences between students labeled learning disabled and low achieving. (Doctoral dissertation, University of Minnesota, 1981). *Dissertation Abstracts International, 42,* AAT 8275871.

Shinn, M. R. (1989). *Curriculum-based measurement: Assessing special children.* New York: Guilford Press.

Shinn, M. R., & Shinn, M. M. (2002a). *AIMSweb training workbook: Administration and scoring of early literacy measures of use with AIMSweb.* Eden Prairie, MN: Edformation.

Shinn, M. R., & Shinn, M. M. (2002b). *AIMSweb training workbook: Administration and scoring of reading maze for use in general outcome measurement.* Eden Prairie, MN Edformation.

Shinn, M. R., Ysseldyke, J. E., Deno, S. L., & Tindal, G. A. (1986). A comparison of differences between students labeled learning disabled and low achieving on measures of classroom performance. *Journal of Learning Disabilities, 19,* 545-552.

Skiba, R., Magnusson, D., Marston, D. B., & Erickson, K. (1986). *The assessment of mathematics performance in special education: Achievement tests, proficiency tests, or formative evaluation?* Minneapolis: Special Services, Minneapolis Public Schools.

Snow, C. E., Burns, M. S., & Griffin, P. (Eds.). (1998). *Perventing reading difficulties in young children.* Washington, DC: National Academy Press.

Thurber, R. S., Shinn, M. R., & Smolkowski, K. (2002). What is measures in mathematics tests?: Construct validity of curriculum-based mathematics measures. *School Psychology Review, 31,* 498-513.

Tindal, G., Germann, G., & Deno, S. L. (1983). *Descriptive research on the pine county norms: A compilation of findings* (Research Report No. 132). Minneapolis: University of Minnesota Institute for Research on Learning Disabilities.

Tindal, G., Marston, D. B., & Deno, S. L. (1983). *The reliability of direct and repeated measurement* (Research Report No. 109). Minneapolis: University of Minnesota Institute for Research on Learning Disabilities.

Tindal, G., & Parker, R. (1989). Assessment of written expression for students in compensatory and special education programs. *Journal of Special Education, 23,* 169-183.

Tindal, G., & Parker, R. (1991). Identifying measures for evaluating written expression. *Learning Disabilities: Research and practice, 6,* 211-218.

Videen, J., Deno, S., & Marston, D. B. (1982). Correct word sequences: A valid indicator of written expression (Rep. No. 84). Minneapolis, MN.

Watkinson, J. T., & Lee, S. W. (1992). Curriculum-based measures of written expression for learning-disabled and non-disabled students. *Psychology in the Schools, 29,* 184-191.

Weiner, J. (1986). Alternatives in the assessment of the learning disabled adolescent: A learning strategies approach. *Learning Disabilities Focus, 1,* 97-107.

찾아보기 | The ABCs of CBM

인 명

Basile, I. M. 219

Benner, B. 138, 219, 221

Burns, M. K. 173, 174

Conte, K. L. 219

Deno, S. L. 14, 15, 23, 80, 138, 147, 174, 173, 219, 220, 221

Edcheckup 65

Erickson, K. 220

Espin, C. A. 138, 144, 219, 220, 221

Fewster, S. 219

Fuchs, D. 58, 80, 81, 112, 119, 120, 130, 159, 162, 173, 194, 221, 232

Fuchs, L. S. 58, 80, 81, 112, 119, 120, 129, 130, 159, 162, 173, 194, 219, 221, 232

Gansle, K. A. 138, 144, 221

Germann, G. 80, 173, 220, 221

Good, R. H. 82, 219

Gruba, J. 82

Halverson, N. 138, 220

Hamlett, C. L. 80, 120, 173, 221

Hintze, J. M. 219

Hoffpauir, L. D. 144

Jefferson, G. 219

Jenkins, J. R. 219

Jewell, J. 150, 220

Jiban, C. 173, 174

Kaminski, R. A. 82

Kuehnle, K. 138, 219

Lee, S. W. 138

Loeffler, K. A. 119

Lowry, L. 138, 219

Macmillan, P. D. 219

Madelaine, A. 219

Magnusson, D. 220

Malecki, C. K. 150, 220

Marston, D. 80, 138, 147, 219, 220

Mirkin, P. K. 14, 15, 23, 138, 173, 174, 219

Naquin, G. M. 138, 221

Noell, G. H. 138, 144, 221

Parker, R. 144

Powell-Smith, K. A. 143

Robinson, S. 138, 219, 221

Rose, T. 119, 137

Scierka, B. J. 138, 220

Shapiro, E. S. 219

Shin, J. 80, 138, 219, 221

Shinn, M. M. 74, 100

Shinn, M. R. 49, 65, 74, 100,
    124, 143, 166, 220, 221, 225,
    233, 234, 237
Skare, S. 138, 219, 220, 221
Skiba, R. 220
Slider, N. J. 138, 144, 221

Thurber, R. S. 220, 221
Tindal, G. 144, 220, 221

van den Broek, P. 219
VanDerHeyden, A. M. 138, 144,
    173, 174, 221

Videen, J. 138, 147

Walz, L. 80, 173
Watkinson, J. T. 138
Wheldall, K. 219
Whitmarsh, E. L. 144

내 용

CBA 107
DIBELS 33, 82, 95, 200
DIBELS 검사 94
RTI 25, 197, 198
Tukey 방법 195

가변적 변수 18, 19
개념 157, 181
적용 157, 181
개별화교육계획 87, 130, 216
개인 내 설정법 190
결과적 의사결정 24
경향선 194
계산 157
고부담 시험 82
교육과정 14, 18
교육과정 중심의 절차들 25
교육과정중심평가 35
교육과정중심평가 접근방법 164
구두 읽기 유창성 58, 185, 200
규준 188, 189
규준참조검사 15, 44
규준표본 48, 149
기술 중심 24

기술 중심 검사 27, 120
기준점 48, 81, 129
기초선 점수 129

낮은 추론과정 16
낮은 추론에 기반한 검사 18, 20
높은 추론에 기반한 검사 20

단어 구별 유창성 58
단어선택 58
단어선택 검사 59
데이터 선 187
데이터 점 187
데이터에 근거한 프로그램 수정
    전략 14
도전적인 목표 191
도전적인 성장률 81, 111

목표선 187
목표점 187
무의미 단어 유창성 58, 94, 95

바르게 답변한 자릿수 158
보조교사/전문가 210

보조인력 210
빠진 숫자 179

선별 의사결정 24
선별/벤치마킹 25
선별/벤치마킹 결정 41
성장률 80, 81
성취결과의 결정 42
세부 도달 목표 89
소리 내어 수 세기 179
소리 협응 유창성 94
수 인식 179
수량 구별 180
수량 배열 180
수행 50
수행 수준의 표집 16
숙달도 24
숙달도 검사 29
숙련도 수준 81
신뢰도 43, 217
실제 진전도 129
심장박동 49

연말 기준점 188

연말 기준점 점수　188

연속적으로 맞게 쓴 철자　120

예측타당도　48

원점수　17

위계적 접근　197

유창성　157

음소분절 유창성　58, 94, 95

음소인식　94

의사결정의 규칙　16

이야기 제시 검사지　137

이중불일치　198

자동성　57

자료수집 체제의 일환　19

전반적인 성취　24, 26

전반적인 성취 검사　26

준거참조검사　15, 18, 21, 44

중간값　86

중재반응모형　19, 196

중재선　187, 194

진단적 결정　42

진단적 의사결정　24

진단적인 교육과정중심평가　54

진전도　50

진전도 모니터링　16

진전도 모니터링 결정　41

진전도 모니터링 의사결정　24

진전도 모니터링 평가　25

진전도 비율　81

참조점　194

책무성 평가　18

철자 명명 유창성　58, 94, 96

철자와 소리 협응 유창성　58

체온　49

초기 수학　157, 179

초성과 음소발음 유창성　58, 94, 95

최종 도달 목표　88

최종 도달 목표선　192

추정　181

충실도 체크리스트　210

측정 이동　30

타당도　43

특정 수준 평가　24

표준화된 검사　16

표준화된 절차　15

학교 행정가　210

학생의 행동　129

해독　119

현실적인 목표　191

현실적인 성장률　111

현행 수준 조사 평가　24, 78

혈압　49

형성 평가　23

혼합수학　176

혼합수학 CBM　163

활력 징후　49

활력 징후 체크　192

저자소개

Michelle K. Hosp, PhD는 현재 University of Utah의 특수교육학과 전문 연구원으로 일하고 있다. 그녀는 Vanderbilt University의 Peabody College에서 교육 및 인간발달을 전공하여 박사학위를 받았으며, Rochester Institute of Technology 대학에서 학교심리로 석사학위를 받았다. Hosp 박사의 연구주제는 읽기교과영역에서 교수전략을 향상시킬 수 있는 CBM에 초점을 맞추고 있다. Hosp 박사는 지난 10년 동안 CBM을 사용하고 있으며 관련된 연수를 수행하고 있다. Hosp 박사는 현재 학생 진전도 모니터링을 위한 국가 연구소(National Center on Student Progress Monitoring)에서 연구자로 활동하고 있다.

John L. Hosp, PhD는 현재 Florida State University의 사범대학 조교수이며 플로리다 읽기 연구소(Florida Center for Reading Research)의 연구원으로 활동하고 있다. 그는 Rochester Institute of Technology 대학에서 학교심리로 석사학위를 받았으며, Vanderbilt University의 Peabody College에서 교육 및 인간발달을 전공하여 박사학위를 받았다. Hosp 박사가 관심을 갖고 있는 연구주제는 중재반응모형(RTI)의 수행 및 설계, 교수전략과 평가, 특수교육에서의 소외계층 학생들의 부정확한 선별 등이다. Hosp 박사는 학교심리학자로서 CBM을 광범위하게 사용하고 있으며 일부 주(state)에서는 CBM과 DIBELS을 강의하는 연수자로 활동하고 있다.

Kenneth W. Howell, PhD는 Western Washington University의 특수교육과 교수다. Howell 박사는 평가, CBM, 그리고 CBE(curriculum-based evaluation)에 관한 수많은 책을 출판하고 있다. Howell 박사의 주된 관심은 학교폭력, CBM, CBE, RTI 및 문제해결 등이다. Howell 박사는 대학교수 이전에 특수교사와 학교심리학자로 활동했으며 이 두 분야에서 강연자와 연수자로 명성이 매우 높다.

역자소개

■ **여승수**(Yeo, Seungsoo)

　　단국대학교 특수교육과(문학 학사)

　　서울대학교 대학원 특수교육과(교육학 석사)

　　미국 미네소타 대학교 대학원 교육심리학과(학습장애 전공, 철학 박사)

　　현, 부산교육대학교 초등특수교육 전공 교수

　　〈경력사항〉

　　안산 고잔초등학교 특수학급 교사

　　안산 성포초등학교 특수학급 교사

　　한국교육개발원 부연구위원

　　인제대학교 특수교육과 조교수

　　인제대학교 인문사회과학대학 부학장

■ **정평강**(Jung, Pyung-Gang)

　　이화여자대학교 사범대학 특수교육(문학 학사)

　　이화여자대학교 사범대학 초등교육(문학 학사)

　　미국 미네소타 대학교 대학원 특수교육(학습장애 전공, 문학 석사)

　　현, 미국 미네소타 대학교 교육심리학과(학습장애 전공) 박사과정 재학 중

■ **신재현**(Shin, Jaehyun)

　　서울대학교 사범대학 교육학과(문학 학사)

　　서울대학교 사범대학 대학원(교육학 석사)

　　현, 미국 미네소타 대학교 교육심리학과(학습장애 전공) 박사과정 재학 중

학습장애 및 학습부진 아동의 과학적 평가방법: 교육과정중심측정(CBM)의 이해

The ABCs of CBM: A Practical Guide to Curriculum-Based Measurement

2015년 3월 10일 1판 1쇄 인쇄
2015년 3월 20일 1판 1쇄 발행

지은이 • Michelle K. Hosp · John L. Hosp · Kenneth W. Howell
옮긴이 • 여승수 · 정평강 · 신재현
펴낸이 • 김진환
펴낸곳 • (주) **학지사**
　　　　 121-838 서울특별시 마포구 양화로 15길 20 마인드월드빌딩
대표전화 • 02-330-5114　　팩스 • 02-324-2345
등록번호 • 제313-2006-000265호

홈페이지 • http://www.hakjisa.co.kr
커뮤니티 • http://cafe.naver.com/hakjisa

ISBN 978-89-997-0595-3 93370

Korean Translation Copyright © 2015 by Hakjisa Publisher, Inc.

정가 16,000원

인터넷 학술논문 원문 서비스 뉴논문 www.newnonmun.com

이 도서의 국립중앙도서관 출판시도서목록(CIP)은 서지정보유통지원
시스템 홈페이지(http://seoji.nl.go.kr)와 국가자료공동목록시스템
(http://www.nl.go.kr/kolisnet)에서 이용하실 수 있습니다.
(CIP 제어번호: CIP2015007949)